行政许可保护相邻权问题研究

汪 燕 著

中国社会科学出版社

图书在版编目（CIP）数据

行政许可保护相邻权问题研究 / 汪燕著. —北京：中国社会科学出版社，2021.3

ISBN 978-7-5203-7994-6

Ⅰ.①行… Ⅱ.①汪… Ⅲ.①行政许可法—研究—中国 Ⅳ.①D922.114

中国版本图书馆 CIP 数据核字（2021）第 038276 号

出 版 人	赵剑英
责任编辑	孔继萍
责任校对	闫　萃
责任印制	郝美娜

出　　版	中国社会科学出版社
社　　址	北京鼓楼西大街甲 158 号
邮　　编	100720
网　　址	http://www.csspw.cn
发 行 部	010-84083685
门 市 部	010-84029450
经　　销	新华书店及其他书店
印刷装订	北京市十月印刷有限公司
版　　次	2021 年 3 月第 1 版
印　　次	2021 年 3 月第 1 次印刷
开　　本	710×1000　1/16
印　　张	21.25
插　　页	2
字　　数	327 千字
定　　价	128.00 元

凡购买中国社会科学出版社图书，如有质量问题请与本社营销中心联系调换
电话：010-84083683
版权所有　侵权必究

引　言

　　中外学者多在私法领域探讨作为社会关系的相邻关系，或者说从私法的角度谈论相邻关系的私法调整。早期学者大多认为相邻限于比邻，即直接相邻，后德国学者将相邻的内涵从地界、空间的相邻扩展为声音、光源、漂浮物、气味的可辐射区域。早期将相邻关系等同于相邻权，后提出相邻关系包含相邻权利和相邻义务，注重从相邻义务的角度挖掘相邻权的权利边界。早期认为相邻关系仅限于法定相邻关系，后发展为还包括意定相邻关系。就相邻权人认为行政许可侵犯相邻权的民事救济问题，早期提出"私法优位"理论、"公法优位"理论，后又探索了双轨制理论。近年来，德国学者认识到私法相邻关系受到公法规范与公法行为的一定影响，提出"公法相邻关系"概念。之后我国台湾学者尝试从行政法的角度探讨公法相邻关系中的相邻权的救济问题。日本学者倡导在土地利用规制领域建立尊重有关方面意思的机制。法国学者偏重研究行政许可活动侵犯相邻权是否承担民事责任等问题。我国大陆学者甚少从公法相邻关系的角度研究相邻权的保护，但随着司法实务中不断出现因相邻权提起的行政许可撤销之诉、确认之诉，这一问题开始为理论界和实务界人士共同关注。比如，探讨了行政许可侵犯相邻权的类型，行政许可第三人保护制度等问题。但这些研究并没有从国家治理体系和治理能力现代化这一新的时代背景去思考行政许可制度应当具备的制度功能，也没有系统回答公法相邻关系或者行政相邻关系与民事相邻关系的区别，没有揭示行政法律关系中的相邻权与民事法律关系中的相邻权的关系，没有进一步挖掘行政许可到底如何行为才算尽到对相邻权的保护义务。

作为民事权利的相邻权的行使并非完全意思自治，必须遵守不动产使用规范和标准。行政许可法律规范有必要通过各种手段和措施督促行为人依法使用不动产。行政机关由此与行政相对人、与行政相对人具有相邻关系的相邻权人之间产生行政法律关系。行政许可法律规范进一步规定行政机关和作为利害关系人的相邻权人的权利义务，使得相邻权人基于民法上的相邻权取得行政法上的权利或者承担行政法上的义务。行政许可保护的相邻权是否仅限于行政许可法律规范中的作为主观公权力的相邻权，是否包括民法意义上的相邻权，有必要明确回答，以维持或者建立有序的相邻关系，以既落实所有权制度又建构良好的行政法治秩序，以加快法治政府、法治社会的建设进程。

目 录

第一章 国家治理体系和治理能力现代化与行政许可制度现代化 ……（1）

 第一节 国家治理体系和治理能力现代化的要义 ……（1）
  一 概念由来 ……（1）
  二 国家治理体系和治理能力现代化的解读 ……（5）
 第二节 国家治理现代化对行政许可制度的新要求 ……（10）
  一 作为规制的行政许可制度的限度 ……（12）
  二 国家治理现代化要求行政许可制度现代化 ……（15）
  三 国家治理现代化对行政许可制度现代化的具体要求 ……（17）
 第三节 行政许可制度对国家治理现代化的必要回应 ……（23）
  一 从传统规制向规制治理发展 ……（23）
  二 行政许可中的参与治理和合作治理 ……（24）

第二章 行政许可性质再探讨 ……（26）

 第一节 行政许可的含义及其分类 ……（26）
  一 许可的含义及其分类 ……（26）
  二 行政许可的含义及其分类 ……（28）
 第二节 行政许可性质 ……（30）
  一 对已有学说的评价 ……（30）
  二 行政许可性质新解 ……（34）

第三章　行政许可保护相邻权的必然性和必要性 …………… (38)

第一节　相邻权概述 ……………………………………… (38)
一　相邻权概念 ………………………………………… (38)
二　相邻权类型 ………………………………………… (44)

第二节　行政许可与相邻权的关系 ……………………… (50)
一　相邻权与行政许可的连接点 ……………………… (50)
二　与相邻权相关的行政许可类型 …………………… (52)
三　行政许可与相邻权的关系 ………………………… (54)

第三节　行政许可保护相邻权的必然性和必要性 ……… (56)
一　行政许可保护相邻权的必然性 …………………… (56)
二　行政许可保护相邻权的必要性 …………………… (63)

第四章　因相邻权诉讼的行政许可案件现状 ……………… (67)

第一节　因相邻权诉讼的行政许可案件的基本情况 …… (68)
一　地域分布情况 ……………………………………… (68)
二　裁判年度分布情况 ………………………………… (69)
三　裁判法院级别和审判程序分布情况 ……………… (69)
四　当事人基本情况 …………………………………… (70)
五　被诉行政许可类型 ………………………………… (85)
六　认为相邻权受侵的诉由及请求 …………………… (93)
七　认为不予许可或不予答复违法的诉由及请求 …… (101)

第二节　因相邻权诉讼的行政许可案件的争议情况 …… (103)
一　争议焦点 …………………………………………… (103)
二　事实分歧 …………………………………………… (105)
三　法律争议 …………………………………………… (108)

第三节　因相邻权诉讼的行政许可案件的裁判情况 …… (123)
一　人民法院裁判结果 ………………………………… (123)
二　人民法院裁判逻辑 ………………………………… (135)

第五章　行政许可保护相邻权的理论反思与建构 (161)

第一节　反射利益理论 (161)
一　相邻权益因反射利益获得保护 (162)
二　反射利益保护相邻利益的局限性 (163)

第二节　保护规范理论 (166)
一　保护规范理论的产生发展及内涵 (166)
二　对行政许可保护公法相邻权的推动 (169)
三　保护规范理论的局限 (174)

第三节　预防保护理论 (177)
一　预防保护相邻权的时间基础 (178)
二　预防保护相邻权的理论渊源 (179)
三　预防保护相邻权的法律逻辑 (189)

第六章　行政许可保护相邻权的路径 (194)

第一节　立法保护 (194)
一　完善立法目的和许可原则推进行政许可理念现代化 (194)
二　优化许可条件与标准推进行政许可条件和标准现代化 (198)
三　强化参与治理和合作治理推进行政许可程序现代化 (201)
四　完善行政许可违法责任推进行政许可责任现代化 (206)
五　适当限缩行政许可自由裁量权推进行政许可制度现代化 (208)
六　民事法律规范和行政许可法律规范共同保护相邻权 (211)

第二节　执法保护 (212)
一　解决行政许可执法中的预防保护不力问题 (212)
二　保障多元主体参与行政许可执法 (223)
三　强化行政许可执法中的预防保护措施 (227)

第三节　司法保护 (238)
一　统一原告资格裁判标准 (239)
二　理顺行政许可诉讼的审理逻辑 (244)

三　优化行政诉讼判决类型 …………………………………（253）

参考文献 ……………………………………………………………（258）

附　录 ………………………………………………………………（276）

后　记 ………………………………………………………………（331）

第 一 章

国家治理体系和治理能力现代化与行政许可制度现代化

党的十八届三中全会将"推进国家治理体系和治理能力现代化"作为全面深化改革的总目标。我国的治国理政正式从统治、管理发展为治理模式。党的十九大报告列出了国家治理体系和治理能力现代化的时间表。到2035年，基本实现现代化。到21世纪中叶，实现现代化。行政许可制度作为政府规制的重要手段，如何回应政府的现代转型？如何回应国家治理现代化的要求呢？

第一节 国家治理体系和治理能力现代化的要义

到底什么是国家治理体系和治理能力现代化，我们必须将这一重大战略放进历史和社会现实中去考量，才能够挖掘其深刻内涵。

一 概念由来

（一）概念产生的历史过程

实现现代化是新中国成立以来的不懈追求。早在1954年，毛泽东同志就号召："在几个五年计划之内，将我们现在这样一个经济上文化上落后的国家，建设成为一个工业化的具有高度现代文化程度的伟大的国家。"[①] 周恩来同志在随后的政府工作报告中亦呼吁："如果我们不建设起

---

① 《毛泽东文集》第6卷，人民出版社1999年版，第350页。

强大的现代化的工业、现代化的农业、现代化的交通运输业和现代化的国防，我们就不能摆脱落后和贫困。"① 1960年初，毛泽东同志首次指出，"建设社会主义，原来要求是工业现代化、农业现代化、科学文化现代化，现在要加上国防现代化"②。而后，1964年召开的党的三届人大一次会议正式宣告："要在不太长的历史时期内，把我国建设成为一个具有现代农业、现代工业、现代国防和现代科学技术的社会主义强国。"③ 现代化正式成为国家建设和发展的战略目标。1978年党的十一届三中全会重申："我们党在现阶段的政治路线，概括地说，就是一心一意地搞四个现代化。"④ 1982年党的十二大把"工业"放在"农业"前头，旨在以工业现代化引领四个现代化。1987年党的十三大在总结反思之后首次提出"把我国建设成为富强、民主、文明的社会主义现代化国家"⑤。我国的现代化征程正式从具体领域、具体内容发展到全局。1992年党的十四大部署"从根本上改变束缚我国生产力发展的经济体制，建立充满生机和活力的社会主义新经济体制，同时相应地改革政治体制和其他方面的体制，以实现中国的社会主义现代化"⑥。着力寻找社会主义现代化国家建设的重点和突破口。2002年党的十六大继续探索社会主义现代化的建设路径，指出"信息化是我国加快实现工业化和现代化的必然选择……依法治国，是党领导人民治理国家的基本方略"。⑦ 2007年党的十七大报告13次提到"现代化"，要求"继续全面建设小康社会、加快推进社会主义现代化"⑧，并认为改革开放的目的就是"实现国家现代化"。改革开放作为社会主义现代化国家建设的最重要举措贯穿于建设的全过程。但如何深化改革呢？合理地深化改革的路径和方式是推进深化改革的关键。2013年，在党的十八届三中全会上，指明将"完善和发展中国特色社会主义

---

① 《周恩来选集》（下），人民出版社1984年版，第132页。
② 《毛泽东文集》第8卷，人民出版社1999年版，第116页。
③ 《周恩来选集》（下），人民出版社1984年版，第4页。
④ 《邓小平文选》第2卷，人民出版社1994年版，第276页。
⑤ 《中国共产党第十三次全国代表大会文件汇编》，人民出版社1987年版，第13页。
⑥ 《中国共产党第十四次全国代表大会文件汇编》，人民出版社1992年版，第3页。
⑦ 《中国共产党第十六次全国代表大会文件汇编》，人民出版社2002年版，第21页。
⑧ 《十七大报告辅导读本》，人民出版社2007年版，第2页。

制度、推进国家治理体系和治理能力现代化"作为国家全面深化改革的总目标。"完善和发展中国特色社会主义制度"与"推进国家治理体系和治理能力现代化"并列呈现，表明二者均为社会主义现代化强国在新的历史时期的重要外在表现，均为新的历史时期社会主义现代化强国的建设路径和建设方式。

（二）提出概念的时代背景

在新的历史时期，中国为什么要转变治国理政模式呢？这是立足时代延续国家使命、回应全球化趋势、尊重人类共同文明的神圣决策，或者说是"不忘本来、吸收外来和面向未来"，直面中国问题作出的最佳选择。

一方面，改革深刻改变中国的社会关系。首先，中国改革开放40多年来，综合国力突飞猛进，但改革开放产生的新问题也随之而来。比如，经济体制改革推动了国家—社会—市场三元关系的产生和发展。为了避免政府失灵、社会失灵以及市场失灵，必须在三者之间建立合理的互动机制，市场、社会不再仅仅是管理过程中的他者。国家在与社会、市场互动的过程中，必然面临传统社会所没有的权力运行方式的转变问题。其次，市场经济的确立和发展使得资源的配置主体也从单一的国家发展为国家、社会和市场三者共同作用。三者如何共同作用？国家如何在三元社会关系中发挥主导作用？又如何吸收其他主体参与公共事务的决策和处理维护有序的政治秩序、社会秩序和经济秩序？传统的管理理论已经不能有效解决中国面临的这些新问题。另一方面，开放亦对国家之间的关系进行了新的调整，国家管理不能完全无视国际治理、全球治理的逻辑进路和规则。无论是建设社会主义现代化强国的总体目标，还是为之进一步分解的具体目标——政治体制改革、全面建设小康社会等，都亟须国家进一步完善治国理政模式，主动回应社会发展的需要，建立新型的国家、社会和公民关系，完善国家权力尤其是行政权力的运行机制。中国改革开放由国家发起，要全面深化改革扩大开放，最重要的推动力还是国家。要进一步推动改革，必须改革国家本身，国家逐步从变革的推动者演变为变革的对象。改革开放中遇到的问题必须通过改革处理。

但如何改革国家的治国理政模式呢？西方学者以"三个理论原则或

假设为根据"①，提出现代意义的治理概念②。后又提出"善治"理念，进一步发展了治理理论③。我国虽早有"治理"这一概念，但意为统治与管理，并不是当下意义的治理。自20世纪90年代末起，学者们开始在吸收并批判西方治理理论与总结实践经验和教训的基础上对社会主义国家的治理问题进行系统研究，提出"治理是面向社会问题与公共事务的一个行动过程，参与者包括公共部门、私人部门和公民在内的多个主体，通过正式制度或非正式制度进行协调及持续互动"④等不同观点。之后，提出国家治理概念和国家治理理论，指出"国家治理是多层管理主体共同管理社会公共事务、处理社会冲突、协调不同利益的一系列制度、体制、规则、程序和方式的总和"⑤；"是国家政权的所有者、管理者和利益相关者等多元行动者在一个国家的范围内对社会公共事务的合作管理，其目的是增进公共利益，维护公共秩序"⑥，"在一个既定的范围内运用权力维持秩序、满足公众需要"⑦，且"国家治理体系的结构和要素必须充分反映我国社会主义国家的性质和我们党全心全意为人民服务的宗旨"⑧。强调我国国家治理体系和治理能力建设的中国性⑨和社会主义特征。还有

---

① [瑞士] 弗朗索瓦-格扎维尔·梅里安：《治理问题与现代福利国家》，肖孝毛译，《国际社会科学》（中文版）1999年第1期。

② 认为现代意义的治理不是一整套规则，也不是一种活动，而是一个过程；治理过程的基础不是控制，而是协调；治理既涉及公共部门，也包括私人部门；治理不是一种正式的制度，而是持续的互动。全球治理委员会：《我们的全球伙伴关系》，牛津大学出版社1995年版。转引自杜飞进《中国现代化的一个全新维度——论国家治理体系和治理能力现代化》，《社会科学研究》2014年第5期。

③ 俞可平：《治理与善治》，社会科学文献出版社2000年版，第5—8页。

④ 许耀桐、刘祺：《当代国家治理体系分析》，《理论探索》2014年第1期。

⑤ 郭小聪：《国家治理转型的重点》，《人民论坛》2010年第2期。

⑥ 何增科：《理解国家治理及其现代化》，《马克思主义与现实》2014年第1期。

⑦ 王学辉、张治宇：《国家治理价值体系现代化与行政法学理论基础的重构——以"诸神之争"为背景的分析》，《行政法学研究》2014年第4期。

⑧ 杜飞进：《中国现代化的一个全新维度——论国家治理体系和治理能力现代化》，《社会科学研究》2014年第5期。

⑨ 有学者认为，"中国特色社会主义制度是党和人民在长期实践探索中形成的科学制度体系，我国治理工作和活动都依照中国特色社会主义制度展开，我国国家治理体系和治理能力是中国特色社会主义制度及其执行能力的集中体现"。夏锦文：《国家治理体系和治理能力现代化的中国探索》，载《光明日报》2019年11月19日第6版。

学者进一步分析社会主义特征，指出社会主义国家治理的政治性①。作为不同于统治、管理的新型治国理政模式——国家治理模式是中国解决新的历史时期的发展问题，即国家、社会和市场问题以及国家、社会和公民关系问题的良方。"虽然我国的国家治理体系和治理能力总体上是好的，是适应我国国情和发展要求的。同时也要看到，相比我国经济社会发展要求，相比人民群众期待，相比当今世界日趋激烈的国际竞争，相比实现国家长治久安，我们在国家治理体系和治理能力方面还有许多不足，有许多亟待改进的地方。"②进入21世纪以来，国家、社会与市场之间的关系更加复杂，优化治国理政模式有利于"将中国的发展确立在人类文明发展规律、社会主义社会发展规律以及中国社会发展规律有机统一的基础之上"③，有利于扭转当代中国的管理危机或者治理危机。国家治理现代化成为时代之需。

二　国家治理体系和治理能力现代化的解读

（一）国家治理体系和治理能力的含义

当下对国家治理体系和治理能力的诠释，主要有两种方式：一种是二元化解释，认为"国家治理体系是在党领导下管理国家的制度体系，包括经济、政治、文化、社会、生态文明和党的建设等各领域体制机制、法律法规安排，也就是一整套紧密相连、相互协调的国家制度；国家治理能力则是运用国家制度管理社会各方面事务的能力，包括改革发展稳定、内政外交国防、治党治国治军等各个方面"④。另一种是一体化解释，认为"国家治理体系和治理能力其实指的是一个国家的制度体系和制度执行能力。国家治理体系和治理能力是一个有机整体，推进国家治理体

---

① 王浦劬：《国家治理、政府治理和社会治理的基本含义及其相互关系辨析》，《社会学评论》2014年第3期。

② 中共中央宣传部：《习近平新时代中国特色社会主义思想学习纲要》，学习出版社、人民出版社2019年版，第87页。

③ 赵宇峰、林尚立：《国家制度与国家治理：中国的逻辑》，《中国行政管理》2015年第5期。

④ 中共中央宣传部：《习近平新时代中国特色社会主义思想学习纲要》，学习出版社、人民出版社2019年版，第86—87页。

系的现代化与增强国家的治理能力,是同一政治过程中相辅相成的两个方面"。① 无论是对国家治理体系和治理能力作一体化还是二元化解释,都不能忽视国家治理体系和治理能力所具有的密不可分的关系。同步完善和发展国家治理体系和国家治理能力才能够有效提高国家治理水平。

(二) 国家治理体系和治理能力现代化的内涵

1. 有关国家治理体系和治理能力现代化的讨论

有关国家治理体系和治理能力现代化问题,学界进行了多角度讨论。政治学界、管理学界、法学界均从不同角度发表了观点。

政治学学者认为,国家治理体系和治理能力的现代化实质上就是一个政治制度现代化的问题,政治制度现代化是一次政治体制改革过程②。而管理学界认为,国家治理体系和治理能力现代化过程也是创新社会公共治理体制的过程③。法学学者认为,"中国式的治理……建立在以人为本的基础上,坚持党的领导、政府负责、公众参与、社会协同、法治保障的新格局"④。

针对国家治理体系和治理能力现代化的评价标准问题,学者们立足于不同的着重点发表了不同的观点。比如,有学者认为,治理体系的现代化主要有三个标志:一是实现国家治理的制度化、法治化、规则化与规范化;二是实现以多主体协同共治为特征的善治;三是中央与各级地方政府事权与财权相适应,形成稳定的国家权力结构。⑤ 而有的学者认为,"法治精神"才是判定"国家治理体系和治理能力现代化"最有效的评价标准,应建立符合法治原则的规则体系、公共权力配置体系、公民的基本权利体系和基本义务体系、国家责任体系和政府责任体系以及公

---

① 俞可平:《推进国家治理体系和治理能力现代化》,《前线》2014年第1期。
② 胡伟:《国家治理体系现代化:政治发展的向度》,《行政论坛》2014年第4期。
③ 汤梅、卜凡:《论现代国家治理体系中的政府权力配置与运作》,《探索》2014年第1期。
④ 李龙:《建构法治体系是推进国家治理现代化的基础工程》,《现代法学》2014年第5期。
⑤ 李军鹏:《国家治理体系和治理能力现代化是迫切要求》,《财经国家周刊》2013年第24期。

民的普遍责任体系。① 构建中国特色社会主义法治体系，是推进国家治理体系与治理能力现代化的基础②。"国家治理法治化是国家治理现代化的前提条件。"③

学界还讨论了国家治理体系和治理能力现代化的要素。一种观点认为，国家治理体系现代化具体表现为国家治理体系的结构合理化、功能区分化、运行程序化、行为规范化、组合系统化和治理高效化。国家治理体系现代化是一个政治共同体现代化发展的重要方面④。另一种观点认为，"国家治理体系现代化包括治理主体的现代化、治理客体的现代化、治理目标的现代化、治理制度机制方式的现代化。由于国家治理客体和治理目标是一种事实性、客观性存在，国家治理体系现代化主要是指国家治理主体和国家治理方式的现代化"⑤。有关国家治理能力现代化的要素讨论更多，代表性的有二表征说⑥、三表征说⑦、四表征说⑧、五表征说⑨以及综合表征说⑩等。

---

① 莫纪宏：《论"国家治理体系和治理能力现代化"的"法治精神"》，《新疆师范大学学报》2014年第3期。
② 李龙：《建构法治体系是推进国家治理现代化的基础工程》，《现代法学》2014年第5期。
③ 公丕祥：《国家治理与公法发展：中国法治现代化的时代议题》，《中国高校社会科学》2016年第1期。
④ 徐邦友：《国家治理体系：概念、结构、方式与现代化》，《当代社科视野》2014年第1期。
⑤ 丁志刚：《论国家治理体系及其现代化》，《学习与探索》2014年第11期。
⑥ 俞可平教授认为国家治理能力包括制度构建能力和制度执行能力。参见俞可平《推进国家治理体系和治理能力现代化》，《前线》2014年第1期。
⑦ 三表征说认为包括制度化、公平化和有序化。参见叶小文、张峰《从现代国家治理的高度认识协商民主》，《中央社会主义学院学报》2014年第1期。
⑧ 四表征说认为包括国家治理的民主化、国家治理的法治化、国家治理的文明化和国家治理的科学化。参见何增科《理解国家治理及其现代化》，《马克思主义与现实》2014年第1期。
⑨ 五表征说认为包括治理制度化、治理民主化、治理法治化、治理高效化和治理协调化。参见徐勇、吕楠《热话题与冷思考——关于国家治理体系和治理能力现代化的对话》，《当代世界与社会主义》2014年第1期。也有学者认为包括治理主体的多元性、治理关系的交互性、治理模式的复合性、治理方式的科学性以及治理结果的有效性。参见汤梅、卜凡《论现代国家治理体系中的政府权力配置与运作》，《探索》2014年第1期。
⑩ 综合表征说认为包括国家、市场、社会机制的互相支撑与平衡，法治与德治的有机统一，民主与效率的相互补充与协调。参见李树林《推进国家治理体系与治理能力的现代化》，《内蒙古日报》2013年12月20日第11版。

关于国家治理体系和治理能力现代化的路径问题，研究成果较多。代表观点认为治理体系和治理能力现代化的实现主要依靠政府①。政府要实现从"单一治理"向"多元治理"、从"单向治理"向"互动治理"、从"强权治理"向"协商治理"的转变②，"应该积极增强合法化能力、规范能力、一体化能力、危机响应和管控能力"。③ 推进国家治理体系及社会治理体系现代化，首先是要把国家权力建立在权利平等的社会基础之上，以保障国家权力的人民性④。

现有成果对国家治理体系和治理能力现代化的讨论主要是从外延或者包含的内容进行探讨的，从一定程度上揭示了国家治理体系和治理能力现代化的内涵。但什么是现代化？什么是治理主体现代化？什么是治理制度现代化？并没有共识。只有先弄清楚现代化的内涵，才能够深刻阐释国家治理体系和治理能力现代化的内涵。

2. 对国家治理体系和治理能力现代化的反思

不同的现代化观念影响国家治理现代化的内涵。一般来说，现代化是指起始于西方，由人追求自由发展所形成的人类文明发展的历史运动⑤。"现代化也被作为一个过程。不同阶段的表现形式有所差异，反映现代化进程的主要形式包括法制化、科学化、大众化、系统化、信息化、民主化和法治化。"⑥ 现代化的目标及其外在表现形式随着社会的发展、人的需求的转变不断丰富。社会主义的国家建构决定了社会主义的国家治理。国家治理体系和治理能力现代化是手段，建设社会主义现代化强国是目标。

作为国家现代化形态之一的社会主义现代化强国，其应具有现代化国家的共同属性——现代性。同时，还具有特殊性，即具有社会主义特

---

① 张峥、郝宇青：《耦合驱动：国家治理现代化与服务型法治政府角色重塑》，《社会科学家》2018 年第 10 期。

② 俞可平：《推进国家治理体系和治理能力现代化》，《前线》2014 年第 1 期。

③ 戴长征：《中国国家治理体系与治理能力建设初探》，《中国行政管理》2014 年第 1 期。

④ 胡承槐：《从马克思的历史总体观视角看国家治理体系现代化的内涵、实质和路径》，《浙江社会科学》2015 年第 5 期。

⑤ 高全喜：《转型时期国家治理体系和治理能力的现代化建设》，《学海》2016 年第 5 期。

⑥ 周平：《全面认识现代国家的多重属性》，《探索与争鸣》2016 年第 8 期。

征。一般认为，领土、主权和人民是现代国家的基本要素。现代国家不仅是民主的，也是立宪的，它包含着用来保护公民利益和自由的权力控制的制度化结构①。现代化国家并不仅仅是政治现代化，还包括法治现代化。"国家依法而治的属性也被认为是最进步，且合乎理性的国家形态。"②也有学者认为，现代国家具有这样三大基本特点：其一，它以现代社会为基础，以构成国家的每个人拥有政治平等的政治解放为历史和逻辑前提；其二，它以现代国家主权为核心，以建构全体人民能够共享并获得发展保障的国家制度体系为基本的组织框架；其三，它以公民权的保障为机制，将社会的全体成员聚合为具有共同政治纽带的共同体，即民族或民族国家③。现代国家具有多重属性，比如，政治性、民主性、法治性等，但其本质属性是现代性。国家的现代化就是现代国家的政治性、民主性和法治性等多重属性在具体的国家制度中得以逐渐完备的过程。"现代性关涉到的应当是现代社会生活中的一个最抽象、最深刻的层面，那就是价值观念的层面。"④从终极意义上讲，就是自由、平等、正义等价值理念被国家、社会以及个体普遍认同，并将其作为国家、社会和个体互动的思想基础并统领制度建构的全过程。

中国希望建成的社会主义现代化强国的本质在于真正实现人类的自由、平等、公正。"马克思恩格斯的现代性批判中，深刻揭露了资本主义自由、民主、平等、正义的虚伪性，但他们并不是批判自由、民主、平等、正义本身。恰恰相反，他们之所以主张推翻资本主义制度，以共产主义代之，目的在于重构现代性，实现人类真正的自由、解放、公平、正义。"⑤社会主义现代化国家就是要求在社会主义公有制的基础上通过政治、经济、社会等现代化，最终实现人的现代化。马克思指出：资产阶级革命所带来的"政治解放一方面把人归结为市民社会的成员，归结

---

① 参见［美］斯科特·戈登《控制国家：从古代雅典到今天的宪政史》，应奇等译，江苏人民出版社2005年版，第5页。
② 陈新民：《德国公法学基础理论》（上），山东人民出版社2001年版，第38页。
③ 林尚立：《现代国家认同建构的政治逻辑》，《中国社会科学》2013年第8期。
④ 俞吾金：《现代性现象学》（续），《江海学刊》2003年第2期。
⑤ 杜艳华：《现代性内涵与现代化问题》，《求索》2015年第5期。

为利己的、独立的个体，另一方面把人归结为公民，归结为法人"①。因此，"人"的现代化的外在表现形式是公民权利与公民义务的和谐统一，法人权利与法人义务的和谐统一，国家权力与国家义务的和谐统一以及国家权力的运行须以维护公民、法人和其他社会组织的权利和义务的和谐统一为目的。社会主义现代化强国的本质就是不断平衡国家权力内部关系、公民权利内部关系以及国家权力与公民权利之间的关系，实现权力与权力、权利与权利以及权力与权利关系良性互动的过程。

当前建设社会主义现代化强国遇到的最大障碍就是国家、社会和公民关系发展变化引发的一系列问题。要处理好这些问题，必须在国家治理的过程中动态调和国家权力和公民权利的关系。有必要通过制度规范国家权力的运行，并通过制度保障公民权利的实现。党的十九大报告之所以认为"中国特色社会主义制度更加完善，国家治理体系和治理能力现代化水平明显提高"②，也正是从这个层面判断的。国家治理体系和治理能力这一新型现代化的任务就是补齐国家的现代化要素，处理好国家权力与公民权利的关系。但如何补齐？如何处理好关系呢？需要国家治理体系和治理能力现代化。国家治理体系和治理能力现代化就是要求以自由、公平、正义等价值为基础制定体系化的系列制度并保障这些制度有效实施，最终实现人的现代化。"国家的力量在于它的普遍和最终目的和个人的特殊利益的统一，即个人对国家尽多少义务，同时也就享有多少权利。"③ "国家必须将其行为的界限和人民的权利利用法律加以明确地界定。"④ 国家权力的运行方式以及公民权利的实现方式必须现代化。

第二节 国家治理现代化对行政许可制度的新要求

为了清晰界定政府和市场的关系，行政许可制度在中国应时而生。近年来，学界针对行政许可制度运行中暴露的问题以及如何改革进行了

---

① 《马克思恩格斯全集》第3卷，人民出版社2002年版，第189页。
② 《中国共产党第十九次全国代表大会文件汇编》，人民出版社2017年版，第3页。
③ [德] 黑格尔：《法哲学原理》，范扬、张企泰译，商务印书馆1961年版，第261页。
④ 陈新民：《德国公法学基础理论》（上），山东人民出版社2001年版，第118页。

系列研究。一是认为行政许可设定有必要改革。有学者重点探讨行政许可的设定主体①,认为有必要扩大地方政府许可设定权,且应对地方立法行政许可设立权提供融通的解释②。但有学者认为基于什么问题、通过怎样的程序设定许可和设定什么内容的许可才是问题的关键③。二是认为有必要进一步规范行政许可的审查方式和审查标准。现行行政许可制度并没有明确规定行政许可审查方式,有必要予以完善。比如认为应"根据申请人提供材料的不同性质,分别适用不同的审查标准"④。尤其应解决行政许可标准的冲突问题⑤。三是相对集中行政许可权改革的问题⑥。有学者认为相对集中行政许可权制度组织法制与程序规则上的问题并未解决⑦。这些研究均表明行政许可制度有待加强。但行政许可制度到底应如何修正才能够达致清晰界定政府和市场关系的立法意愿呢?

完善和发展中国特色社会主义制度是推进国家治理体系和治理能力的前提,也是路径。善治的出现并不是一味简单强调减弱国家对社会或者对市场的规制。如何完善行政许可制度或者说行政许可制度如何回应国家治理体系和治理能力现代化的新要求,以加快国家治理体系和治理能力现代化的步伐,是新时代必须解决的问题。为了实现国家治理现代化,我们应该考虑的是如何通过行政许可制度协调国家、市场和社会的

---

① 杨建顺:《新世纪中国行政法与行政法学发展分析——放权、分权和收权、集权的立法政策学视角》,《河南省政法管理干部学院学报》2006年第4期;曹缪辉、王太高:《行政许可设定权的反思与重构》,《学海》2012年第4期;李云林等:《美国行政许可——形式、设定及实施》,《中国行政管理》2013年第2期。

② 金自宁:《地方立法行政许可设定权之法律解释:基于鲁潍案的分析》,《中国法学》2017年第1期。

③ 高秦伟:《行政许可与政府规制影响分析制度的建构》,《政治与法律》2015年第9期;任海青:《论行政许可设定——以价值分析为主线》,《山西大学学报》(哲学社会科学版)2013年第2期;席涛:《市场失灵与〈行政许可法〉——〈行政许可法〉的法律经济学分析》,《比较法研究》2014年第3期。

④ 章剑生:《行政许可审查标准:形式抑或实质——以工商企业登记为例》,《法商研究》2009年第1期。

⑤ 骆梅英:《行政许可标准的冲突及解决》,《法学研究》2014年第2期。

⑥ 徐继敏:《相对集中行政许可权的价值与路径分析》,《清华法学》2011年第2期;王克稳:《论相对集中行政许可权改革的基本问题》,《法学评论》2017年第6期。

⑦ 刘恒、彭箫剑:《相对集中行政许可权的制度变迁》,《理论与改革》2019年第2期。

关系，发挥预防政府和服务政府的功能，在平衡多元利益关系的基础上，保护公共利益。

一 作为规制的行政许可制度的限度

在经济学视野里，行政许可制度被认为是"行政机关直接干预市场配置机制或者间接改变企业和消费者的供需决策的一般规制或者特殊行为"[①]。调和国家与市场的关系是行政许可制度的功能所在。米尔顿·弗里德曼曾说过，"每一项政府措施都背着一个大烟囱"[②]。虽然行政许可制度企图跨越政府规制与市场竞争的矛盾，但政府规制与市场竞争终究是互相排斥的，行政许可制度的两面性必然存在，只是呈阶段性的此消彼长。

（一）行政许可制度的政府规制价值

1. 政府规制

规制，顾名思义，就是规范和控制。一般认为包括社会性规制和经济性规制。日本学者较早研究政府规制。金泽良雄认为，"政府规制是在以市场机制为基础的经济体制下，以矫正、改善市场机制内在的问题（广义的失灵）为目的，政府干预和干涉经济主体（特别是对企业）活动的行为"[③]；将政府规制的主体限于政府。而植草益则认为政府规制的主体是社会公共机构，其中包括政府[④]。我国近年来对规制也多有研究。有学者认为，"规制是指政府依据一定的政策、法律和规章对市场经济主体的活动进行限制、制约或激励的行为"[⑤]。也有学者认为"政府规制是指

[①] 汪永清：《中华人民共和国行政许可法释义》，中国法制出版社2003年版，第6页。

[②] ［美］米尔顿·弗里德曼：《自由选择》，胡骑、席学媛、安强译，商务印书馆1982年版，第36页。

[③] 转引自张建伟：《建设服务型政府背景下的规制改革：放松与优化》，《贵州工业大学学报》2005年第5期；沈春光：《和谐社会建设中的政府规制问题探讨》，《中国特色社会主义研究》2007年第3期。

[④] ［日］植草益：《微观规制经济学》，朱绍文译，中国发展出版社1992年版，第18页。

[⑤] 张建伟：《建设服务型政府背景下的规制改革：放松与优化》，《贵州工业大学学报》2005年第5期。

政府利用法规对市场进行的制约"。① 我们认为，政府规制指的就是政府依其强制力对社会行为的控制。学界就政府是否应该干预社会经济发展已然取得共识，争议的只是规制的范围、方式和程度。

2. 行政许可制度对政府规制的放松与强化

行政许可发端于私法性许可，是政府规制社会行为的一种方式。正如有学者分析的那样，"政府谋求对经济干预和对社会管理规范化的愿望必然会在程序上固定化为行政审批"②。而行政许可制度无疑会规定行政许可的事项，即哪些应当行政许可，哪些无须行政许可。从这个意义上说，行政许可制度实际上是为政府规制划定界限。

以我国为例，在计划经济时代，政府的规制范围是全方位的。为了培育市场经济，科学划定政府与市场的边界，行政许可法适时问世。从计划经济向市场经济过渡的时代，行政许可制度不是为了强化政府规制，反而是为了放松政府规制。政府规制的范围、程序因行政许可制度而规范化、合法化。但在美国则相反，为了弥补市场经济的缺陷，美国成立轮船检验局，之后又对铁路领域进行政府规制，并通过洲际通商法对各方面的经济活动，尤其是对各州的经济事务和国际贸易进行审批和监管。美国的行政许可制度在其产生之初，不是为了放松政府规制，而是强化规制，以履行政府应当具有的经济调节、市场监管、公共服务与社会管理的职能。有学者主张，"作为规制工具的行政许可具有信息收集、准入控制、行为监管和执行机制等工具价值"③。不同的国家因其政治、经济、社会关系不同，其制定行政许可制度的目的不同，即便行政许可的范围出入很大，也并不能直接判断行政许可制度到底是强化还是放松政府规制。行政许可到底是强化还是放松政府规制，应当将其置于特定历史时代的国家与社会、公民的关系中。"具有现代治理属性的政府主导格局不同于全能主义国家时期的大包大揽，而是转变政府职能、破除权力集中

---

① 张帆：《规制理论与实践》，载北京大学经济研究中心《经济学与中国经济改革——北京大学中国经济研究中心经济学前沿系列讲座》，上海人民出版社1995年版，第154页。

② 张康之：《行政审批制度改革：政府从管制走向服务》，《理论与改革》2003年第6期。

③ ［爱尔兰］Colin Scott：《作为规制与治理工具的行政许可》，石肖雪译，《法学研究》2014年第2期。

而又缺乏制约基础上的政府主导体制，是基于规则的政府主导。"①

(二) 作为规制的行政许可制度的局限

1. 规制失灵

规制的本质是"针对私人行为的公共行政政策，它是从公共利益出发而制定的"②，权威来自中央的、自上而下的命令和控制。其首要目的是防止私人行为侵害公共利益或者是危及社会利益。另外，还在于规范规制措施，防止权力滥用，具有控权法的属性。具体到行政许可制度而言，旨在矫正市场失灵，调控企业、个人的经济行为、社会行为，同时控制行政机关滥用权力。但这些目标并不能自动实现，取决于三个要素：一是行政许可立法本身是否基于公共利益考量，在考虑公共利益的同时是否平衡法律保护的相关利益；二是具体的行政执法者是否基于公共利益行使行政许可权，又兼顾法律保护的相关利益；三是司法人员是否基于立法目的审判行政许可案件。在行政许可实践中，无论是立法者、执法者还是司法人员都是具体的集公共利益、个人利益于一身的个体的人，其行为并非完全以公共利益为依归，有可能掺杂个人利益的考虑。尤其是在自由裁量情形下，行政许可制度有可能成为寻租的工具。行政许可决定起不到规制法应有的作用。

2. 客观阻碍社会自治和市场经济

行政许可制度为政府合法干预市场的资源配置和个人的权利行为提供了制度依据。行政许可制度的实施，必然会产生限制市场竞争和个人自由的客观效果。政府在限制市场竞争和个人自由的过程中，必然伴随大量的自由裁量，行政许可的消极性与积极性如影随形。如日本学者所述，"行政许可制度的缺点归纳为以下十点：自我增值性、自我永久持续性、高费用性、非效率性、恣意裁量性、非效率的保护性、腐败性、非关税障碍性、重复性以及中央集权性"③。综上，行政许可制度虽然具有规范政府规制的价值，但客观上抑制竞争，也易滋生腐败。如果行政许

---

① 魏艳、朱方彬：《改革开放以来国家治理体系和治理能力现代化问题研究》，《云南民族大学学报》（哲学社会科学版）2018 年第 5 期。

② 转引自丁瑞莲《金融发展的伦理规制》，中国金融出版社 2010 年版，第 33 页。

③ 转引自刘巍《行政许可之地方立法控制》，《法学评论》2006 年第 2 期。

可过泛,将阻碍社会自治的发展,不利于降低行政成本和提升行政效率。

有学者担忧,"国家能在多大程度上运用许可或其他严厉的规制工具,激励并监控社会和市场进程,以达成令人满意的结果等,都存在着大量的怀疑"[1]。但放眼实践,当下最重要的并不是怀疑规制的必要性,而是应当思考作为政府规制工具的行政许可制度如何发挥规制价值,以平衡好政府与市场的关系,平衡好国家与社会的关系,平衡好公权力与私权利的关系,以规避或者弱化行政许可的消极作用。

二 国家治理现代化要求行政许可制度现代化

制度本身的现代化以及国家机关执行制度的能力的现代化是国家治理体系和治理能力现代化的题中应有之义。包括行政许可制度在内的各项制度的现代化,有利于共同推动社会主义现代化强国的生成。行政许可制度关乎行政机关的审批权限、关乎市场自主调节的空间、关乎社会自治和个人自由的范围。如果行政许可制度的内容与社会主义现代化国家的要求不完全一致,如果行政许可制度的具体规定与国家治理体系和治理能力现代化的要求不完全匹配,不仅不利于建立良性的国家—社会—市场三元关系,反而阻碍国家权力和公民权利的平衡运行。有必要以国家治理现代化为视角,推动行政许可制度现代化。

(一) 行政许可制度现代化是国家治理现代化的必然要求

行政许可现象在中国由来已久,《逸周书·大聚篇》有记载。战国时期,对煮盐冶铁设官营。到了汉朝,建立较为完善的盐铁专卖制度。我国古代的这些制度虽具有行政许可制度的形式特征,但并不具备现代行政许可制度的价值内涵。直到1727年英国《许可证法》的出现,具有现代法律意义的行政许可制度才得以问世。1835年英国的《自治市法人法》,被视作现代行政许可制度的起源。2004年中国实施《行政许可法》,意在"巩固审批制度改革的成果,限制许可设定权,扩大市民社会自由、自主的空间"和"克服许可行为的失范"[2]。进入新时代以后,国

---

[1] 李延吉:《立法视野下的行政审批制度改革范式重构》,《浙江学刊》2016年第5期。
[2] 陈端洪:《行政许可与个人自由》,《法学研究》2004年第5期。

家治理体系现代化必然要求行政许可制度现代化。

政府权力体系现代化是国家治理体系现代化的重要内容。而政府权力体系现代化的本质即为政府职能的现代化,是政府的有效限权、放权和分权[①]。作为国家治理体系重要组成部分的行政许可制度,"承载了一系列不同的社会目标,而规制有时只是其中一个主要目标"[②]。实施许可的其他主要理由还包括:促进资源的开发,与此相关的对稀缺资源的配置以及获得被许可人支付的许可费用。"当行政许可被限定为规制工具时,可以假定其核心是实现对特定行为的控制,具体机制包括信息收集、准入控制、行为监管以及许可的执行。"[③] 而作为国家治理方式的行政许可,并不仅在于控制特定行为。首先还应确定国家设定行政许可的目的以及保障个人权利的方式。国家治理体系现代化要求行政许可制度必须立足于建成社会主义现代化强国这一最高目的去建构行政机关与行政许可相对人之间的法律关系,必须基于自由、公平、正义等价值理念规定他们之间的权利义务,最终为权利的实现服务。

(二) 国家治理能力现代化需要现代化的行政许可制度予以保障

不同的国家试图通过不同的制度安排达致相同的目的,看似矛盾,实则是一个国家的国家能力的外在表现。如果国家不能有效履行其必须履行的国家义务,这个国家有可能失效或者失败[④]。国家治理能力现代化最重要的保障是政府治理能力现代化。而"政府在国家治理能力现代化进程中所面临的问题主要包括两个部分:一是在国家治理过程中政府所面临的外在社会问题,二是在国家治理过程中政府所面临的自身问题"[⑤]。政府要解决其在国家治理能力现代化过程中遇到的外在问题和自身问题,需要有法可依,更重要的是可依之法应当有助于政府治理能力的增强而

---

① 尹少成:《国家治理体系现代化视野下的公众参与机制》,《社会科学家》2016 年第 6 期。

② [爱尔兰] Colin Scott:《作为规制与治理工具的行政许可》,石肖雪译,《法学研究》2014 年第 2 期。

③ [爱尔兰] Colin Scott:《作为规制与治理工具的行政许可》,石肖雪译,《法学研究》2014 年第 2 期。

④ 闫健:《失效国家研究引论》,《经济社会体制比较》2014 年第 3 期。

⑤ 欧阳康、钟林:《国家治理能力现代化进程中的政府问题》,《学术界》2015 年第 3 期。

不是减弱。比如，有助于提高人力、财力、权力、公信力、文化力、信息力、协同力等基础能力[①]或者增强动员、组织、监管、服务、配置等基础能力[②]。走向现代化的行政许可制度通过合理界定行政许可权的边界、科学设置具有现代性的权力行使规则、合理调节公共利益与个人利益的关系，预防未来行为对既有秩序和利益的非法损害，必然有助于解决政府与市场、社会互动过程中产生的外在问题，必然有助于优化国家的治理方式、提高国家的治理能力。

三 国家治理现代化对行政许可制度现代化的具体要求

行政许可制度现代化既是国家治理体系和治理能力现代化的具体表现，也是其具体要求。但什么样的行政许可制度才是现代化的行政许可制度呢？行政许可制度的现代性要素包括哪些呢？行政许可制度现代化不只是行政许可设定主体的现代化、行政许可权配置的现代化，更紧迫的是行政许可设定本身的现代化、设定的行政许可内容以及行政许可权行使的现代化。国家治理现代化对行政许可制度提出了更高的要求。

（一）行政许可理念现代化

有学者通过分析国家治理体系的道、术问题，指出"行政法既不是控权法，也不是平衡法，它应该是构建、保障和修复良性官民合作关系的法"……"'合作'不仅是国家治理核心价值目标，也是行政法的基本价值目标"[③]。作为现代化的国家治理方式的行政许可制度应不同于作为规制工具或者管理手段的行政许可制度。行政许可制度应当遵循治理的价值追求、吸收善治的精神内核。

国家治理现代化的价值内涵是什么？学界有不同观点。从政治的视角认为，国家治理现代化具有公共性、多中心治理、政治合法性价值。公共性价值是建构政治现代化的基础，多中心治理价值是建构政治现代化的路径，合法性价值是建构政治现代化的保障。从社会的视角认为，

---

① 汪永成：《政府能力的结构分析》，《政治学研究》2004年第2期。
② 陶希东：《国家治理体系应包括五大基本内容》，《理论参考》2014年第2期。
③ 王学辉、张治宇：《国家治理价值体系现代化与行政法学理论基础的重构——以"诸神之争"为背景的分析》，《行政法学研究》2014年第4期。

国家治理现代化具有民主价值、公正价值、法治价值。民主价值是建构社会现代化的关键，公正价值是构建社会现代化的核心，法治价值是构建社会现代化的内在需要。从经济的视角认为，国家治理现代化的经济价值维度主要彰显于效率和市场经济发展方面[①]。具体到我国，反映中国特色、民族特性、时代特征的价值体系是推进国家治理体系和治理能力现代化的基石。因此，有学者基于中国现实，认为"社会公正既是国家治理现代化的价值内涵，也是国家治理现代化所应追寻的目标，更是中国国家治理现代化之社会主义本质的体现"[②]。我们认为，社会公正当然是国家治理现代化的价值内涵，但并非唯一。

不同的视角对国家治理体系和治理能力现代化的价值解读不一。作为法律制度的行政许可制度并不能脱离政治、社会以及经济孤立存在，反而应当立足于国情，构建和谐统一的多元价值体系。中国制定的行政许可制度应当立足于中国的政治、经济、社会和文化，结合中国国家治理体系和治理能力现代化的价值体系，塑造现代化的行政许可理念。在法学领域，有学者认为，"行政许可是平衡公益和私益的一种管理社会经济、政治、文化等事务的手段。从制度的逻辑起点分析，行政许可以公益与私益的平衡为理论基础"[③]。从这个角度剖析，行政许可理念现代化，并不是单一追求某一价值，而是应当建立多元价值体系。而多元价值体系必须以中国宪法所确立的宪法价值为引领，回应善治的要求。行政许可制度必须全面细化宪法所要求的保障人权、法治、民主、有限政府等多元价值。行政许可制度在力求公共利益最大化的国家治理过程中，应当通过正当法律程序，在行政民主的基础上，追求效率、秩序、公正、人权等。

在国家治理体系和治理能力现代化的大背景下，行政许可不只是为了"预防和控制危险、限制权利任意行使、控制资源合理配置、设定市

---

① 黄静秋：《国家治理现代化的价值研究述评》，《哈尔滨学院学报》2016年第12期。
② 巩丽娟：《国家治理现代化的价值导向探索》，《江苏行政学院学报》2015年第6期。
③ 崔卓兰、吕艳辉：《行政许可的学理分析》，《吉林大学社会科学学报》2004年第1期。

场准入规则以及提供政府公信支持"①，最重要的是实现预防政府和服务政府的最高目的，实现人与人、人与社会、人与自然的共生发展。但这些目标如何实现呢？"国家治理是国家政权的所有者、管理者和利益相关者等多元行动者在一个国家的范围内对社会公共事务的合作管理，其目的是增进公共利益，维护公共秩序。"② 具体到行政许可领域，行使行政许可权的政府应发挥主导作用，通过对话等多个行动避免准予或者不准予有可能带来的行动冲突，在主体间承认的规范性原则和规则的背景下以共识的方式③预防合法利益致损，以提高行政许可对市场、对社会的调控力和对公共利益的保护力。

（二）行政许可事项现代化

行政许可事项是行政许可制度的核心内容，它关涉行政机关的权限，也关涉公民权利的实现方式。行政许可事项的范围，到底应当如何确定呢？我们认为，行政许可事项的范围并不是一成不变的，国家治理体系和治理能力现代化要求其应与市场经济的发展阶段、社会的实际情况相适应。

"从本源上考究，许可是普通法上关于土地通行的概念。"④ 这表明，许可的主体具有多元性，有私法领域的民事主体，也有公法领域的国家及其组成部门。许可的主体从民事主体发展为多元主体的过程，实际上就是国家与社会关系演变的过程。比如，1929年世界性经济危机之后，罗斯福新政大力加强对经济生活、社会生活的干预，行政许可范围急剧膨胀，及时缓解了社会危机。但过度的许可又窒息了市场主体的积极性，造成经济效率低下，政府服务意识减弱。新公共管理运动助推政府缩减行政许可事项，重新调整职能权限。行政许可的范围在从小到大、从大到小的循环中挣扎。但缩减的行政许可何去何从了呢？是不是不经行政

---

① 顾爱平：《行政许可制度改革研究——行政许可法实施后的思考》，博士学位论文，苏州大学，2006年。

② 何增科：《理解国家治理及其现代化》，《马克思主义与现实》2014年第1期。

③ [德]哈贝马斯：《在事实与规范之间——关于法律和民主法治国的商谈理论》，童世骏译，生活·读书·新知三联书店2003年版，第131页。

④ 陈端洪：《行政许可与个人自由》，《法学研究》2004年第5期。

许可，就意味着个人自由了呢？并不然。一部分只是改变了许可的主体，不由行政主体行使许可权，而是由财产权人行使其因所有权或者使用权享有的衍生权利。"许可权人的道德权威来源于财产权，只要人们不能否定财产权的道德正当性，就无法否定所有权人的许可权。财产权具有排他性，这就构成了对于他人的限制，经由许可的构成性事实，他人于是获得了进入或使用的自由或权利。"① 至此，行政许可事项并不一定须由代表国家的行政机关行使行政权予以治理。市场可以根据市场法则调节，民事主体可以在法律的原则范围内自愿平等协商解决。到底选择哪种方式，并不是立法者的武断决定，而是人在社会现实面前的共同需要。但在国家所有和集体所有的情形下，行政许可定是必然。国家治理体系和治理能力现代化，要求合理确定行政许可的范围。行政许可事项现代化并不意味着一定是精简行政许可事项，而是能够及时回应并预防社会风险的动态需要，建立与社会主义市场经济体制相适应的行政许可范围。它取决于公有制的范围，取决于市场的调节能力，取决于社会自治的程度。

行政许可事项现代化要求处理以下几方面的关系：一是作为规制和治理的行政许可与其他政府规制和治理手段的关系。替代性行政规制可以达致行政目的的，不设定行政许可。二是行政许可与其他主体许可的关系。其他主体许可不危及公共利益的，可以不纳入行政许可范围。

（三）行政许可条件现代化

行政许可事项的设定只是确定了哪些事项需经行政许可，哪些事项可以不经行政许可，只是为政府"主管"的"领域"或者"事项"划定了范围。但行政机关拒绝或者准许行政相对人的许可申请，须以法定的行政许可条件为据。行政机关准予或者不准予，直接与行政许可条件相关。"行政许可条件是许可申请人能够获得行政许可必须达到的最低要求。"② 行政许可制度要发挥其作为现代化的国家治理方式的应有作用，必须针对不同的行政许可事项分类制定行政许可条件。现代化的行政许

---

① 陈端洪：《行政许可与个人自由》，《法学研究》2004年第5期。
② 杨解君：《行政许可研究》，人民出版社2001年版，第206页。

可条件，必须以落实现代行政许可理念为依归，合目的化、法定化、民主化和具体化。

行政许可条件是为行政许可的设定目的服务的，行政许可的设定目的决定行政许可条件的内容。因此，行政许可条件的构成必须以维护公共利益和社会利益、预防社会风险为出发点，不是为了限制公平竞争，也不是为了保护既得利益，更不是为了激发行政机关作为、便于行政机关行使权力而设计。设定行政许可条件的主体应当尽量与设定行政许可事项的主体统一，以便于实现制度本身的统一。申请人是否能够获得许可取决于行政许可条件的具体规定，行政许可条件与公民、法人或者其他社会组织的权益密切相关。如果不由设定行政许可事项的主体同时规定，有可能出现行政许可条件与设定行政许可事项的主体希望达到的规制目的不匹配，不符合比例原则。"在法治国家，不仅权力不得滥用，而且权利也不能滥用，不得损害他人的正当利益和社会公益。"[①] 行政许可条件的依法设定，一定程度上也是为了保障被许可人能够依法行使权利。如果行政许可条件过于严格，将过度禁锢公民权利；如果行政许可条件过于宽松，将难以预防风险，有损公共利益。如果行政许可条件不明确，将不利于各方遵守或者执行。

行政许可条件的合目的性，需要民主予以保障。在确立行政许可条件的立法过程中，应当广泛征求社会意见。"有许多事情非法律所能规定，这些事情必须交由握有执行权的人自由裁量，由他根据公众福利和利益的要求来处理。"[②] 基于行政许可事项的复杂性、专业性，立法难以具体明确规定行政许可条件，可以赋予行政机关自由裁量权，但应当规定原则。行政机关应根据具体原则细化行政许可条件，比如制定行政许可标准。"行政许可标准实质上是联结以抽象规范形式存在的行政许可条件与行政许可申请人具体事实之间的媒介，是行政机关在实施行政许可过程中判断行政许可申请人是否符合法定的行政许可条件，进而决定其

[①] 杨建顺：《行政规制与权利保障》，中国人民大学出版社2007年版，第345页。
[②] ［英］洛克：《政府论》（下篇），叶启芳等译，商务印书馆1964年版，第99页。

能否获得相应行政许可的具体规则。"① 这些规则常常是行政机关作出行政许可决定最为重要的直接依据,其应当以具体时代的人的需要和社会实际相结合,且在民主的基础上产生。

（四）行政许可程序现代化

程序一般包括行为的步骤、方式、顺序和时限。传统行政法理论认为,行政许可程序就是指行政机关的行为程序。但行政许可过程往往涉及多元利益主体,如果仅规定行政机关作出行政许可的步骤、方式、顺序和时限,其他利益主体就不能依法参与到行政许可过程中,这种程序规定显然不符合国家治理体系和治理能力现代化的要求。仅规定行政机关权力行使程序、不规定行政相对人和利害关系人权利行使和保护程序的行政许可法是封闭的行政许可法,是没有贯彻现代行政法"合作"价值目标的落后的行政许可法。有序的行政许可秩序的建立有赖于多元利益主体承认许可规范的有效性。行政机关与多元利益主体应当建立必要的沟通机制。行政许可法有必要规定多元利益主体在行政许可过程中的互动程序和规则。

国家治理现代化要求保障多元行动者的参与权。"现代政治的使命就是对国家权力施加制约,把国家的活动引向它所服务的人们认为是合法的这一终极目标上,并把权力的行使置于法治原则下。"② 如何提高行政许可的公信力,如何增强行政许可的正当性,行政相对人和行政相关人对行政许可的认同感是关键。如何增强行政相对人和行政相关人的认同感呢? 在行政许可过程中,应当"按主导、协同和参与等的位序与层次,保证治理多元主体及相关利益人进入"③ 行政许可程序。以上人员进入行政许可程序的前提在于:行政机关在履行审查义务的过程中应当履行相应的告知义务,保障利益相关人的知情权,由其自由决定是否参与到行政许可过程中,发表自己的意见或者提供相关的信息。行政机关应对多

---

① 王太高:《行政许可条件》,法律出版社 2014 年版,第 27 页。
② [美] 弗朗西斯·福山:《国家构建:21 世纪的国家治理与世界秩序》,黄胜强等译,中国社会科学出版社 2007 年版,第 1—2 页。
③ 应松年:《加快法治建设促进国家治理体系和治理能力现代化》,《中国法学》2014 年第 6 期。

元行动者提供的信息、提出的异议进行审查，受其拘束。如不采纳意见，应予以必要的说明。

国家治理现代化要求保障多元行动者的程序权。在行政许可过程中，行政机关如何与多元行动者互动，以发挥行政许可平衡"公共利益与私人利益"的制度作用，有必要按照自然公正原则，合理设计行政相对人和利益相关人参与行政许可的程序。行政许可程序现代化要求行政许可程序既有利于监督行政权的行使，也有利于保障行政许可效率和利益相关者的权利。

第三节　行政许可制度对国家治理现代化的必要回应

国家治理体系和治理能力现代化要求行政许可制度现代化，其现代化标准当然对行政许可制度现代化具有纲领性作用。行政许可制度现代化须以国家治理体系和治理能力现代化标准作为指南针，不断优化行政许可制度，为最终建成社会主义现代化强国服务。行政许可制度应当引入治理观念、治理规则、治理机制以回应国家治理现代化的要求。

一　从传统规制向规制治理发展

行政许可是行政机关针对行政相对人的请求，对其是否享有从事某些具有强社会公共性的私人社会经济行为的资格进行审查并决定的活动。行政许可失当、不合法最大的危害性在于不能最有效地遏制私人活动带来的公共性危害。如何才能减少行政许可的失当或者不合法呢？一味依靠传统的规制手段已不能达到国家治理现代化的效果，因此有必要检讨行政许可制度中与国家治理现代化不相适应的观念和规范。

在国家治理现代化背景下，现代规制行政应当由传统的命令—控制型规制模式向规制治理模式的范式转型。行政许可制度也应当从命令—控制规制向规制治理模式转变。"规制治理对传统理论的核心挑战在于在转向私人发挥更多作用的治理过程中，如何让法律与规制能依然有效发挥作用，并让政府在其间继续起到重要的协调作用。"① 规制治理相对于传统规制而言，强调适当弱化命令和控制，而代之以合作和对话。在规制治理模式下，行政许可既是政府规制的手段，同时也是一种治理工具。行政机关应当充分利用行政机关、行政相对人的知识和资源，与行政相对人、行政相关人进行充分互动，以促进规制的有效性与合法性。

二 行政许可中的参与治理和合作治理

国家治理体系以及治理能力是否现代化，有学者认为应当以"公共权力运行的制度化和规范化、民主化、法治、效率、协调"② 或者民主化、法治化、文明化、科学化③等作为衡量标准。有学者认为应当以"民主治理、法治治理、公正治理、文明治理、清廉治理、高效治理"④ 作为衡量标准。但不管哪种标准，均强调民主的治理价值。而民主如何实现呢？如果说参与治理是形式民主的方式的话，"合作治理才是真正实质民主的治理"⑤。参与治理与合作治理是规制治理范式下行政许可制度的应有手段。

在传统行政许可法中，为了提高规制的有效性，亦有少量参与治理的内容。比如，《行政许可法》第 36 条。在行政许可过程中，之所以允许被规制对象或者行政许可申请人以及其他利害关系人参与到行政许可过程中，其目的是协助行政机关甄别申请材料的真实性或者为其自由裁量提供事实依据。行政许可法律关系主体之间仍然处于不平等的法律地位，他们只是参与到行政过程中，对行政许可决定并不能够起到决定性作用。在参与治理模式下，民主功效甚微。

行政许可制度要实现"对付市场和政府的双失效，弥补政府和市场

---

① [美] 奥利·洛贝尔：《作为规制治理的新治理》，宋华琳、徐小琪译，载冯中越主编《社会性规制评论》第 2 辑，中国财政经济出版社 2014 年版，第 127—145 页。
② 俞可平：《推进国家治理体系和治理能力现代化》，《前线》2014 年第 1 期。
③ 何增科：《怎么理解国家治理及其现代化》，《理论参考》2014 年第 2 期。
④ 陈光中：《国家治理现代化标准问题之我见》，《法制与社会发展》2014 年第 5 期。
⑤ 周义程、黄菡：《以"合作治理"超越"民主治理"的理论尝试：评张康之〈行政伦理的观念与视野〉中的合作治理构想》，《领导理论与实践》2010 年第 3 期。

在调控和协调过程中的某些不足"① 的规制治理价值，有必要引入合作治理。在行政许可中，如何进行合作治理呢？合作治理不同于参与治理。合作治理强调治理主体之间的平等合作关系。行政许可中的合作治理主要体现为以下几方面的合作：一是行政机关之间的合作；二是行政机关与其他社会主体之间的合作。作为治理的行政许可制度，与仅作为规制的行政许可制度相比，行政权的行使不再仅仅表现为单向度性。国家治理体系和治理能力现代化要求行政许可过程具有双向性。这种双向性并不改变作为单方行政行为的行政许可的国家意志性，只是通过双向互动增强行政许可决定的科学性、民主性、合理性。

---

① 乔规章：《再论作为非国家机构的政府》，《江苏行政学院学报》2005年第2期。

第 二 章

行政许可性质再探讨

有关行政许可的性质,学界有诸多学说。为什么学界对行政许可的性质无法达成共识呢?到底什么是行政许可的性质呢?只有回答了这些问题,才能够科学规范行政许可行为。

第一节 行政许可的含义及其分类

要回答行政许可的性质,首先必须定义到底什么是许可、什么是行政许可以及许可和行政许可的类型。

一 许可的含义及其分类

(一)什么是许可

许可,顾名思义为"准许、许诺"①。可为名词,也可为动词。作为动词时,有学者理解为表示创设一个特定的自由特权所必需的一组构成性事实②。作为名词时,常被理解为自由。作为名词意义的许可是作为动词许可的结果。许可是享有权利(权力)的人基于他人的请求明示或者默示同意作出某种行为或者明确不追究他人未经请求先行行为的意思表示。许可涉及许可人和被许可人,也暗含未经许可人许可,被许可人的行为涉嫌侵权或者违法。

---

① 《现代汉语词典》,商务印书馆 2002 年版,第 1421 页。

② Wesley Newcomb Hohfeld, *Fundamental Legal Conceptions As Applied in Judicial Reasoning Other Essays*, Yale University Press, 1923, pp. 32 - 35.

(二) 许可的类型

许可始于私人之间。最早发生许可的领域是土地进入的许可。通行人向土地权利人提出请求，土地权利人准许。后发展为其他人要进入权利人的土地从事活动，须准许。土地进入的许可可以是有偿许可也可以是无偿许可。后来知识产权领域亦要求他人须权利人许可才能够使用专利、商标、软件等。

1. 私人许可和国家许可

随着许可制度的广泛发展，许可主体日益多元化。按照许可权的基础不同，可分为私人许可和国家许可。私人许可是私权利主体基于其私权利作出的许可，往往以财产权为基础。国家许可是国家基于公共利益的考虑根据公权力作出的许可，权力基础可以是财产权，也可以是宪法或者法律的授权。因权力的类型不同，可分为立法许可、行政许可和司法许可。立法许可，由立法机关或者获得授权的行政机关作出，它是实施行政许可和司法许可的前提。比如1140年南意大利的诺曼王国颁布的《阿利亚诺法令》规定，"医生无国王签发的执照不得行医"[1]。司法许可由司法机关作出。比如人民法院根据《中华人民共和国行政诉讼法》第36条准许被告延期提供因不可抗力等正当事由不能提供的作出行政行为时已经收集的证据。作为国家许可重要类型的行政许可，须遵守国家法的规定。

2. 财产性许可和非财产性许可

财产性许可是指许可人基于对有形物或者无形物的财产权允许被许可人从事某种与其财产相关的行为的一系列活动。财产性许可的本质是财产权人对其合法财产的处分。私人许可和国家许可都存在财产性许可。私人财产性许可源于其私人合法财产，国家财产性许可源于国家对财产的所有权。我国实行公有制，国家财产性许可范围广泛。财产性许可与经济秩序相关。非财产性许可是指许可人基于法律的特别规定允许被许可人从事某种与公共利益相关的行为的一系列活动。非财产性许可与许

---

[1] [美]伯尔曼：《法律与革命——西方法律传统的形成》，贺卫方译，中国大百科全书出版社1993年版，第508页。

可人的财产无关，许可的前提是法律的特别规定，目的在于维护公共利益，建构良好的社会秩序。

二　行政许可的含义及其分类

（一）什么是行政许可

学界对行政许可的定义较多，具有代表性的有以下几种。有人认为行政许可是指一种法律制度，即行政法律制度或者宪法制度[①]。也有学者认为行政许可是一种行政行为。还有人认为，"行政许可就是通过行政程序创设个人自由或财产性权利的构成性事实"[②]。将行政机关作出的一系列影响个人自由或者财产性权利的行动归结为构成性事实，突出了行政许可的静态结果。但行政许可作为行政机关行使权力的一种样态，是动态和静态的结合体。因此，应从行政行为的视角定义行政许可。作为国家许可的行政许可，不同于立法许可和司法许可。《行政许可法》第2条[③]从行政许可决定的生成过程对行政许可进行了动态描述，将行政许可限于具体行政行为，但仍然存在局限性。行政许可的程序并非限于申请—审查—准许程序，还包括对被许可人从事行政许可活动的监督检查。而且，行政许可包括行政许可决定和不予从事特定活动决定。"许可"与"不予许可"都是行政许可法律制度中行政机关法定的行为方式，各自有不同内容和行为对象[④]。《行政许可法》将行政许可定义为"准予其从事特定活动"，并不全面。应增加"不准予"，且应强调对被许可行为的后续监管。行政许可是对准予或者不准予从事特定活动并对被许可人行为予以监管的一系列过程的总称。

（二）行政许可的类型

学界从理论上对行政许可进行了诸多分类。除了传统的分类视角之外，还可以对行政许可作如下分类。

[①] 沈寿文：《行政许可性质之宪法学反思》，《云南行政学院学报》2013年第1期。
[②] 陈端洪：《行政许可与个人自由》，《法学研究》2004年第5期。
[③] 《行政许可法》第2条规定：行政许可是指行政机关根据公民、法人或者其他组织的申请，经依法审查，准予其从事特定活动的行为。
[④] 方世荣：《行政许可的涵义、性质及公正性问题探讨》，《法律科学》1998年第2期。

1. 与不动产相关的许可和与不动产不相关的许可

按照行政许可事项是否与不动产权利相关，分为与不动产相关的许可和与不动产不相关的许可。与不动产相关的许可，是指行政机关允许或者拒绝行政相对人对不动产行使有关权利的决定。比如，与土地使用相关的许可，与建筑物或者构筑物相关的许可，与探矿权、采矿权等土地定着物、与土地尚未脱离的土地生成物以及因人力或者自然添附于土地但不能分离的其他物相关的许可。这类许可涉及不动产的使用、收益或者处分，具有自然特性和社会经济特性。与不动产不相关的许可是指行政机关基于法律的规定允许或拒绝行政相对人行使某种行为，行政相对人并不是针对不动产行使权利。比如，驾驶许可、律师职业许可等。

这种分类的重要意义在于行政机关的审查义务以及设定行政许可条件的考虑因素等不同。由于不动产的固定性、不可移动性等特征，涉及不动产的许可决定必然影响相邻不动产，涉及不动产的许可必然要考虑相邻问题。与不动产不相关的许可，行为影响对象具有不确定性，并不一定存在相邻问题。基于此，涉及不动产的许可和不涉及不动产的许可，在许可条件等方面应有所不同。

2. 行为地确定的许可和行为地不确定的许可

行政相对人向行政机关提出许可申请，其根本目的是解除一般禁止，依许可决定开展被许可活动。行政相对人开展许可活动，必然有行为地的问题。有的行政许可，行为地是确定的；有的行政许可，行为地是动态的；有的行政许可，在申请时，必须确定行为地；有的行政许可，在申请时，不需要确定行为地。按照许可申请是否需要确定行为地为标准，分为行为地确定的许可和行为地不确定的许可。行为地确定的许可是指行政相对人申请许可事项时，明确申请了行为地点，且专门请求行政机关同意其在申请地点行为的许可。比如，大型户外广告设置许可、药品经营许可等，或者行政机关根据有关法律、法规直接确定行为区域的许可。比如，农作物种子经营许可行为地由行政机关根据相关规定直接核定。行为地不确定的许可是指行政相对人申请许可事项时，行为地并不是许可条件，行政机关无须审查行为地点的许可。比如，法律职业资格许可。国家对取得国家统一的法律职业资格的必需条件①的规定只涉及了学历学位、政治品格以及法律职业资格考试是否通过等要件，并没有将行为地作为许可条件。

这一划分同样具有重要意义。行为地确定的许可因行为地确定，与行政许可有关的利害关系人具有相对确定性；行为地不确定的许可因行为地不确定，其利害关系人具有不确定性。

第二节　行政许可性质

一　对已有学说的评价

学界对行政许可的性质多有讨论，提出了赋权说、解禁说、折中说、验证说和核准说、解除不作为义务说、双重或者多重性质说、调控说等多种学说。

（一）赋权说

赋权说认为行政许可一定是授益行政行为。比如，罗豪才教授认为，行政许可"是行政主体应行政相对方的申请，通过颁发许可证、执照等形式，依法赋予行政相对方从事某种活动的法律资格和实施某种行为的法律权利的行政行为"②。马怀德教授认为，行政许可"是一种赋予法律权利和资格的行为"③。但如前所述，行政许可类型有两种，一种是许可决定，一种是不予许可决定。就不予许可决定而言，行政许可并没有为行政相对人赋予权利。行政许可的结果并不一定是赋权，有可能是行政相对人的权利没有实际改变。赋权说只是行政许可决定的结果，而不是不予许可决定的结果。

---

① 中共中央办公厅、国务院办公厅发布的《关于完善国家统一法律职业资格制度的意见》规定，取得国家统一的法律职业资格必须同时具备下列条件：拥护中华人民共和国宪法，具有良好的政治、业务素质和道德品行；具备全日制普通高等学校法学类本科学历并获得学士及以上学位，或者全日制普通高等学校非法学类本科及以上学历并获得法律硕士、法学硕士及以上学位或获得其他相应学位从事法律工作三年以上；参加国家统一法律职业资格考试并获得通过，法律法规另有规定的除外。
② 罗豪才：《行政法学》，北京大学出版社1996年版，第175页。
③ 马怀德：《行政许可制度存在的问题及立法构想》，《中国法学》1997年第3期。

(二) 解禁说

解禁说认为行政许可的本质是解除法律的一般禁止，恢复行政相对人原本享有的自由。以我国台湾学者林纪东为主要代表。这一学说强调行政许可对于行政相对人而言，是义务的解除，并不是权利的增加。"行政许可是行政主体依相对人申请，在一定条件下解除法律的一般禁止，允许相对人从事该一般禁止的行为的行政行为。"① 从法不禁止即可为的一般法理而言，公民权利的边界止于法律明确的禁止性规定，在法律没有禁止之前，公民确实享有自由。但行政许可对于行政机关而言，在解除或者不解除决定之后，还存在监督的义务，其有权依法吊销许可；对于行政相对人而言，还存在严格执行行政许可决定的义务。因此，行政许可的本质包含解除一般禁止和恢复一般禁止。

(三) 折中说

折中说是对赋权说和解禁说的综合。比如，王连昌教授认为，"一方面，从行政主体的角度看，行政许可表现为政府赋予管理相对人某种行为资格或能力，是行政主体的行政行为，因而使其具有赋权行为的性质；另一方面，从管理相对人的角度看，行政许可实质上解除了某种普遍禁止，恢复了被许可人的某种行为自由，使其具备了解禁行为的性质"②。张焕光、胡建淼教授指出，"行政许可既是对相对人禁止义务的免除，也是对相对人权利、权能的赋予"③。皮纯协、姜明安教授认为，"从形式上看，行政许可赋予了行政相对方相应的资格和权利……行政许可具有赋权性；另从实质上分析，行政相对方之所以不具有某种权利和资格，这是相关法律、法规规定的结果，而在没有法律、法规的限制之前，这些事项是公民已经享有的权利和自由，因此行政许可又具有解禁性……行政许可的性质并不单一，具有双重性"④。这一学说貌似兼顾了对行政机关和行政相对人两方面的影响，但正如前面所述，赋权说和解禁说各自存在缺陷，两者综合并不能抵消各自不足。

---

① 王连昌主编：《行政法学》，中国政法大学出版社1994年版，第168—178页。
② 王连昌主编：《行政法学》，中国政法大学出版社1994年版，第169页。
③ 张焕光、胡建淼：《行政法学原理》，劳动人事出版社1989年版，第276页。
④ 皮纯协、姜明安：《行政法与行政诉讼法教程》，中国城市出版社2001年版，第81页。

(四) 验证说和核准说

郭道晖教授在批判赋权说的基础上，提出了验证说，认为"行政许可是对权利人行使权利的资格与条件加以验证，并给以合法性的证明；而非权利（包括享有权与行使权）的赋予"[①]。在核准说看来，"行政许可在性质上应是核准。核准包括两个方面：一方面是对申请者是否符合行使所申请许可的权利需具备的法定条件进行审查和核实；另一方面是行政机关在申请者提出申请后，经过对申请者是否符合法定条件进行审查、判断后作出批准或不批准的决定，即准许或不准许"[②]。这两种学说虽有差异，但其共性都强调行政许可作为依申请行政行为最为重要的特征，就是对申请进行审查，然后作出相应行为。二者均认为行政许可止于验证或者审查后作出决定，并不包含作出决定之后的后续行为。验证说或者核准说并不具有完整性。

(五) 解除不作为义务说

有学者在分析行政许可的类型之后提出，"行政许可的一般性质是对符合条件者的不作为义务的解除"[③]。这一学说认为，行政相对人和行政机关开展行政许可活动的目的均在于解除行政相对人的不作为义务。从一般禁止的角度看，行政相对人未经允许，确实负有不作为的义务，如获得许可，对于行政相对人而言，本质确为解除不作为义务。但如前所述，行政许可包含不准予决定。不准予并没有解除行政相对人的不作为义务。

(六) 双重或者多重性质说

有学者认为，"行政许可制度的性质与其说是单一的权利，不如说它是以控制某类特别权利及资格的享有为主导兼具赋予该类权利及资格的双重性质"[④]。该学说对行政许可性质的探讨，是从制度意义上展开的。与其说讨论的是行政许可的性质，不如说讨论的是作为行政行为的行政

[①] 郭道晖：《对行政许可是"赋权"行为的质疑——关于享有与行使权利的一点法理思考》，《法学》1997年第11期。

[②] 崔卓兰、吕艳辉：《行政许可的学理分析》，《吉林大学社会科学学报》2004年第1期。

[③] 江必新：《论行政许可的性质》，《行政法学研究》2004年第2期。

[④] 方世荣：《行政许可的涵义、性质及公正性问题探讨》，《法律科学》1998年第2期。

许可的依据——行政许可制度的性质。控制某类特别权利及资格的享有是行政许可制度的目的，是行政机关根据行政许可制度作出行政许可的必然结果。行政机关根据行政相对人的申请依法审查是否许可，并不能以控制某类特别权利及资格的享有为出发点，而是在法律已经规定的范围内作出审查和判断，因此，控制权利并不能作为行政行为的行政许可的性质。杨解君教授认为，"行政许可的性质并不是单一的，它具有多重性。具体包括：行政许可是一种核准行为，行政许可是一种羁束行政行为，行政许可是一种授益性行政行为"[1]。这一学说从狭义的角度，先将行政许可定义为行政行为，再探讨行政许可性质，但仍然不能全面揭示行政许可的本质。行政许可中的准予决定是授益性行政行为，不准予决定并不是。

（七）调控说

调控说认为，"行政许可是依申请行政行为的重要内容，是政府对公民、法人及其他组织行为的一种重要调控手段"[2]。主要表现为调整和控制特定领域和特定事项。认为，"向申请人颁发许可证的形式绝不是为了仅仅赋予其从事一定活动和实施某种行为的权利，而更在于对其他社会主体行为的规范"[3]。该说认为行政许可不局限于行政机关和行政相对人之间的关系，还包括其他社会主体之间的关系。行政许可的本质是调整和控制。这一学说有其合理性，但其探讨的并不是狭义的行政许可，而是从行政许可制度的角度分析的，调控目标的实现依赖于行政许可制度的具体规定。

综上所述，行政许可性质的分歧在于以下方面。一是对行政许可本身的认识差异所致。有的探讨的是制度层面的行政许可，有的分析的是行政行为层面的行政许可，还有的从制度和行政行为双重角度进行判断。角度不同，结论不同。二是探讨行政许可的重心不同。有的以行政机关为中心，比如，验证说、审查说、调控说、解除不作为义务说。有的以

---

[1] 杨解君：《行政许可的概念与性质略谈——与郭道晖先生共同探讨》，《南京大学学报》2000年第3期。

[2] 邓建华、李炫铁：《"调控说"：行政许可性质新探》，《武陵学刊》2015年第4期。

[3] 邓建华、李炫铁：《"调控说"：行政许可性质新探》，《武陵学刊》2015年第4期。

行政相对人为中心，比如赋权说、解禁说。重心不同，认识也不同。

二 行政许可性质新解

学界之所以对行政许可性质有不同的认识，源于各自的研究视角和分析框架不同。在具体探讨行政许可性质之前，有必要先剖析分析的框架。

（一）分析行政许可性质的框架

1. 具体行政行为

如前所述，本书是从狭义的角度定义行政许可。此处探讨的是行政许可作为行政行为甄别于其他行政行为的特性、本质。讨论作为行政行为类型的行政许可的性质，就是要判断这一类型的行政行为与其他类型的行政行为的质的区别，就是要总结出所有类型的行政许可都具有的质的规定性，不是哪一类，或者哪几类。

2. 单方行政行为

按照行政行为的成立是否需要行政相对人的意思表示，可以分为单方、双方和多方行为。行政许可虽然由行政相对人申请启动程序，但是否许可，并不取决于行政相对人的意思表示，具有单方意志性。具有单方意志性的行政行为不止行政许可一种，分析作为单方行政行为的行政许可的性质，有必要揭示其与其他单方行政行为的不同。比如，与同为单方行政行为的行政确认的差异。

3. 行政行为过程

"从理论上讲，行政许可不仅仅是指对行政许可申请的审批、许可证的发放和拒绝发放，还包括行政许可的延长、撤销、暂停、变更、注销以及对被许可人从事行政许可事项的监督检查等环节。"[①] 探讨行政许可的本质，就是要从行政许可的全过程去揭示行政机关的权力义务及其对行政相对人、行政相关人的影响。

4. 依申请行政行为

依申请行政行为是指行政主体作出行政行为，须以行政相对人的申

---

① 应松年：《当代中国行政法》第3卷，人民出版社2018年版，第1095页。

请为前提，没有行政相对人的申请，行政主体不能主动作出行政行为。申请人提交的申请材料、许可意愿，决定行政机关的审查内容以及决定内容。作为依申请行政行为的行政许可，因申请人申请事项的特殊性，将来可不可以以及如何从事某种行为，决定了这一依申请行政行为与其他依申请行政行为的质的区别。

(二) 行政许可性质

对行政许可性质的判断，不能局限于某一环节或者行政许可法律关系的某一主体，而应从行政许可的全过程以及所有行政法律关系主体的角度进行全面剖析。其性质包含：审查将来行为是否符合许可条件或者标准，解除或者不解除不作为义务，面向未来的持续性和复效性，监管被许可行为。

1. 审查将来行为是否符合许可条件或标准

申请人向行政机关提交许可申请，其请求不同于其他依申请行政行为，也就决定了行政机关的审查内容不同于其他依申请行政行为。比如，申请人请求行政机关物质奖励和精神奖励，行政机关应根据法律规定审查其已有业绩是否符合奖励条件。申请人请求行政机关证明法律事实或者法律关系客观存在，行政机关应根据法律规定审查已经存在的法律地位、法律关系或有关法律事实。而申请人请求行政机关许可其享有某种资格或者从事某种行为，行政机关应当根据法律规定审查其将来行为是否符合许可条件或许可标准。因此，要区别行政许可与其他依申请行政行为，应当明确行政机关的审查内容。审查说或者验证说虽然指出了行政许可作为依申请行政行为的重要特质，但没有明确行政机关审查什么、验证什么。只有条分缕析行政机关的具体审查内容，才能够将不同的依申请行政行为区别开来。许可条件或标准审查说，明确了行政机关审查行政许可申请的具体内容，就是审查申请人提交的申请材料是否符合许可条件或标准。这是行政许可最为重要的环节和步骤。

2. 解除或者不解除不作为义务

行政相对人提出行政许可申请后，行政机关先审查再决定。对申请人而言，行政许可的基本过程表现为申请—协助审查—签收准许或者不准许决定；从行政机关的角度看，行政许可的程序为受理—审查—作出准予或者不准予决定。申请人的申请事项众多，但前提相同——行政相对人未经许可不得行为。申请人申请行政许可的目的是解除不作为义务。行政机关受理申请并进行审查的目的在于判断是否符合许可条件或标准，并最终决定是否解除不作为义务。申请人和行政机关开展行政许可活动的过程就是为申请人解除或者不解除不作为义务的过程。行政许可不同于行政协议等双方行政行为，具有单方性。行政相对人提出申请后，是否解除，由行政机关行使决定权。行政机关的决定表现为两种类型：解除或者不解除，即许可与不许可。

3. 面向未来的持续性和复效性

与其他行政行为相比，行政许可的效力具有特殊性，即面向未来的持续性、法律效果的复效性以及时间上的延展性。行政机关的许可决定或者不予许可决定，并不只是在决定之时，而是在行政许可期限之内或者说不确定的未来一直指引着行政相对人的行为选择或者影响着行政相对人的行为范围和行为方式。行政许可决定对行政相对人未来行为的规定性，使得行政许可行为的效力不同于其他行政行为，具有持续性。持续性效力对行使行政许可权的行政机关和获得许可或者未获得许可的行政相对人提出了不同的要求，享有持续的权力（权利），或者负有持续的职责（义务）。行政许可决定赋予行政相对人从事某种行政许可事项的权利或者资格，行政相对人获益，但可能减损行政相关人权益。不予许可决定未解除行政相对人的不作为义务，行政相对人未获益，相应地，行政相关人的权益亦不受影响。行政许可决定具有复效性，且这种复效性，在时间上具有延展性，并非作出行政许可决定当时即产生权益的增减，而是发生在被许可人着手开展许可活动之后。

4. 监管被许可行为

"行政许可实施机关，既是行使行政许可权的主体，也是对被许可人从事被许可事项进行监管的主体。"[①] 行政许可决定的送达，并不意味着行政许可行为的完成。这是行政许可这一依申请行政行为与行政奖励等其他依申请行政行为的区别。与行政奖励、行政确认以及行政给付一样，

---

① 应松年：《当代中国行政法》第 3 卷，人民出版社 2018 年版，第 1094 页。

行政许可也是行政机关根据行政相对人——申请人申请日之前存在某种事实状态而依法作出的行政行为,但行政奖励、行政确认以及行政给付对申请人的权利义务不具有向后效应。行政相对人在获得奖励、确认或者给付之后,并不负有因为奖励、确认或给付行为而应当履行的义务;而行政许可决定对于申请人具有向后效应,自决定作出之日起为申请人设定了依法行为或不行为的义务。如果被许可的申请人不按要求行为,不仅达不到控制行政相对人行为的目的,还有可能危及公共利益或者他人合法权益。鉴于被许可人并不一定按照行政许可决定的要求行为,有必要对行政许可活动进行监管。针对许可决定,监管被许可人是否按照许可要求行为;针对不许可决定,监管申请人是否未获许可仍然开展许可活动。

综上,作为具体行政行为的行政许可的性质不是单一的,而是多元的。应当从行政机关行使行政许可权的过程去判断这种类型的依申请行政行为的性质。作为依申请行政行为的行政许可的特别之处在于:行政机关在审查申请材料是否符合许可条件或标准的基础之上,作出解除或者不解除申请人不作为义务的决定,并继续对被许可人是否符合许可条件或者许可标准,是否遵守行政许可决定的情况进行监管,以实现行政许可制度的目的。

第 三 章

行政许可保护相邻权的必然性和必要性

与不动产相关的行政许可和行为地确定的行政许可，涉及不动产的使用问题。行政机关在行使行政许可权的过程中，有没有必要专门审查对相邻权的影响，主动保护相邻权呢？

第一节 相邻权概述

一 相邻权概念

（一）相邻权的代表性定义

国内外民法学界对相邻权的研究成果颇丰，但对相邻权的定义并没有完全达成共识。定义视角主要集中在两个方面：一是从相邻关系定义相邻权；二是从相邻权权源定义相邻权。

1. 从相邻关系定义相邻权

从相邻关系定义相邻权，一是认为相邻关系就是相邻权，二是认为相邻权只是相邻关系的一个方面。

相邻关系概念肇始于德国。很多学者认为"相邻关系与相邻权概念上不宜作详细的区分，只是使用的角度不同时，所具有的不同称呼而已"[1]。比如史尚宽先生曾认为，"相邻权，亦称相邻关系，谓相邻接不动产之所有人之间，一方所有人之自由支配力与他方所有人之自由排他力

---

[1] 孙磊：《环境保护相邻权研究》，博士学位论文，黑龙江大学，2014年。

相冲突时，为调和其冲突，以谋共同利益，依法律之规定直接确认权利之总称"①。

将相邻权等同于相邻关系，虽能够说明相邻权的存在原因，但这种等同日益凸显弊端。比如，不能解释相邻义务问题。现民法学通说认为，相邻关系是指相邻各方在对其所有或使用的不动产行使所有权或使用权时，因相互间依法应当给予对方方便或接受限制而发生的权利义务关系。②其主体包括不动产的所有人或者使用人，关系的内容源于法律的规定。但有学者提出了不同的看法，"相邻关系泛指相邻不动产的所有人、使用人或占有人之间以扩张或限制不动产的使用权能为内容的社会关系或法律关系，除了通常意义上的法定相邻关系，它还包括意定相邻关系"③。以上两种观点对相邻关系的主体范围、具体内容和形成原因存在分歧，但均承认相邻权属于相邻关系中的权利主体享有的限制义务主体使用或者扩张不动产的使用权能的权利。基于此，有学者认为相邻权只是相邻关系的一个方面，认为"相邻关系，从权利角度来讲又称为相邻权，它是为调节在行使不动产所有权时发生的权益冲突而产生的一种权利"④。但也有德国学者认为，"相邻权是相邻接的不动产所有权人以及占有人相互之间享有的权利，而对相对应的相邻人来说，相邻权也表现为邻人之间的义务"⑤。所谓相邻权，是指不动产的一方主体为正常、合理地使用不动产，而要求相邻不动产他方提供一定便利的权利。相邻权是相邻关系的一个方面，与相邻义务相对应⑥。

2. 从相邻权权源定义相邻权

很多学者从相邻权权源定义相邻权。比如，有学者认为，"相邻权是指不动产所有人为方便自己不动产使用，在法律规定的范围和限度内利

---

① 史尚宽：《物权法论》，中国政法大学出版社2000年版，第87页。
② 梁慧星、陈华彬：《物权法》，法律出版社2007年版，第185页；江平主编：《物权法教程》，中国政法大学出版社2007年版，第133页；王利明：《物权法研究》上卷，中国人民大学出版社2007年版，第643页。
③ 曾大鹏：《论相邻关系的定义与本质》，《南京大学法律评论》2012年春季卷。
④ 王利明：《何谓相邻关系》，《人民日报》2005年7月20日第13版。
⑤ 转引自孙宪忠《德国当代物权法》，法律出版社1998年版，第195页。
⑥ 郑重、余红举：《相邻权问题初探》，《中国法学》1990年第1期。

用他人所有的相邻不动产的权利"①。所谓相邻权，是指两个或两个以上相互毗邻的不动产所有人或占有所有人之间，一方行使不动产的占有、使用、收益和处分权时，享有要求另一方提供便利或接受约束和限制的权利。相邻权是所有权的延伸，它是基于不动产所有权产生的权利②。有学者认为，"相邻权是为自己的不动产使用便宜而对相邻不动产使用或限制的权利"③。《法国民法典》将相邻权规定为一种"法定地役权"。后来认为还包括不动产所有权及某些使用权、债权。其权源从单纯的财产权扩展到财产权和人身权，从不动产所有权扩展到部分动产所有权④。

（二）相邻权新解

虽然说权利"决不能超出社会的经济结构以及由经济结构制约的社会的文化发展"⑤，但权利并不是一成不变的，而是不断发展的。相邻法本身的多元化，使得相邻权的主体、内容、客体等各个方面都发生了或正在发生着变化。我们必须直面这种变化，对相邻权进行准确定义。

1. 相邻法的变化

长期以来，在大陆法系国家，相邻关系主要发生在平等的民事主体之间，仅由私法调整。比如1804年《法国民法典》第四章地役权较为详细地规定了地点的自然情况所发生的役权、法律规定的役权⑥和由人的行为设定的役权。由人的行为设定的役权分为：在财产上设定的各种役权和享有役权的土地所有人的权利等。其第674条规定了邻人在建设活动中应履行的义务⑦。1896

---

① 张俊浩：《民法学原理》（修订第三版上册），中国政法大学出版社2000年版，第71页。
② 侯学钢：《城市规划中的相邻权与国家利益保护》，《城市科学》2003年第3期。
③ 彭诚信：《现代意义相邻权的理解》，《法制与社会发展》1999年第1期。
④ 章礼强：《"相邻权"新探》，《法制与经济》1998年第3期。
⑤ 《马克思恩格斯选集》第3卷，人民出版社1995年版，第305页。
⑥ 法律规定的役权分为：共有分界墙及分界沟、某种工程所需的距离与中间工作物、对于邻人所有不动产的眺望、檐滴和通行权。
⑦ 1804年《法国民法典》第674条规定："下列之人应按照关于各该客体的特别规则和习惯的规定保留一定的距离，或按照同一规则和习惯的规定设置一定的工作物，以免加害邻人：在接近墙——不问其是否共有分界墙——的地点，挖掘井或粪沟者；在接近墙壁处，建造烟囱或壁炉、灶或熔炉者；倚靠墙壁，建造家畜棚者。"

年《德国民法典》在第三编物权法中规定了相邻关系①。1984年，我国《民法通则》对相邻问题进行了规范和调整，之后2007年的《物权法》进一步作了规定。2020年《民法典》第7章专门规定相邻关系。

但随着科技的发展、社会的进步，相邻关系日益复杂。相邻关系的调整不再仅限于私法，还发展到公法。"公法可以将那些被市场忽略的利益作为公共利益而作为调整对象。"② "在私法的相邻关系之外复产生公法的相邻关系，从原因来说，是人类社会的生产力与世界城市化进程急遽发展的结果；就立法政策而言，则是国家出于维护社会的公共利益的需要。"③

"如何通过私法来弥补公法在实现公共利益保护方面的不足以及如何通过公法来克服私法在保护私人权利方面的缺陷，是现代公法学和私法学所面临的共同的重大的课题。"④ 比如，1976年德国联邦行政程序法第77条针对规划撤销情形为邻人设定了义务。"如果必须采取的措施是因在规划确定程序终结之后毗邻土地上出现变化所需要，则规划承担者应通过规划确定机关的决议，负责采取适当的防预措施；毗邻土地所有人应承担由此所产生的支出，除非这种变化是因自然原因或因不可抗力造成的。"⑤ 随着人类的土地使用能力、空间利用能力的增强，私法难以规范全部的相邻关系，公法相邻法顺势产生。正如德国学者派纳所言，"出于空间发展考虑的有计划的结构变更无论如何不是民法所要求的，甚至可能还是民法所要阻止的"⑥。

2. 相邻权内涵的变迁

（1）主体

早期认为相邻权仅来源于所有权，因此，相邻权主体仅指所有权人。

---

① 1896年《德国民法典》第912条规定：土地所有权人非因应由其负责的故意或者重大过失，在建筑房屋时越界建筑的，邻地所有权人应容忍其越界建筑，但邻地所有权人在越界之前或者之后提出异议的除外。

② 陈慈阳：《行政法总论——基本原理、行政程序及行政行为》，翰芦图书出版有限公司2005年版，第189页。

③ 陈华彬：《民法物权论》，中国法制出版社2010年版，第267页。

④ 金启洲：《民法相邻关系制度》，法律出版社2009年版，第243页。

⑤ 应松年：《外国行政程序法汇编》，中国法制出版社1999年版，第114页。

⑥ 转引自金启洲《民法相邻关系制度》，法律出版社2009年版，第204页。

后来认为"承租人也有这种利益，而且所有权人或承租人的家庭成员根据他们享有的土地使用和收益的实际利益也可提起诉讼"①。我国台湾地区物权法修正案规定，相邻权"于地上权人、农用权人、地役权人、佃权人、承租人或其他土地、建筑特利用人，准用之"②。相邻权的享有主体不止局限于不动产的所有人，还可以是不动产的占有人、使用人（包括经营人、采矿人、承包经营人以及抵押权人）等。

相邻权主体的范围除了随不动产权利人范围的变化而变化之外，还随"相邻"外延的扩张而扩张。早期相邻仅限于地理位置相互邻接。但随着科技的发展，相邻的外延不再仅指左邻右舍上下接壤。"邻地，凡因土地所有人使用权利可遭受损害之土地，均包括在内。"③"既包括不动产的地理位置相互邻接，也包括不动产权利的行使所涉及的范围是相互邻近。"④"相邻法不仅适用于直接相邻的不动产关系。同时，远距离的不动产也可能受相邻法的调整，只要某不动产的影响能够延伸到远距离的不动产。"⑤相邻不再仅仅指相毗邻，而应包含毗邻和邻近以及通过某种媒介而产生相邻这三个含义，所谓媒介是指流水、空气等物⑥。或者，更进一步说，"相邻不再是不动产的相邻，而是居民生活群体的相邻"⑦。如德国著名的相邻共同体理论亦将"相邻"界定为存在必要且不可欠缺的利益共同体关系⑧。相邻的内涵随不动产使用影响区域的扩大而逐渐扩大，以"利益"影响为判断标准。显然，相邻的范围暗含主观和客观两个判断标准，为相邻的判断增加不确定性，但这种扩大并非无限制。比如，"对环境保护相邻权中'相邻'一词的解释也不应作无限制的扩张，

---

① Steven I. Emanuel. Torts. Emanuel Law Outlines. Inc. 4th ed. 1991. p. 291.
② 王泽鉴：《王泽鉴法学全集：民法物权②》第 16 卷，中国政法大学出版社 2003 年版，第 102 页。
③ 王泽鉴：《民法物权》（第 1 册），三民书局 1992 年版，第 193 页。
④ 王利明：《物权法研究》上卷，中国人民大学出版社 2007 年版，第 645 页。
⑤ ［德］曼弗雷德·沃尔夫：《物权法》，吴越、李大雪译，法律出版社 2002 年版，第 171 页。
⑥ 章礼强：《"相邻权"新探》，《法制与经济》1998 年第 3 期。
⑦ 陈翼、吴君明：《环境公法领域相邻关系问题解决途径探究》，《学海》2011 年第 5 期。
⑧ 陈华彬：《外国物权法》，法律出版社 2004 年版，第 165 页。

宜限定在地理上较为接近、社会生活中具有较密切联系的不动产（土地、建筑物、工作物等皆包括在内）之间，而对于那些不是发生在上述范围之内的对环境保护相邻权的侵害应该受其他法律如《环境保护法》或《侵权责任法》的调整和规制"[1]。综上，随着相邻外延的扩张，不仅企业和个人，国家也可以成为相邻权主体。

（2）内容

相邻权的内容由有关相邻关系的法律具体规定。相邻关系在很长一段时间仅由私法调整，认为"相邻关系是指两个以上相邻不动产的所有人或使用人，在行使占有、使用、收益、处分权利时应给对方提供必要便利而发生的权利义务关系"[2]。相邻权属于民事权利或者私权利。从私法角度看，相邻权内容主要包括两个方面："一是对相邻不动产为特定使用的权利，主要体现为积极地役权。二是限制相邻不动产使用人对其不动产为特定行为的权利。"[3] 随着公法相邻关系的发展，相邻权内容必然发生变化，主要表现为主观公法权利。一般认为，公法旨在维护公共利益或者规制国家权力，并不直接保护公民的个人利益。即使公民个人因国家行使公权力而获得利益，也只是反射性利益。对于反射性利益，公民并不享有保护请求权。但1949年《德国基本法》第19条第4款的规定对此作了改变，"任何人之权利受官署侵害时，得提起诉讼。如别无其他管辖机关时，得向普通法院起诉，但第10条第2项后段之规定不因此而受影响"[4]。公民在公法上并非只享有反射性利益，还可以基于公法的规定获得请求权。1960年德国颁布的《联邦建筑法》明确规定，"行政机关发给土地所有权人等建筑许可时，邻地所有人或其他人可对行政机关提出撤销建筑许可之诉"[5]。至此，相邻权成为"私法和公法共同赋予

---

[1] 焦富民：《环境保护相邻权制度之体系解释与司法适用》，《法学》2013年第11期。
[2] 魏振瀛：《民法学》（第四版），北京大学出版社、高等教育出版社2007年版，第257—258页。
[3] 彭诚信：《现代意义相邻权的理解》，《法制与社会发展》1999年第1期。
[4] 秦前红：《新宪法学》，武汉大学出版社2015年版，第95页。
[5] 赵肖筠、沈国琴：《论行政法律关系第三人》，《理论探索》2001年第2期。

的复合性权利形态"[①]。相邻权内容多样化，即私法相邻关系产生的相邻权和公法相邻关系产生的相邻权。

3. 相邻权新解

由于公法和私法均涉及相邻权，传统相邻权的定义并不能涵盖相邻权的全部内涵。基于相邻权主体、内容以及客体的变化，有必要从更广泛的视角定义相邻权。有学者对此进行了尝试，指出"相邻权是指相邻关系的主体在相邻关系中所享有的一切权利的统称或者权利的集合"[②]。这一定义摆脱了将相邻权主体限于不动产权利人这一传统的范围，但其仍然存在瑕疵，并不能准确表达公法相邻关系中的相邻权主体。在民事相邻关系中，双方当事人实际是互享权利互负义务的，民事相邻关系的主体均是相邻权主体。公法相邻关系中的另一主体——行政主体并不享有相邻权，因此，"相邻关系的主体"这一说法扩大了公法相邻权主体的范围，应使用相邻权人这一概念。相邻权是指相邻权人因相邻关系所享有的一切权利的统称。相邻权在现代社会已经形成由公法、私法和自律法所共同调整的关系的事实，相邻权的权源已不仅是所有权，而且还有使用权，包括物权性的使用权和债权性的使用权[③]。

二 相邻权类型

民法学界对相邻权类型作了深入探讨，但这种探讨并不全面。如前所述，由于相邻法的变化，相邻权的类型亦相应变化。以相邻权依存的法律关系为依据，分为私法相邻权和公法相邻权。

(一) 私法相邻权

私法相邻权又可称为民事相邻权，是指民事相邻关系中的主体因法律规定或者共同约定而享有的限制义务主体使用或者扩张不动产的使用权能的权利。民事相邻关系类型多样，民事相邻权的内容具有多样性。有学者将相邻权分为地产相邻权、房产相邻权（房产不只是房屋，还包

[①] 彭诚信：《现代意义相邻权的理解》，《法制与社会发展》1999年第1期。
[②] 金启洲：《民法相邻关系制度》，法律出版社2009年版，第53页。
[③] 孙良国、周团结：《相邻权问题三论》，《当代法学》2002年第1期。

括其他各种建筑）和媒介相邻权或环境相邻权三大类①。由于房产的本质是建筑物，故私法相邻权主要包括土地相邻权、建筑物相邻权和环境相邻权。其中，环境相邻权是指"基于环境保护的客观要求而发生的一定范围的相邻关系，是环境法律关系主体具体享有的权利和承担的相应义务"②。环境相邻权的内容包括：宁静权、清洁空气权、清洁水权、日照权等权利种类③。这三类权利内容虽有差异，但均因相邻不动产的利用而产生，权利的归属与事实状态的存在即相邻具有密切关联，源于私法的规定或者私法相邻关系主体的约定。私法相邻关系主体权利义务所共同指向的对象是支配、使用不动产的行为不能侵犯邻人的相关权益。作为私法相邻关系中的相邻权主体并不仅仅享有相邻权，同时必须履行相邻义务。私法相邻权的受保护程度取决于相邻义务的履行程度。进一步说，私法相邻义务范围揭示了私法相邻权的权利边界。

1. 私法相邻权的实现依赖于邻人履行相邻义务

私法相邻权并不能自动实现，最终有赖于相邻关系的另一方——相邻义务人履行相邻义务。相邻义务人的义务与私法相邻权的内容相对应：一是为相邻权人行使积极地役权提供必要的便利；二是以不实际影响他人不动产使用为限限制自身的不动产使用行为。

（1）提供必要便利的义务

私法相邻权的实现，常常需要相邻关系中的另一方履行提供义务。此提供义务主要存在于地理位置比邻的相邻关系中，具体表现为在必要的范围内允许邻人使用本由自己支配的不动产，或者通过减损对自己支配的不动产的使用范围为邻人支配使用不动产提供必要的便利。一方面，邻人为相邻权人提供便利，以"必要"为限。必要的幅度，影响相邻权的实现程度。《民法典》第288条规定，"不动产的相邻权利人应当按照有利生产、方便生活、团结互助、公平合理的原则，正确处理相邻关系"。在"有利生产、方便生活、团结互助、公平合理"范围内提供便利

---

① 章礼强：《"相邻权"新探》，《法制与经济》1998年第3期。
② 吕忠梅：《关于物权法的"绿色"思考》，《中国法学》2000年第5期。
③ 魏双、孙磊：《确立环境保护相邻权》，《中国社会科学报》2014年8月28日第A07版。

即为"必要"。邻人为相邻权人提供必要便利，可以保障相邻权人的相邻权的实现。另一方面，相邻权人的相邻权实现了，邻人自身的相邻权也可能随之实现。再者从提供便利的内容看，并不限于对房屋、土地的利用提供方便，还包括为人们日常生活提供方便。

（2）不实际影响他人不动产使用的义务

与不动产使用者发生私法相邻关系的区域范围随着科技的发展更加广泛，不限于地界、空间的相邻，还包括声音、光源、漂浮物、气味的可辐射区域。在因为声音、光源、漂浮物以及气味等发生相邻关系的情形下，相邻权人并不是希望邻人为自己提供便利，而是希望邻人在使用不动产的过程中，不影响自己对自身不动产的使用。比如，不影响自己房屋的正常采光，释放的气体、产生的漂浮物不影响自己的正常生活，等等。从这个意义上讲，私法相邻权的实现还依赖于邻人在行使权利的过程中，以不实际影响相邻权人的不动产的使用为限限制自身的使用行为。如果邻人根本不考虑相邻权人的利益，根本不考虑自身的使用行为对相邻权人可能产生的实际影响，相邻权人的利益必将受损。

2. 私法相邻权受限于自身的相邻义务

（1）容忍义务

有学者认为，"相邻关系最根本的任务就是在双方的权利义务之间确立一条合理的界限，而法律完成这一任务所采用的技术就是设定一种特殊义务，称为'容忍义务'"[1]。关于容忍义务，在概念上只是说，"某人有义务不提反对或异议。这种反对或异议是他本来有权提出的；对一个行为，本来就不能或不可阻止，就无所谓容忍了"[2]。容忍义务缩减了相邻权的权限，要求义务主体不能请求权利人作出某种行为或者不作出某种行为。容忍义务产生的前提是相邻权人使用不动产的行为符合法律的规定，或者没有违反法律的禁止性规定。也有人主张依据行为的性质予以判断，认为因经营奶酪作坊需要不断生火而产生大量的烟和在自己的

---

[1] 韩光明：《财产权利与容忍义务——不动产相邻关系规则分析》，知识产权出版社2010年版，第166页。

[2] [德] 卡尔·拉伦茨：《德国民法通论》上册，王晓晔、邵建东、程建英、徐国建、谢怀栻译，法律出版社2003年版，第269页。

土地上因安排家庭生活而以通常方式生火所产生的烟在法律效果上是有区别的。对于前者，高地的所有人可以对低地的所有人提起诉讼主张其无权排烟①；对于后者，邻人则应容忍。德国还规定了相邻权人因自己的沉默而产生的容忍义务②。即便邻人使用不动产的行为不符合法律规定或者约定，如果相邻权人没有及时行使异议权，则视为默认，不能再行使异议权。邻人因先前的沉默而产生继续沉默的义务——容忍邻人的越界行为。

（2）尊重先前利益

相邻关系双方取得不动产所有权、使用权的时间并非总是一致。有观点认为，后取得权利的一方的相邻权受制于先取得权利的相邻义务人的先前利益。反之，先取得权利一方的相邻权则不受此限制。以先住权为例，有学者主张，"后住一方——受害方既然知道妨害的存在而居住，就等于放弃了请求权"③。但也有不同的观点，如果"相邻土地的所有者明显蒙受了由于加害存在而不能在通常状况下建设可居住宅的损害，以及不能按照与过去相同价格出售自己土地的损害"④，则应赔偿。从这个意义上说，先住权未必一定限制相邻权，要根据相邻权主体取得土地所有权的时间、侵权事实发生的时间等予以判断。但如果这些时间均晚于相邻人的先住时间，相邻权则可能受制于相邻义务人的先住权。私法相邻关系中的相邻权的权利范围与相邻关系的产生时间有关。同一义务主体，与不同权利人产生相邻关系的时间不同，直接影响权利人的权利范围。

（二）公法相邻权

公法相邻权是指相邻权人基于公法的规定而享有的有助于其私法

---

① ［意］桑德罗·斯奇巴尼：《物与物权》，范怀俊、费安玲译，中国政法大学出版社2009年版，第155页。

② 《德国民法典》第912条规定：土地所有人在建造建筑物时越界建筑且无故意或重大过失的，如果邻地所有人怠于主张相邻权，即邻地所有人没有在越界前提出异议，或在越界后没有立即提出异议，邻地所有人必须容忍该越界建筑。

③ 陈华彬：《法国近邻妨害问题研究》，载梁慧星主编《民商法论丛》，法律出版社1996年版，第315页。

④ 张华平：《不可量物侵害的私法救济》，《法学杂志》2005年第3期。

相邻权实现的一系列权利。权利的内容由公法规定。比如德国公法相邻权主要源于基本法、联邦行政程序法。我国公法相邻权主要源于宪法、行政许可法和行政诉讼法。其中，行政法是公法相邻权的主要法律依据。

1. 私有财产权和人格尊严是公法相邻权的权源

公法规定相邻权人享有公法相邻权，实际是为公权力主体设定法定职责。公法为什么赋予公民公法相邻权？或者说为什么赋予私法相邻权人请求公权力主体保护其私法相邻权呢？"国家的保护义务是通过承认服从者的人格而被创设的。"① "它的渊源是人格本身。"② 但不止于人格权，还包括其合法的私有财产权。现代行政法的服务理念和预防理念，要求行政主体行使行政权，服务于公民权利的实现，比如保护公民的合法财产权。行政主体行使行政权，不仅保障行政相对人的权利，还保障那些可能受行政相对人行为以及行政行为影响的人的权利。"在许多情况下，公共利益与个人利益是可以完全或者部分一致的。"③ 一般情况下，行政行为保护公共利益，公民因反射利益使得个人利益得以保护。但"随着限制私法权利（主要是所有权）的公法规范的日益增多，对私人（邻人）权益的侵害主要不是私人行为而是公法主体的行政行为，而对来自这些公法主体的行政行为的侵害，仅仅依靠民法的救济手段显然是不充分的，有必要赋予邻人主观的公法权利，即公法相邻权"④。如果行政法不明确规定公法相邻权，相邻权人就只享有反射利益。

2. 公法相邻权由实体权和程序权构成

公法相邻权的权利内容既具有实体性，也具有程序性。程序性公法相邻权主要表现为私法相邻权人可以作为与行政行为有利害关系的人参与到行政行为的产生、变更等过程中，表达自己的意见；还表现为可以

---

① ［德］耶利内克：《主观公法权利体系》，曾韬、赵天书译，中国政法大学出版社2012年版，第113页。
② ［德］耶利内克：《主观公法权利体系》，曾韬、赵天书译，中国政法大学出版社2012年版，第112页。
③ 章剑生：《现代行政法专题》，清华大学出版社2014年版，第5页。
④ 金启洲：《民法相邻关系制度》，法律出版社2009年版，第243页。

请求行政机关核实与其具有私法相邻关系的行政相对人是否遵守有关公法义务,比如防火间距、建筑间距等是否达到法律规定的最低标准等,以及有权知晓与自身相邻权有关的行政行为内容等。实体性公法相邻权主要表现为公法规定的最低日照时间、最低建筑间距以及最低防火间距等。在公有制背景下,公法之所以规定这些最低标准,主要源于,"基于资源平等原则及相应的自然资源分配、管制制度,不管人们为有限自然资源展开何等激烈的竞争,这种竞争也不能剥夺公民平等分享自然资源的机会与权利"[①]。公法为不动产使用人设定使用限制,实际就是为相邻权人规定了实体相邻权。

3. 公法相邻权的实现依赖于公权力主体履行法定职责

公法相邻权同样不能自动实现,须依赖于公权力主体履行其法定职责以保障公法相邻权从法定权利变成现实权利。一是公权力主体应履行其法定程序义务。比如告知义务、组织听证的义务、征求意见的义务等。二是核实作为行政相对人的邻人是否遵守法律规定的公法实体义务和与相邻权人约定的合同义务。比如,公法规定禁止性规范,规定最低日照标准、最低建筑间距等,为作为行政相对人的邻人设定了公法义务。作为行政相对人的邻人未必会遵守这些公法规定,公法规定行政机关承担审查、检查等职责,可以督促作为行政相对人的邻人切实履行公法为其设定的公法义务,从而保障公法设定的实体相邻权益,比如最低日照时间成为现实。公法为邻人设定公法义务,实际是从公法的角度保障实体性相邻权,比如,通风权、日照权的实现。

(三)私法相邻权和公法相邻权的关系

相邻权是对具有相邻关系的另一方的所有权或者使用权内容的限制或扩张。这种限制或者扩张,虽由不同的法律规定,义务主体不同,权利内容也不一样,但目的是相同的,都是督促或者请求邻人合法合理使用不动产,以为相邻权人自己使用不动产提供便利或者不实际影响自己正常使用不动产。

[①] 陈国栋:《公法权利视角下的城市空间利益争端及其解决》,《行政法学研究》2018年第2期。

1. 私法相邻权是公法相邻权的基础

在公法关系中，除了行政机关和行政相对人之外，能够与行政机关产生法律关系的，就是行政相关人，也就是与行政权的行使、与行政决定具有利害关系的人。公法赋予行政相对人的邻人公法地位，享有公法权利，其根本原因是邻人享有私法相邻权。行政机关行使行政权、作出的行政决定不能损害邻人的私法相邻权。如果不保障邻人的私法相邻权，行政行为未必能够有效保护公共利益。行政机关如何预防或者避免侵犯邻人的私法相邻权呢？最佳途径就是在形成决定的过程中，允许邻人参与其中，听取邻人的意见。因此，公法顺势赋予行政相关人享有公法相邻权。一方面，行政相对人的邻人可以作为行政相关人请求公权力主体保护其合法权益；另一方面，也可以通过行政机关督促相邻义务人，即与行政机关产生法律关系的行政相对人遵守公法义务。

2. 公法相邻权是私法相邻权的保障

法律赋予相邻权人双重权利，即公法相邻权和私法相邻权，使其可以向不同的义务主体主张权利。公法和私法各自规定不同的义务主体通过不同的方式保障相邻权的实现。公法尊重私法相邻关系的直接目的是维护公共利益，间接目的是保障相邻权。在德国，私法相邻关系受到公法规范与公法行为的一定影响，但公法规范和私法规范在适用范围、救济方式等方面存在重大的差异。① 表现为主观公权力的公法相邻权是为了保障私法相邻权的实现才存在的，或者说，公法相邻权并不增加私法相邻权的实体内容，而是更加完善了私法相邻权的实现方式。

第二节　行政许可与相邻权的关系

一　相邻权与行政许可的连接点

行政许可是对行政机关准予或者不准予从事特定活动并对被许可活

---

① 金启洲：《德国公法相邻关系制度初论》，《环球法律评论》2006年第1期；陈华彬：《德国相邻关系制度研究——以不可量物侵害制度为中心》，载梁慧星主编《民商法论丛》第4卷，法律出版社1995年版，第304页。

动予以监管的一系列过程的总称。行政许可的过程实际是资源配置的过程，也是利益衡量的过程。一旦申请人获得行政许可，意味着其可以合法从事法律规定的一般禁止事项。这些禁止性行为的行使，既涉及公共利益，也影响个人利益。在涉及不动产的情形下影响相邻权。

从各国行政许可制度看，行政许可事项繁多。虽各有不同，但与不动产使用相关的事项往往属于行政许可范围。"土地所有权有着特殊的社会限制，不可再生和不可或缺的土地不允许听任于个人的自由意志和自由力量的竞争，公共利益相较于在其他的财产权上应该更强程度地适用。"[1] 比如我国规定，"在城市、镇规划区内进行建筑物、构筑物、道路、管线和其他工程建设的，建设单位或者个人应当向城市、县人民政府城乡规划主管部门或者省、自治区、直辖市人民政府确定的镇人民政府申请办理建设工程规划许可证"[2]。联邦德国1960年《建设法》历经3次修订形成《建设法典》。在该法典中规定了需要获得建设许可的建设行为和不需要获得建设许可的建设行为。美国有关不动产使用方面的许可主要由各州立法规定。美国地方政府的许可主要涉及辖区内的建筑和与城市地域相关的特殊活动，如区域规划、城市建设、土地使用、消防、建筑专业等[3]。

财产权及其附属权利具有相对性，权利主体负有社会义务。德国1919年《魏玛宪法》第153条第3款规定，"所有权负有义务，财产权的行使要以公共福祉为目的（或者财产权的行使应当同时服务于公共福利）"。社会国原则要求政府对公民行使财产权的行为予以必要的限制，避免公民不当使用财产发生社会不公或社会失衡。行政机关行使行政许可权的目的就是督促公民履行社会义务。

不动产合法使用以行政许可为前提。由此推之，获得行政许可后的不动产使用具有合法性。如果行政机关在行使行政许可权的过程中不考虑邻人的相邻权，有可能出现被许可人在公法上被认为是合法使用不动

---

[1] 李泠烨：《土地使用的公共限制——以德国城市规划法为考察对象》，《清华法学》2011年第1期。

[2] 《中华人民共和国城乡规划法》第40条。

[3] 课题组：《美国行政许可：形式、设定及实施》，《中国行政管理》2013年第2期。

产而在私法上发生侵害相邻权的冲突现象。相邻权的发生与不动产利用有关，而不动产利用又常常以行政许可为前置条件。合法行使不动产权利成为相邻权和行政许可共同追求的目标。

二 与相邻权相关的行政许可类型

行政许可与相邻权的连接点为不动产，与相邻权有关的行政许可必须涉及不动产利用。与相邻权有关的行政许可类型主要有以下两种。

（一）与不动产相关的许可

与不动产相关的许可，是指行政机关允许或者拒绝行政相对人对不动产行使有关权利的决定。这些决定为不动产利用提供了行为依据。2015年《不动产登记暂行条例》将不动产定义为"土地、海域以及房屋、林木等定着物"。与不动产相关的许可主要包括土地类许可、海域类许可、房屋类许可和林木类许可。这些许可是否都与相邻权相关呢？其判断标准是申请人与他人之间是否存在私法相邻关系。以房屋类许可为例予以说明。福建省龙海市城乡规划建设局公开的行政许可事项如表3—1，在这些许可事项中，哪些与相邻权相关呢？第1、2、3、8、9、10、11、12、13、14、15、18、19与相邻权相关。

表3—1　　福建省龙海市城乡规划建设局行政许可事项目录清单①

序号	许可事项名称	许可事项类别	申请主体
1	选址意见书	选址意见书	企业
2	乡村建设规划许可	乡村建设规划许可	企业个人
3	现场搅拌混凝土许可	现场搅拌混凝土许可	企业
4	商品房预售许可	商品房预售许可	企业
5	燃气汽车加气经营许可审批（年审、注销）	燃气汽车加气经营许可审批（年审、注销）	企业
6	瓶装燃气供应站（点）设立许可审批	瓶装燃气供应站（点）设立许可审批	企业

---

① 资料来源：福建省龙海市人民政府门户网站，网址链接：http://www.longhai.gov.cn/cms/html/lhszfw/2014-12-18/1107220014.html，2017年7月29日访问。

续表

序号	许可事项名称	许可事项类别	申请主体
7	临时占用城市绿化用地审批	临时占用城市绿化用地审批	企业
8	临时建设工程规划许可	临时建设工程规划许可	企业
9	建筑工程施工许可	建筑工程施工许可	企业
10	建设用地规划许可（城镇规划区外）	建设用地规划许可（城镇规划区外）	企业
11	建设工程设计方案审查	建设工程设计方案审查	企业
12	建设工程规划许可（城镇规划区外）	建设工程规划许可（城镇规划区外）	企业
13	规划意见函（城镇规划区外）	规划意见函（城镇规划区外）	企业
14	规划许可	规划许可［建设工程］	企业
		规划许可［建设用地］	企业
15	改变绿化规划、用地使用性质审批	改变绿化规划、用地使用性质审批	企业
16	房地产开发企业资质核准	房地产开发企业资质核准［四级资质］（年检）	企业
		房地产开发企业资质核准［四级资质］	企业
		房地产开发企业资质核准［暂三资质］	企业
		房地产开发企业资质核准［暂四资质］	企业
17	发包方自行发包建筑工程许可	发包方自行发包建筑工程许可（审批）	企业
18	城市树木砍伐、修剪审批	城市树木砍伐、修剪审批	企业个人
19	城市排水许可	城市排水许可	企业

（二）行为地固定的许可

行为地固定的许可是指行政相对人申请许可事项时，明确申请了行为地点，且专门请求行政机关同意其在申请地点行为的许可；或者行政机关根据有关法律、法规直接确定行为区域的许可。场所本身是行政许可的法定条件之一。行为地固定的许可意味着行政相对人行使法律规定的一般禁止行为的地点是固定的，不具有流动性。由于行为地固定，实际就涉及了土地或者建筑物等不动产的相对固定使用问题。而不动产利用，可能产生相邻关系问题。行为地固定的许可与相邻权相关。比如餐饮许可，营业地点固定，可能与邻人因噪声等产生环保相邻关系问题。

三 行政许可与相邻权的关系

行政许可与相邻权之间的连接点在于不动产利用，并不是所有的行政许可都存在相邻权保护问题。行政许可与相邻权产生关系，必与不动产利用相关。

(一) 与不动产利用相关的行政许可与相邻权相关

我国《民法典》第7章第288—296条规定了法定相邻关系的发生情形：相邻通行关系、与建筑物相关的相邻关系、环保相邻关系和相邻用水、排水关系，且将相邻权主体限于"不动产权利人"。相邻关系的发生以存在不动产权利为前提。私法相邻关系必与不动产相关。而公法相邻关系的产生须以私法相邻关系为基础，行政许可要保护相邻权，必然涉及不动产利用。与不动产利用不相关的行政许可，并不具备相邻权产生的前提条件。可见，只是部分行政许可事项与相邻权具有关联性。

(二) 行政许可与公法相邻权和私法相邻权都有关

行政许可的过程既是行政许可权行使的过程，也是公民权利保障的过程。权力应当为权利服务。

1. 行政许可与公法相邻权

基于公法规定，相邻权人因与行政许可事项具有法律上的利害关系，可以作为第三人与行政机关产生行政法律关系。行政机关应当尊重与保护相邻权人因公法规定而享有的公法相邻权。与行政许可申请事项具有相邻关系的相邻权人可以基于行政机关的公法义务行使主观公权利，即"可以根据客观规范来请求国家一定行为义务"[①]。在行政许可决定生成的过程中，与行政许可事项具有相邻关系的相邻权人可以请求行政主体履行其应当履行的尊重和保护公法相邻权的法定义务。行政机关对公民公法相邻权的保护，不限于消极行为，还应当积极作为，以保障公民相邻

[①] 陈慈阳：《行政法总论——基本原理、行政程序及行政行为》，翰芦图书出版有限公司2005年版，第422页。

权的最终实现。

2. 行政许可与私法相邻权

公法相邻关系的产生，源于申请人与第三人之间存在私法相邻关系。与行政许可申请人具有私法相邻关系的私法相邻权人之所以作为第三人申请或者被通知参与到行政许可过程中来，旨在协助行政机关依法行为，以最终保护其私法相邻权。

首先，行使行政许可权的行政机关有义务保护私法相邻权。比如，葡萄牙1996年《行政程序法》第4条指令，"行政机关有权限在尊重公民权利及受法律保护的利益前提下，谋求公共利益"。行政许可决定的过程，并非仅仅保护公共利益的过程。我国《行政许可法》第36条之所以规定，"行政机关应当听取申请人、利害关系人的意见"，就在于维护好公共利益与私人利益的平衡。其中的私人利益当然包括私法相邻权，而且还应当是行政许可申请人和第三人的私法相邻权。行政许可具有"复效性"或者"二重性"[1]。即行政许可不仅决定申请人的利益，还涉及利害关系人的利益。"行政许可的这一复效性特征要求行政主体在行为之时要考虑、斟酌和照顾到相关的利害关系人的利益。"[2] 在"裁量权衡时不仅要考虑公共利益和受益人的利益，也要结合考虑承受负担的第三人的利益[3]"。行政许可的复效性要求行政机关在行为之时要遵守"顾及原则"。

其次，行使行政许可权的行政机关有权限制私法相邻权。作为事前控制手段的行政许可的实质主要在于"对相对人是否符合法律、法规规定的权利资格和行使权利的条件进行审查核实"[4]。其不仅仅对行政相对人产生拘束力，往往同时对第三人产生法律效力。比如，邻人须容忍符合法定标准的噪声污染、粉尘污染以及通行等方面的限制。

---

[1] ［日］盐野宏：《行政法》，杨建顺译，法律出版社1999年版，第240页。
[2] 沈世娟：《行政许可法听证制度浅析》，《江苏工业学院学报》2004年第3期。
[3] ［德］毛雷尔：《行政法学总论》，高家伟译，法律出版社2000年版，第308页。
[4] 应松年：《当代中国行政法》，人民出版社2018年版，第1071页。

第三节　行政许可保护相邻权的必然性和必要性

既然与不动产相关的行政许可和行为地固定的行政许可与相邻权相关，行政机关在行使行政许可权的过程中，不仅必要而且应当保护相邻权。

一　行政许可保护相邻权的必然性

（一）预防性政府的必然要求

1. 预防性政府要求预防行政

美国行政学家奥斯本和盖布勒基于风险社会理论、前馈控制理论、公民本位的新公共服务理论等提出政府改革的新方向——建构"预防性政府"。我国行政法学界顺应提出"预防行政"模式，将其作为与干涉行政、给付行政之后的又一行政范式。"所谓预防行政，是指以维护公共安全与公共秩序为目的，为防止与减少突发事件所引起的危害而创造性地管理风险的活动。"[①] 行政学界以及行政法学界均将预防与风险联系在一起。政府的预防功能或者行政的预防机制以控制或者减少风险为目的。一般认为，未来的不确定性就是风险。但什么是不确定性呢？从公民的角度看，无合理预期就是不确定性。如果政府不平等保护公民权益，必然损害公民的合理预期。私人若因不平等对待报复政府和社会，最终受损的必然是公共利益。平等保护公民权益是政府的天然使命。预防性政府与事后追责型政府最大的不同在于：注重事前预防而不是强调事后救济。预防行政争议或者社会事件是预防性政府的职责和目标。无论是抽象行政行为还是具体行政行为，终将影响具体的个人的利益。预防性政府要求行政机关在行使行政许可权的过程中合理考虑利益相关方的利益，维护利益相关方的合理预期，以尽量减少争议或者风险。

[①] 曾赟：《风险社会背景下行政法范式的流变：预防行政概念的提出》，《社会科学战线》2010年第7期。

2. 预防行政要求预防保护

预防行政要求预防保护个人利益和公共利益。就个人而言，希望公权力保护个人利益的方式，不只是事后，还包括事前。行政机关如何预防保护呢？行政相对人及利害关系人希望行政机关在行使首次判断权的过程中，全面收集证据材料，避免以不实依据作出损害行政相对人或者利害关系人利益的行政许可决定，预防行政机关不相关因素考虑或者不考虑相关因素，以真正实现平等保护公民权益的目的。预防保护是预防行政的必然要求。预防保护强调行政机关在行使行政权的过程中主动保护公民权益，而不仅仅是通过赋予公民公法请求权的方式请求行政机关或者人民法院依法保护公民权益。预防保护强调将预防保护公民权益不受损害作为行政机关的法定职责，行政机关必须主动作为，而不是仅仅赋予公民请求权借助司法力量促使行政机关保护公民权益。从行政成本、社会成本的角度看，预防保护无疑更符合节约型社会的要求，也符合人们对理性政府的期待。

3. 预防保护要求相邻权人事前参与

传统的单向行政难以达致服务行政的服务目的。行政行为的作出，"很多行政目的之实现尚需要人民的合作，而不应是某一方的'独角戏'"[①]。但社会公众、利害关系人如何有效参与行政过程呢？学者们普遍认为行政参与权有助于实现民主行政、服务行政。但社会公众、利害关系人为什么要参与行政过程呢？如果社会公众、利害关系人没有参与行政过程的动力，行政参与权极有可能只是纸上的权利。要切实发挥行政参与的程序价值，行政参与事项须涉及行政参与人利益。行政参与人积极行使行政参与权，是为了预防保护公共利益、预防保护自身利益不受行政权的损害。社会公众、利害关系人基于保护自身利益的主观意愿积极参与行政程序，有利于行政机关平衡公共利益与个人利益，更有利于通过程序正义实现实体正义。日本学者主张，"行政过程并不仅仅是法律

---

① H. Bauer, Verwaltungsrechtslehre im Umbruch Die Verwaltung 25 (1992), S. 301 (312).

的机械性执行，而应当是由利害关系人参加的'政策创造过程'"①。行政参与人为了预防保护自身利益、行政机关为了履行预防保护义务积极开展双向行政，有利于切实发挥预防保护公共利益和个人利益的目的。毕竟"一个已经产生损害才拥有的权利保护机制，并不是一个有效实现权利的好制度"②。建立与预防损害相对应的公权利体系和行政机关的公法义务，有益于行政参与落地生根、开花结果。

（二）作为规制治理的行政许可制度的必然要求

国家治理体系和治理能力现代化要求行政许可制度转变规制模式，从传统的命令—控制型规制向规制治理范式转型。在规制治理模式下，行政许可应是公共利益和私人利益的调节器。

1. 行政许可须以民主方式维护公共利益

我国《行政许可法》第1条开宗明义宣布，设立行政许可制度的目的是"维护公共利益和社会秩序"。但行政机关在行使行政许可权的过程中如何维护公共利益呢？在规制治理模式下，行政机关维护公共利益的过程不应当是封闭的，而应当是开放的、民主的。行政机关应当给予所有利益关联者同样的影响决定结果的表达机会。开放行政许可的过程，或者给予利益关联者参与行政许可决定的机会，其本质是"服务于政治共同体内部对于公民身份平等的愿望"③。行政许可维护公共利益的过程实际是利益关联者互相妥协的过程、达成共识的过程、各自权利实现的过程。

2. 行政许可必然受限于平等对待

现代治理制度以实现公平正义为最高价值。在行政许可的过程中，公平正义如何得以保障呢？平等对待行政许可申请人和行政许可事项的利害关系人，是规制治理模式对行政机关行使行政许可权的必然要求。

---

① 转引自江利红主编《行政过程论研究：行政法学理论的变革与重构》，中国政法大学出版社2012年版，第129页。

② 张锟盛：《行政法学另一种典范之期待——法律关系论》，《月旦法学杂志》2005年第6期。

③ ［英］迈克·费恩塔克：《规制中的公共利益》，戴昕译，中国人民大学出版社2014年版，第305页。

"公正无私地行使平等的法律,总体上保护所有的人并具体地保护每一个公民属于今生的对这些东西(生命、自由、健康和疾病以及对诸如金钱、生命、房屋、家具等外在物)的所有权"①,才能够真正发挥行政许可制度的功能。平等对待行政许可申请人和行政许可事项的利害关系人,必然要求行政机关在行政许可的过程中同样尊重二者的权利。既不能单单考虑行政许可申请人的利益,也不能单单考虑行政许可事项的利害关系人的利益,而是依法平等保护各自享有的合法权利。

3. 行政许可须调和公共利益与私人利益的冲突

"国家是人们组成的一个社会,人们组成这个社会仅仅是为了谋求维护和增进公民们自己的利益。"② 行政许可制度必须维护公共利益,但在维护公共利益的过程中,不能损害私人利益,不能新增公共利益与私人利益之间的矛盾。行政许可授予申请人权利,"仅仅增加那些利用财产的个体的收入是不够的"③。行政许可制度应当平衡公共利益与私人利益,此私人利益与彼私人利益,公民权利与国家权力。而且,限制与协调并存。"在一般情况下,公共利益可以全部或部分地包含个人利益,但冲突也是不可避免的。"④ 当私人利益与行政许可维护的公共利益发生冲突时,我们不能"习惯于站在公权的角度维护其正当性,而对作为公共利益价值源泉的个人利益缺乏必要的关怀"⑤。行政机关在实施行政许可的过程中,应当对公共利益与私人利益进行调和,真正发挥作为规制治理措施的行政许可应当具有的维护公共利益的价值:为干预私人行为提供合法化的手段,服务于民主政体。

恰如预防性原则要求的那样,"人们在考虑进行规制性干预的时候应当将一系列价值纳入考量之中"⑥。行政机关实施行政许可,应当在行政

---

① [英]洛克:《论宗教宽容》,吴之贵译,商务印书馆1982年版,第5页。
② [英]史蒂文·卢克斯:《个人主义》,阎克文译,江苏人民出版社2001年版,第46页。
③ [英]迈克·费恩塔克:《规制中的公共利益》,戴昕译,中国人民大学出版社2014年版,第18页。
④ 于安编著:《德国行政法》,清华大学出版社1999年版,第9—10页。
⑤ 韩大元:《宪法文本中"公共利益"的规范分析》,《法学论坛》2005年第1期。
⑥ [英]迈克·费恩塔克:《规制中的公共利益》,戴昕译,中国人民大学出版社2014年版,第277页。

许可所要维护的公共利益、行政许可申请人的私人利益与行政许可事项利害关系人的私人利益之间寻求平衡。行政许可事项的利害关系人参与行政许可程序,实际上是服务于限制行政许可权的民主目标,而不是减损行政许可申请人利益。比如,在规划许可过程中,行政机关既要考虑维护公共利益,"还需要在私人利益和公共利益相互之间做一个公正的权衡,其中,所有权保护是最需要衡量的私人利益,要考虑这些规划性的规定将给土地所有权和它的使用带来什么样的后果"①。此外,还存在别的需要考量的私人利益,比如作为被规制的土地的邻里的利益。"需要对不动产权利人自由行使其权利是否具有值得保护的利益,并斟酌邻地所有人是否有干预他人所有权范畴的优势利益,而为合理必要的利益平衡。"②

(三) 公法相邻法的必然要求

公法相邻法不同于私法相邻法,也不同于一般的公法。它的调整对象有两方面:一是作为公法主体的行政机关与行政相对人之间的法律关系;二是行政机关与作为第三人的相邻人之间的法律关系。"一般的公法以保护公共利益为主,如果私人因公共利益之实现而获益,也只是这种公法规范的一种反射利益,而不是立法者有意识的行为;而公法相邻法尽管也保护公共利益,但同时也有意识地保护邻人的私人利益。"③ 公法相邻法之所以存在,其目的就是为能够更有力地保护相邻权益。再者,如果公法相邻法又恰是行政许可法律制度的特别规定,行政机关行使行政许可权,必然要尊重并保护公法相邻权。

1. 公法相邻法赋予邻人公法相邻权

公法相邻法产生之前,旨在维护公共利益的公法在某些情形下发挥了调整相邻关系的功能,邻人事实上获得反射利益。但这种保护是不确定的或者是被动的。邻人如果没有获得保护,法律又不提供请求保护的途径,有可能最终破坏公法期待保护的公共秩序。

---

① Krautzberger, in Battis/Krautzberger/Lohr, Baugesetzhuch Kommentar, 9 Aufl. 2005, 27.
② 王泽鉴:《民法物权·通则·所有权》,中国政法大学出版社 2001 年版,第 210 页。
③ 金启洲:《民法相邻关系制度》,法律出版社 2009 年版,第 204 页。

公民是否具有公法权利，曾分歧严重。在德国，以盖尔博为代表的学者从根本上质疑国家的服从者的公法权利，认为建构行政秩序必须严格限制主观公权利。还有学者认为公法保护公共利益必然就保护了私人利益，因而不必创设主观权利①。"公法权利的承担者只可能是国家，那么国家的服从者对国家的法律请求权的可能性看起来就先天地排除了。"②但从公法的角度看，发生公法关系的国家和公民在法律上都是人格人。既然公民享有人格，且为国家中的一员，为了使法律发挥其应当发挥的作用，国家制定的客观公法有必要授予公民原本并不享有的权利——公法权利。随着规范保护理论，尤其是第三人规范保护理论的兴起，有学者主张"虽条文追求之目的为公益之保护，但如从条文结构观察，仍有保护私益之意思，仍视为符合规范保护理论之私益追求要件"③。行政许可应否保护邻人的相邻权，须从有关许可的依据——特定实体法规定的许可要件予以判断。"公法权利在实质上就是个人因其在国家中的成员地位而应享有的权利。"④ 授予公民公法权利是实现共同利益的要求，或者保护个人利益本身就是保护公共利益的题中应有之义。"没有与共同利益无关的法律上的个人利益。个人利益被分为主要是为了个人目的的个人利益和主要为了共同目的的个人利益。主要为了共同利益而被承认的个人利益是公法权利的内容。"⑤ 授予公民公法相邻权是切实维护相邻秩序的必然要求。"相邻关系中的冲突表现了最微小的利益和最重大利益的混合。"⑥ 公法相邻法为最微小的利益给予了公法保护的铠甲。

2. 保护相邻权是行使行政许可权的行政机关的法定职责

在行政许可制度中，授予公民公法相邻权，意味着行使行政许可权

---

① V. Lhering, Geist des Romischen Rechts 3. Aufl. III , S. 338.
② ［德］耶利内克：《主观公法权利体系》，曾韬、赵天书译，中国政法大学出版社2012年版，第11页。
③ 陈慈阳：《行政法总论》，翰芦图书出版有限公司2005年版，第428页。
④ ［德］耶利内克：《主观公法权利体系》，曾韬、赵天书译，中国政法大学出版社2012年版，第49页。
⑤ ［德］耶利内克：《主观公法权利体系》，曾韬、赵天书译，中国政法大学出版社2012年版，第48页。
⑥ 尹田：《法国物权法》，法律出版社1998年版，第372页。

的行政机关负有保护相邻权的法定职责。行政许可法上的公法相邻权与行政机关的保护职责相对应。

以公法相邻权的主体为据，可以将公法相邻权分为行政许可申请人的公法相邻权与第三人的公法相邻权。比如，在建筑规划许可中，申请人、与申请人有相邻关系的公民、法人或者其他社会组织均享有公法权利。前者表现为申请行政机关准许其从事建筑修筑活动；而后者主要表现为请求行政机关依法审查申请材料的真实性和合法性维护自身相邻权益。行政许可决定总是绝对地或者相对地引起一个对他人具有法律意义的后果，行政许可常常引发多边法律关系。在行政许可多边法律关系中，行政机关必须权衡申请人的公法权利和第三人的公法相邻权，并在权衡的过程中履行法律规定的具体义务，最终实现公共利益的最大化。

私法权利总是与要求承认和保护的公法请求权相联结。公民的私法相邻权本身是为了公共利益而被承认的个人利益。保护公法相邻权，实际也保护了私法相邻权。如果行政许可涉及第三人的私法相邻权，应将这种私法相邻权纳入审查考量的范围，作为是否作出行政许可决定的一个标准或条件。如果公共利益与私人利益不能兼顾必须限制公民的私法相邻权，则依比例原则应当降低到最低程度，并予以相应的补偿。

3. 行政机关怠于履行相邻权保护义务须承担法律责任

私法相邻法作为调整私法相邻关系的法律，其任务在于，在国家利益范围内划定并保障私人行使不动产权利的空间。而公法相邻法的任务在于创造和维护一个有利于私人行使不动产权利的外部条件。"为法律所确认和保护的公民个人权益属于公共利益的范畴，在特定的情况下，公民个人权益就是公共利益本身，因此，对公民个人权益的侵害就是对公共利益的侵犯。"① 公法相邻法规定了行政机关负有保护相邻权的职责，如怠于履行，则应依法承担相应的法律责任。追究行政机关的法律责任，必然涉及具体行使行政许可权的公职人员的利益，当行使行政许可权的

---

① 朱维究、王成栋主编：《一般行政法原理》，高等教育出版社2005年版，第5页。

公职人员的个人利益与行政许可申请人、相邻权人以及公共利益相关联时，其必然严格履职。保护公共利益、保护相邻权人利益就是保护行使行政许可权的公职人员的自身利益。

二 行政许可保护相邻权的必要性

（一）作为请求权的相邻权不能自动实现

1. 相邻权的请求权属性

相邻权如何实现，与相邻权的性质相关。关于相邻权的性质，学界有诸多讨论。

民法学界对相邻权的性质研究颇多，观点不一。主要表现为两方面的争论。一是相邻权到底是支配权还是请求权；二是相邻权到底属于所有权范畴还是他物权范畴。有学者认为"相邻权的本质是一项物权而不是请求权，因为该权利仍然具有排他的效力"[1]。在土地以"所有"为中心的时代，相邻权是所有权当然的扩张。相邻权实质上是不动产所有权和使用权的限制和扩张，其本身并没有超出不动产所有权或使用权的范围，它是一种物权，但不是独立的物权，只有所有权的内容[2]。但现代社会，其越来越具有人格权和环境权的部分属性[3]。"相邻权在法律中主要为物权性或者说是财产性权利，尽管它有时保护的是财产利益或者是人格利益。这样把相邻权定性为从属性物权也就不难理解了。"[4] 也有学者认为，"所谓相邻权，不过是基于相邻关系准则一方对他方享有的一种请求权，即要求他方容忍自己的某种利益行为或制止他方的某种有害行为的权利，而不是一种物上支配权；相邻权本质上属于对他人所有权（以及其派生物权）的限制。所以，相邻权不是一种独立的物权，没有包含在土地他项权利的范围内"[5]。相邻权是要求相邻的不动产所有权人以及

---

[1] 孙宪忠：《德国当代物权法》，法律出版社1997年版，第195页。
[2] 王利明、郭明瑞、方流芳：《民法新论》（上），中国政法大学出版社1988年版，第130页。
[3] 孙良国、周团结：《相邻问题三论》，《当代法学》2002年第1期。
[4] 彭诚信：《现代意义相邻权的理解》，《法制与社会发展》1999年第1期。
[5] 王卫国：《中国土地权利研究》，中国政法大学出版社1997年版，第217页。

占有人，不得以其占有的不动产损害自己利用的不动产，或为自己不动产提供便利的权利。相邻权不是一项独立的物权①。但也有学者认为"相邻权的性质界定为支配权或请求权的观点，从严格意义上讲，都是不全面的，相邻权是一种同时兼具支配权和请求权性质的权利"②。相邻权属于救济权型请求权，是在相毗邻不动产所有权之上享有的停止侵害请求权、预防危害请求权、除去妨害请求权、恢复原状请求权的合称。相邻权是"一束权利"，其具体内容视相毗邻不动产所有权被妨碍的样态而定③。综上，私法相邻权是基于不动产使用的事实而享有的权利，既具有支配权性质又有请求权性质。

"公法权利是指公民基于法律行为或以保障其个人利益为目的而制定之强行性规范，得援引该法规向国家为某种请求或为某种行为之法律地位。"④ 公法相邻权属于公法权利，主要表现为与行政相对人具有相邻关系的公民、法人或者其他社会组织享有的向国家为某种请求或为某种行为的权利。法规的强行性要素、相邻权益的保护性要素、赋予对国家请求为一定作为或不作为的法律上之力的要素是公法相邻权的三项基本原则。公法相邻权同样具有请求权性质。不同的基础性公法权利，可以延伸不同的请求权。公法相邻权可以是基于社会权，也可以是基于平等权的请求权。

2. 作为请求权的相邻权的实现需要义务人尊重并回应请求

权利的运行大致包括权利形成、权利赋予、权利行使和权利救济四个环节⑤。民法规定相邻关系主体享有相邻权，只是私权利的赋予。作为民事权利的相邻权的实现还需要权利行使和权利救济。作为民事权利的相邻权的行使并非完全意思自治，必须遵守行政法规定的不动产的使用

---

① 胡志刚：《整合不动产相邻权》，《房地产法律》2007 年第 1 期。
② 金启洲：《民法相邻关系制度》，法律出版社 2009 年版，第 56 页。
③ 陈冬青：《相邻权性质辨析》，《黑龙江省政法管理干部学院学报》2003 年第 4 期。
④ 转引自徐以祥《行政法学视野下的公法权利理论问题研究》，中国人民大学出版社 2014 年版，第 20 页。
⑤ 汪永清：《关于行政许可制度的几个问题》，《国家行政学院学报》2001 年第 6 期；汪永清、李岳德：《行政许可法教程》，中国法制出版社 2011 年版，第 3 页。

标准。"是否及在何种程度上与行政法律关系相关联的第三人亦可参与行政规范之保护，此涉及实体法与程序法问题。涉及的是与行政措施相关联的第三人作用，它可能是多方或者三方的行政法律关系所产生的，特别是相邻人在此关联性上的主观公法权利。"[1] 也就是说，行政法律关系中的相邻权表现为主观公权利。行政机关基于法定职责介入不动产的使用，如与不动产的使用具有相邻关系的相邻权人依法请求行政机关平等保护自己的合法权益，行政机关应予以尊重并依法回应。也可以进一步说，无论是私法相邻权还是公法相邻权，最终需要相邻义务人自觉或者行政机关督促其尊重并回应相邻权人的请求，履行自己的相邻义务，建立和谐的相邻关系。

（二）行政许可决定排除相邻权人的民事胜诉权

在与不动产利用相关的行政许可中，实际涉及两种性质的法律关系。一是邻人之间的私法关系；二是行政机关因行政法律规范分别与行政许可申请人和第三人产生的公法关系。被许可人以行政许可决定为依据行使法律规定的一般禁止性行为，相邻权人有可能认为侵犯自己的相邻权。这种情形下，相邻权人有以下救济途径：自行协商、民事诉讼、行政复议再行政诉讼或者直接行政诉讼。

如果相邻权人选择民事诉讼，认为采光权、通风权等受到侵害起诉邻人。邻人以其行为获行政许可为由予以抗辩。在该行政许可未被撤销或者确认无效之前，人民法院难以支持相邻权人的诉权。早期的"私法优位"理论，主张无视行政许可的存在，直接按照私法予以认定是否侵权。之后发展为"公法优位"，只要存在没有被认定为违法或者没有被撤销的行政许可，即认为不侵权。再后来的"双轨制"认为，行政许可的优先效力应予适当限制，如行政许可公正地考虑了应当考虑的利害关系人的利益，则限制或者排除民法上的请求权。没有违反法律规定且兼顾了第三人（相邻关系权利人）的利益并在保证第三人（相邻关系权利人）充分行使参与权、听证权等公法性权利的基础上准予的行政许可可以限

---

[1] 陈慈阳：《行政法总论——基本原理、行政程序及行政行为》，翰芦图书出版有限公司2005年版，第425页。

制或排除民法上的相邻权,使义务人免于承担民法上的相邻关系侵权责任[1]。其实,按照行政行为的效力理论,行政行为的公定力、拘束力要求,只要行政许可没有被撤销或者没有被认定为违法、无效,包括相邻权人在内的其他人应当予以尊重和服从。行政许可的效力实际排除或者限制了相邻权人的民事胜诉权。德国《营业法》第26条规定,"土地所有人或占有人,对于因邻地所生之有害作用,依现行法虽许其提起排除侵害之民事诉讼,但对于经政府许可设立之营业设备,则仅可请求设置妨害设备,但其与营业之适当经营不能并存者,则许其损害补偿"。行政许可制度不切实保障相邻权,民事相邻关系制度难以发挥调节、平衡相邻利益的作用。行政许可法有必要将利害关系人的权益保护纳入法律保护范围,对即将作出的行政许可决定进行事前评估,以预防相邻权受损。

(三) 抑制型保护不力需要预防型保护予以补充

正如有学者评价的那样,"在对相邻关系之调整上,私法规范与公法规范双管齐下,却又相互交错而呈混乱局面"[2]。如何发挥私法规范与公法规范的互补作用,是加强相邻权保护必须解决的问题。

无论是相邻权人提起民事诉讼还是通过行政复议或者行政诉讼解决行政争议,都属于事后救济。由于行政许可决定事实上排除民事诉讼的胜诉权,只有行政复议、行政诉讼才能够解决行政许可违法的问题。这种事后救济固然可以发挥相邻权保护的作用,但作用有限。比如,行政许可虽然违法,但如果撤销会影响更大的公共利益的话,只能确认违法。相邻权人即便能够获得一定的赔偿,但其采光权益、通风权益以及其他相邻权益本身并不能恢复到合法的状态。因此,有必要在行政许可的过程中,依法尊重相邻权人的利益,加强预防型保护,以弥补抑制型保护的不足,真正发挥行政许可制度应当发挥的调节社会资源的功能。

---

[1] 范立仁、余向阳、朱玲:《相邻关系诉讼实务问题新探》,《职业》2008年第32期。
[2] [德] 鲍尔·施蒂尔纳:《德国物权法》(上册),张双根译,法律出版社2004年版,第537页。

第 四 章

因相邻权诉讼的行政许可案件现状

最高人民法院 2000 年有关行政诉讼法的若干问题的解释第 13 条规定，具体行政行为涉及公民、法人或者其他组织的相邻权的，可以依法提起行政诉讼。以侵犯相邻权为由的行政许可诉讼一定程度上可以反映当下行政许可保护相邻权的现状及存在的问题。2019 年 2 月 15 日，登录最高人民法院建立的中国裁判文书网[1]，先选择"行政案件"，然后在其高级检索栏输入"相邻权"[2]进行检索，共获取 5452 个结果[3]。其中，2019 年有 10 件，为了年份样本的完整性，除去 2019 年的，以 5442 件案件为例进行分析。对这些案件进行识别、剖析，找出争议行为为行政许可的案件，然后以这些案件的争议焦点、裁判逻辑等为出发点，反思行政许可制度应当如何完善以预防此类纠纷的发生。

---

[1] 资料来源，中国裁判文书网，网址链接：http://wenshu.court.gov.cn/，最后访问时间：2019 年 2 月 15 日。

[2] 提及相邻权的行政案件，案由主要包括以下类型：行政许可、行政处罚、行政登记、行政强制、行政确认、行政征收等。既包括作为，也包括不作为。

[3] 因中国裁判文书网的收录案件每天都在更新，难以每天检索新补录的案件，所以只以 2019 年 2 月 15 日之前裁判文书网公开的案件为研究对象。又由于裁判文书网最早收录的提及相邻权的行政案件是 2006 年的，研究样本不是 2000 年以来的与相邻权相关的全部行政争议案件样本，只是 2006 年以来的。

第一节　因相邻权诉讼的行政许可案件的基本情况

在收集到的与相邻权相关的行政案件中，被诉行政行为为行政许可的案件数量最多，共943件。这些案件的当事人情况、地域分布情况、被诉行政许可类型及诉由等在一定程度上可以揭示不同地区的民众对行政许可决定的认同度，对行政许可保护相邻权的认同度。

一　地域分布情况

从地域分布看，因相邻权发生的行政许可案件主要集中在浙江省、河南省、山东省，分别占比17.92%、13.79%、9.54%。其中，浙江省的案件数量最多，达到169件（见表4—1）。

表4—1　　　因相邻权发生的行政许可案件地域分布情况

地域	案件数（件）	地域	案件数（件）	地域	案件数（件）
北京	19	福建	29	四川	8
天津	1	江西	12	贵州	30
河北	8	山东	90	云南	9
山西	6	河南	130	宁夏	1
内蒙古	10	湖北	50	新疆	1
辽宁	53	湖南	43	浙江	169
吉林	15	广东	65	安徽	18
黑龙江	5	广西	11	西藏	0
上海	10	海南	7	陕西	38
江苏	78	重庆	11	甘肃	8
最高人民法院	8	青海	0	合计	943

由于多方原因，裁判文书网公开的裁判文书并不是各地全部的裁判文书。我们收集的因相邻权发生的行政许可案件也并不能涵盖各地实际发生的全部案件。地域分布情况并不能全面反映此类案件在各地的实际分布情况。但从公开的行政案件看，河南、山东、江苏、浙江等省份位

居前列,一定程度上也可以说明这些地方的民众的行政诉讼意识相对较强,希望通过行政诉讼救济受损的相邻权的意识较强。

二 裁判年度分布情况

虽然最高人民法院2000年就解释具体行政行为涉及相邻权的,相邻权人可以依法提起行政诉讼,但从裁判文书网公开的裁判文书看,2006年才有相关案件。我们收集的943件行政许可案件的裁判年份分布如下:

表4—2　　因相邻权发生的行政许可案件裁判年度分布情况

年份	案件数（件）	年份	案件数（件）	年份	案件数（件）
2006	1	2011	10	2015	153
2008	2	2012	24	2016	175
2009	10	2013	46	2017	202
2010	11	2014	121	2018	188

如表4—2所示,自2006年以来,因相邻权诉讼的行政许可案件数量总体呈逐年上升趋势。案件数量逐年增加,一定程度上表明越来越多的相邻权人希望通过行政诉讼撤销行政许可决定,以解决涉及行政许可的相邻纠纷,彻底救济受损的相邻权益。

三 裁判法院级别和审判程序分布情况

因相邻权诉讼的行政许可案件,裁判法院包括四级人民法院。其中,中级人民法院办案数量最多,涵盖三种类型的案件:一审案件、上诉案件和再审案件。具体分布如下:最高人民法院办理再审案件8件,高级人民法院共办理案件96件(上诉案件23件,再审案件73件),中级人民法院共办理案件456件(一审案件8件,上诉案件439件,再审案件9件),基层人民法院办理案件383件(一审案件382件,再审案件1件)。从审判程序统计,适用一审程序的案件共390件,适用二审程序的案件共462件,适用再审程序的案件共91件。

四　当事人基本情况

（一）一审案件

一审案件共 390 件。其中，382 件由基层人民法院审理，8 件由中级人民法院审理（见表 4—3）。绝大多数一审案件由基层人民法院审理，表明因相邻权诉讼的行政许可案件的被告行政级别不高。

1. 原告的基本情况

因相邻权诉讼的行政许可案件的原告有三种类型：一是行政许可决定的利害关系人——相邻权人，认为行政许可决定违反有关规定侵犯相邻权提起行政诉讼；二是不予许可决定的行政相对人——行政许可的申请人，认为行政机关因考虑相邻权作出不予许可决定违法提起行政诉讼；三是行政许可决定的行政相对人，认为行政机关因考虑相邻权，没有完全依其请求作出行政许可决定违法，或者因考虑相邻权撤销行政许可决定违法。这三种类型的原告之所以起诉，均源于他们认为行政机关仅考虑相邻权人利益违法，或者不考虑或者没有足够考虑相邻权人利益违法。相邻权是原告与被诉行政行为——行政许可之间的连接点。

表 4—3　　　　　　　　　一审案件原告类型

原告类型	数量（件）
行政许可决定的利害关系人（相邻权人）	384
不予许可决定的行政相对人①（申请人）	4
行政许可决定的行政相对人②（申请人）	2

---

① 吴某与长汀县住房和城乡规划建设局城建行政许可一审行政判决书，（2014）汀行初字第 4 号；刘某等诉隆回县国土资源局不履行土地行政许可法定职责案一审行政判决书，（2014）隆行初字第 12 号；深圳市某医院管理有限公司与深圳市卫生和计划生育委员会其他一审行政判决书，（2014）深罗法行初字第 11 号；南京某医疗管理有限公司与南京市鼓楼区卫生和计划生育局卫生行政许可一审行政判决书，（2017）8602 行初 986 号；韩某与儋州市住房和城乡建设局城建行政许可纠纷案判决书，（2015）儋行初字第 18 号。

② 李某与南漳县城乡规划管理局城乡建设行政管理一审行政判决书，（2017）鄂 0624 行初 45 号；佳木斯市某会馆基因店与佳木斯市向阳区城市管理综合执法局一审行政判决书，（2018）黑 0803 行初 9 号。

行政许可决定的利害关系人，即相邻权人起诉的案件占比98.46%，大大高于不予许可决定和许可决定的行政相对人起诉的案件，表明行政机关对相邻权的保护绝大多数情况下没有达到相邻权人的预期。利害关系人普遍认为行政机关在行使行政许可权的过程中更多的是考虑申请人的利益，没有保护或者没有足够保护自己的相邻权。

在390件因相邻权诉讼的行政许可案件中，公民作为单一原告或者共同原告的占比高达95.39%，法人或其他社会组织作为单一原告或者共同原告的占比为4.62%，表明涉及行政许可的相邻权纠纷，主要是发生在公民与其他主体之间。提起行政许可诉讼的法人或者其他社会组织主要是村民小组，其次是有限公司、小区业主委员会、经济联合社以及幼儿园等。有限公司涉及的行业主要是医院、酒店、建材。

从原告的数量看，单一原告比例为67.95%，共同原告比例为32.05%（见表4—4）。在共同诉讼案件中，原告人数在10人以上的案件数为10件。

表4—4　　　　　　　　一审案件原告数量分布情况

公民单一原告		公民共同原告		公民与法人或者其他社会组织共同原告		法人或其他社会组织单一原告	
数量（件）	比例（%）	数量（件）	比例（%）	数量（件）	比例（%）	数量（件）	比例（%）
249	63.85	123	31.54	2	0.51	16	4.1

单一原告比例较高并不表明案件涉及的是个别利益。在单一原告案件中，涉及的权利人确实为一人的案件相对较少；涉及的权利人并不止一人，而是整个家庭，仅户主提起诉讼的案件较多；再就是以法人或者其他社会组织的名义起诉，比如，以小区业主委员会名义起诉，实际涉及利益的人员数量众多。除此之外，大量单一原告案件的被告相同，争议的是同一行政许可决定，基于立案等多方因素，各自提起行政诉讼。在共同原告中，公民共同原告比例较高。这一局面的形成，与不动产权属制度有关。相邻土地、房屋等分属不同的所有权人或者使用权人，必

然产生相邻关系问题。公民共同原告比例较高，表明与行政许可涉及的不动产具有相邻关系的利益相关方不止一人，导致与行政机关产生公法关系的行政相关方亦不止一人。或者从反面推论，原告认为行政机关在行使行政许可权的过程中，应该考虑所有与行政许可涉及的不动产具有相邻关系的邻人的利益。公民作为共同原告共同起诉，源于他们之间存在共有关系，或者存在相邻关系，且他们一致认为共同利益或者相同利益——相邻权受到侵害。

2. 被告的基本情况

从收集的一审案件看，此类案件的被告分布较为集中，主要是土地规划建设部门、市场监督及安全生产监督管理部门等。其中，规划建设部门占比最高。这些行政机关之所以成为这类案件的被告，与它们作出的行政许可决定与土地开发使用或者不动产建设等相关。又由于这些行政许可事项绝大多数由基层行政机关行使行政许可权，因此，主要是县（市）人民政府及其组成部门成为这类案件的被告，厅级以上行政机关成为被告的情况极为罕见。390件一审案件的被告具体分布见表4—5。

表4—5　　　　　　　　　　一审案件被告分布情况

名称	数量（件）	名称	数量（件）
规划局	84	县人民政府	3
城乡规划局	144	镇人民政府	15
国土资源和规划局	4	市人民政府	7
规划建设局	4	乡人民政府	1
城乡规划建设局	2	区人民政府	6
住房和城乡规划建设局	29	街道办事处	4
住房和城乡建设局	31	市场监督管理局	3
住房和规划建设局	7	安全生产监督管理局	3
住房和城乡建设规划局	6	城市管理行政执法局	1
城乡建设局	2	城市管理局	1
建设局	0	发展和改革委员会	3
规划和国土资源局	3	国土资源局	4

续表

名称	数量（件）	名称	数量（件）
住房和规划建设管理局	1	环境保护局	3
住房和城乡规划建设管理局	1	工商行政管理局	1
住房和城乡建设委员会	1	行政审批局	2
建设和交通委员会	1	城市管理行政执法局	1
规划和国土资源委员会	3	城市管理局	1
建设和管理委员会	1	卫生局	3
建设规划局	1	卫生和计划生育局	1
城乡建设委员会	1	公安局①	1
规划和国土资源委员会	3	卫生和人口计划生育委员会	1
规划委员会	5	建设和管理委员会	1
国土资源和规划委员会	1	城市管理综合执法局	1
住房和规划建设管理局	1	县人民政府规划办公室②	1
建设委员会	1	交通运输厅	1
新区管理委员会	1		
XX局	2③	合计	409④

从表4—5显示的被告名称⑤看，与相邻权相关的行政许可事项的职责分配较为散乱，且各地机构设置及职责划分差异较大。从被告的数量看，单一被告占绝大多数，少量案件为共同被告，表明行政许可决定在绝大多数情况下由行政机关单独作出，联合行使行政许可权的情形相对较少。共同被告情况见表4—6。

---

① 侯某、瓦房店某花鸟鱼综合市场有限公司与瓦房店公安局行政许可一审行政判决书，(2016) 辽0283行初第82号。

② 张某与遂平县人民政府规划办公室案，(2009) 驿行初字第49号。

③ 裁判文书没有公开被告名称。张XX等39户业主与佳木斯市XXXX局、第三人佳木斯XX房地产开发有限公司规划许可案行政判决书，(2016) 黑0811行初11号；肖某某、诉某某局、第三人某某局规划行政许可案一审行政判决书，(2016) 湘0922行初40号。

④ 16件案件共有共同被告19个行政机关，故涉及的行政机关共计409个。

⑤ 被告的名称表明我国行政机关职能配置的地方性。

表 4—6　　　　　　　　一审案件共同被告分布情况

共同被告		件数
市人民政府	市国土资源和规划委员会①	1
	市规划局②	3
县人民政府	县国土资源局③	1
	县城乡规划局④	1
	县规划局⑤（县人民政府复议机关）	1
镇人民政府	县国土资源局、县住房和城乡建设局⑥	1
	县行政审批局⑦	1
	县住房和城乡建设局⑧	1
	县规划局⑨	1
	县国土资源局⑩	1

①　刘某等与广州市国土资源和规划委员会等资源行政管理一审行政判决书，（2017）粤7101 行初 4249 号。

②　朱某等与杭州市规划局等其他一审行政裁定书，（2018）8601 行初 27 号；宋某与杭州市规划局等其他一审行政裁定书，（2016）浙 8601 行初 82 号；朱某与南通市规划局、南通市人民政府行政规划、行政许可一审行政裁定书，（2016）苏 0611 行初 29 号。

③　孙某诉昌图县人民政府、昌图县国土资源局行政许可案裁定书，（2015）铁行初字第00034 号。有 1 件案件将国土资源局作为委托单位列于当事人中。欧某等与旬阳县人民政府案，（2014）旬阳行初字第 00003 号。

④　储某与岳西县城乡规划局、岳西县人民政府城乡建设行政管理一审行政判决书，（2017）皖 0828 行初 7 号。

⑤　段某与澧县规划局及澧县人民政府规划行政许可一审行政裁定书，（2015）安行初字第 46 号。

⑥　周某、诸暨市枫桥镇人民政府、诸暨市住房和城乡建设局等其他一审行政裁定书，（2018）浙 0681 行初 116 号。

⑦　李某与海门市行政审批局、海门市正余镇人民政府行政批准、行政许可一审行政判决书，（2017）苏 0682 行初 256 号。

⑧　于某与郑州市城乡规划局城乡建设行政管理一审行政判决书，（2017）豫 0103 行初 125 号；陈某、陈云某与武义县柳城畲族镇人民政府、武义县住房和城乡建设局行政许可一审行政判决书，（2016）浙 0723 行初 33 号。

⑨　裘某、象山县石浦镇人民政府、象山县规划局等其他一审判决书，（2017）浙 0225 行初 35 号。

⑩　郑某与新泰市人民政府行政许可一审行政裁定书，（2015）东行初字第 79 号。

续表

共同被告		件数
街道办事处	县国土资源和规划局①	3
	县规划局、县国土资源局、县城市管理局②	1
合计		16

相关部门与市、县或者镇人民政府以及街道办事处成为共同被告，原因如下：一是相关部门的行政许可决定经市、县人民政府行政复议；二是有关镇政府或者街道办事处受托行使行政许可权，原告不服，将委托机关和受托机关共同起诉；三是有关街道办事处作为行政许可决定的审核机关，行使了行政许可决定的部分审核权，与最终行使决定权的行政机关成为共同被告。

3. 第三人的基本情况

在390件一审案件中，25件无第三人，其余案件均有第三人（见表4—7）。

25件案件为什么没有第三人呢？一是原告是不予许可决定的行政相对人。由于不予许可决定只影响行政许可申请人的利益，没有影响他人的利益，故没有第三人。二是由行政许可决定的相对人提起诉讼，其认为行政机关因相邻权人异议，作出的行政许可决定与其请求不符，人民法院没有通知第三人，作出撤销判决并责令重新作出行政行为。③ 三是相邻权人提起行政诉讼，人民法院认为不具有起诉资格驳回起诉，没有必要通知被许可人作为第三人，第三人也没有申请参加诉讼。四是相邻权人提起行政诉讼，人民法院可能认为事实清楚没有通知第三人，第三人

---

① 钱某与武汉市黄陂区国土资源和规划局、武汉市黄陂区人民政府长轩岭街道办事处城乡建设行政管理一审行政裁定书，（2016）鄂0116行初38号；钱某与武汉市黄陂区国土资源和规划局、武汉市黄陂区人民政府长轩岭街道办事处城乡建设行政管理一审行政判决书，（2016）鄂0116行初40号，（2016）鄂0116行初39号。

② 魏某与扬中市规划局、扬中市国土资源局等行政撤销一审行政裁定书，（2018）苏1182行初23号。

③ 李某与南漳县城乡规划管理局城乡建设行政管理一审行政判决书，（2017）鄂0624行初45号。

也没有申请参加诉讼,实体裁判维持行政许可决定①。

在有第三人的行政许可案件中,法人或者其他社会组织作为第三人的比例最高,其次是公民。248 件案件的第三人系房地产开发或者置业公司。零星案件的第三人系行政机关。比如,郑兴兰与新泰市人民政府行政许可纠纷案。被告系市人民政府,第三人包括公民个人、国土资源局、镇人民政府和村民委员会。行政机关作为第三人的因由如下:一是行政机关本身是行政许可决定的被许可人或者争议涉及的不动产的所有人或者使用人;二是行政机关行使了审核权,但未在行政许可决定中署名,人民法院通知其作为第三人参加诉讼。

表 4—7　　　　　　　　　一审案件第三人分布情况

	第三人类型	数量(件)
	公民	73
法人或者其他社会组织	房地产公司	237
	房地产公司、环保节能公司	8
	房地产公司、合作社	2
	经济合作社	2
	医院	3
	餐饮公司、饮食店	3
	供电公司	1
	中石化	2
	业主委员会	1
	药业公司	2
	纺织品公司	2
	其他	14
行政机关	镇人民政府	1
	税务机关	1
	气象局	1
	公用事业局	1
	XX 局②	1
	电力局	1
	住房和城乡建设局	2

---

① 牛某、侯某等与固安县城乡规划局行政许可一审行政判书,(2014)固行初字第 15 号。
② 裁制文书没有公开行政机关单位名称。

续表

	第三人类型	数量（件）
行政机关	房地产公司、业主	1
	街道办事处、居民委员会、居民	1
	公民、合作社	1
	住房建设管理办公室、居民	1
	国土资源局、镇人民政府、村委会、公民	1
	重点建设管理局、建筑工程有限公司	1
	建材市场管理、业主委员会	1
合计		365

法人或者其他社会组织以及公民被列为行政许可案件的第三人，是因为他们是争议行政许可决定的行政相对人；其中，房地产开发或者置业公司占比最高，表明因土地开发引发的相邻权纠纷较多。而行政机关或者村民委员会作为第三人，只是因为他们行使的某项权力与行政许可决定相关。

（二）二审案件

二审案件共462件。其中，中级人民法院审理439件，高级人民法院审理23件（见表4—8）。年度分布总体呈上升趋势。2018年99件，2017年53件，2016年117件，2015年56件，2014年87件，2013年17件，2012年14件，2011年6件，2010年6件，2009年4件，2008年2件，2006年1件。

1. 上诉人和被上诉人的基本情况

二审案件的上诉人和被上诉人类型多样。一审或者原审原告单独上诉的案件达400件，其中被上诉人只是一（原）审被告的共275件，一（原）审被告和一（原）审第三人作为共同被上诉人的案件共125件，1件案件只有部分原告提起行政诉讼。一（原）审被告单独上诉的案件共12件，其中被上诉人只是一（原）审原告的共11件，一审原告和一审第三人共同被上诉的案件1件。一（原）审第三人单独上诉的案件共30件，其中被上诉人仅为一（原）审原告的共25件，一审原告和一审被告共同被上诉的共5件。一（原）审第三人和一（原）审被告共同上诉的案件共13件，被上诉人为一（原）审原告，其中只有部分第三人参与上诉的共2件。一（原）审原告、一（原）审被告和一（原）审第三人均上诉的案件共2件。一（原）审原告和一（原）审被告共同上诉的案件共3件。

表4—8　　　　　　　　二审案件上诉人分布情况

上诉人	被上诉人		数量（件）	
一（原）审原告	一（原）审被告 一（原）审第三人		125	400
	一（原）审被告	有第三人	258	
		无第三人	17	
部分一（原）审原告	一（原）审被告 一（原）审第三人		1①	1
一（原）审被告	一（原）审原告		10	11
	一审原告和一审第三人		1②	
一（原）审第三人 一（原）审被告	一（原）审原告		11	13
	一审原告部分第三人未上诉		2③	
一（原）审第三人	一（原）审原告		25	30
	一审原告和一审被告		5④	

---

① 融水镇某村民委员会某村民小组与融水苗族自治县人民政府行政许可案。上诉人是一审案件的3个第三人，被上诉人是一审原告和1个第三人，还有1个一审第三人既没有上诉也没有被上诉。一审被告没有被上诉。

② 周某与东台市城市管理局行政许可二审行政判决书，（2016）苏09行终355号。

③ 漳平市住房和城乡规划建设局与福建某房地产开发有限公司城乡建设行政管理二审行政裁定书，（2017）闽08行终142号；佛山市国土资源和城乡规划局与何某等城乡建设行政管理二审行政判决书，（2016）粤06行终422号。

④ 张某与孙某、南阳市卧龙区住房和城乡建设规划局规划行政许可二审行政判决书，（2015）南行终字第00118号；陈某、昭平县某中学城乡建设行政管理二审行政裁定书，（2018）桂11行终4号；陈某、昭平县某中学城乡建设行政管理二审行政裁定书，（2018）桂11行终3号；李某诉北京市规划委规划行政许可二审行政判决书，（2014）二中行终字第214号。

续表

上诉人	被上诉人	数量（件）
一（原）审原告 一（原）审被告 一（原）审第三人		2①
一（原）审原告 一（原）审被告		3②
原审起诉人		2③
合计		462

人民法院对一（原）审原告诉讼请求的支持率较低，一（原）审原告上诉案件比例高。在一（原）审原告上诉的案件中，258件有第三人，但被上诉人只有一（原）审被告。这说明案件的争议焦点不是事实问题，而主要是法律适用问题。一（原）审被告不服判决单独上诉，被上诉人只有一（原）审原告，缘于案件本身没有第三人，还缘于认为其与第三人之间不存在争议，但有1件案件的被上诉人既有一（原）审原告，也有一（原）审第三人，表明一（原）审被告认为其与第三人在行政许可申请相关事宜方面存在争议。一（原）审第三人单独上诉而一（原）审被告不上诉的案件达37件，表明第三人不服判决，而被告对判决没有异议；其中5件的一（原）审第三人还将一（原）审被告列为被上诉人，与一审被告将一审第三人列为被上诉人同理。一审原告、被告以及第三人均不服一审判决提起上诉，表明人民法院支持了原告的部分诉讼请求而不是全部，一审原告对没有支持的部分不服，而第三人和被告对支持

---

① 陈某等58人与松原市规划局、前郭县广宇房地产开发有限公司规划行政许可二审行政判决书，（2017）吉07行终26号；张某、惠某等与无锡市规划局行政许可二审行政判决书，（2015）锡行终字第00185号。

② 王某与龙南县城乡规划建设局规划行政许可二审行政裁定书，（2015）赣中行终字第110号；何某与清远城乡规划局城乡建设行政管理二审行政判决书，（2016）粤行终703号；叶某、何某与宁乡县城乡规划局规划行政许可二审行政判决书，（2015）长中行终字第00538号。

③ 许某、程某、曹某等与宁国市城乡规划局申请撤销规划许可证行政裁定书，（2014）宣中行终字第00052号。

的部分不服。

2. 被诉行政机关的基本情况

上诉案件的一（原）审案件涉及的被诉行政机关众多，但职责相对集中，主要是国土、规划和建设等部门。其中，厅级3个，其余为厅级以下。进一步说明行政许可权主要由县级人民政府及其组成部门实施。只是各地行政机关职责划分较为混乱，机构名称差异较大。环保局、民政局、安全生产监督管理局、工商行政管理局或者市场监督管理局等行政机关被诉，表明相邻权人认为除了传统的建设行为之外，其他行政许可事项比如餐饮许可、采矿许可等也与相邻权相关。

二审裁定结案的案件，被诉行政机关分布如表4—9。

表4—9　　　　　二审裁定案件被诉行政机关分布情况

名称	数量（件）	名称	数量（件）
市人民政府	1	住房和城乡规划建设委员会、城市规划局、行政审批局	1
乡人民政府	1	文化委员会	1
县人民政府	2	房产管理局	1
住房和城乡建设局	20	住房和建设局	1
社区管理委员会	1	城乡规划建设局、住房和城乡规划建设委员会	2
国土资源局	10	规划建设和旅游局	1
安全生产监督管理局	2	城乡规划建设委员会、城乡规划局	1
住房保障和房屋管理局	1	住房和城乡建设厅、城乡规划局	1
住房保障和城乡建设管理局	3	规划委员会	2
住房和城乡规划建设局	23	镇人民政府	2
住房和城乡建设规划局	31	规划和自然资源局	1
规划局	39	水利局	1
住房和规划建设局	7	城乡规划建设局、住房和城乡规划建设委员会	1
城乡建设委员会	3	规划和国土资源委员会	1
城乡建设局	1	规划建设和住房保障局	1
城乡规划建设局	5	建设和交通委员会	1

续表

名称	数量（件）	名称	数量（件）
规划建设局	5	行政审批局	12
国土资源和规划局、街道办事处	2	建设局	2
住房和城乡建设委员会	1	市场监督管理局	1
城乡规划建设和住房保障局	3	经济技术开发区管理委员会	2
规划和土地管理局	3	区人民政府	1
民政局	1	城乡规划局、市人民政府	3
国土资源厅	1	建设委员会	1
林业厅	1	国土资源局、住房和城乡规划建设局、县人民政府	1
城乡规划建设局、住房和城乡规划建设委员会	1	国土资源与房产管理局	1
规划局、市人民政府	2	住房和城乡建设管理委员会	1
城乡规划局	8	城市管理局	1
规划和国土资源管理局	1	住建局	1
国土资源和城乡规划局	2	合计	227

二审判决结案的案件，被诉行政机关分布如表4—10。

表4—10　　　　二审判决案件被诉行政机关分布情况

名称	数量（件）	名称	数量（件）
规划局	98	城市管理综合执法局	1
住房和城乡建设局	22	街道办事处	1
住房和城乡规划建设委员会	1	城乡建设规划局	2
住房和城乡建设规划局	7	规划和国土资源管理局	1
城乡规划局、县人民政府	6	国土资源和规划局	2
规划委员会	3	规划局、市人民政府	1
住房和城乡规划建设局	10	城乡建设局	1
住房和城乡建设局、规划局	1	工商行政管理局	1
规划建设局	6	城乡规划和测绘地理信息局	1
城乡规划局	14	安全生产监督管理局	1

续表

名称	数量（件）	名称	数量（件）
城市规划局	1	食品药品监督管理局	1
城乡建设委员会	3	城乡规划局、市人民政府	1
环保局	2	规划和国土资源局	1
镇人民政府	7	住房和城乡建设局、住房和城乡建设委员会	1
住房保障和房产局	1	交通运输委员会	1
县人民政府	1	港航管理局	1
城市管理局	3	开发区管理委员会	1
国土资源局	4	行政审批局、镇人民政府	1
自然资源部	1	县人民政府规划办公室	1
城乡规划局、县人民政府	1	卫生和计划生育委员会	1
住房和建设局	1	县人民政府、开发区管理委员会	1
规划管理局	1	建设局	1
行政审批局	5	水利局	1
城乡规划建设局	4	规划和国土资源委员会	5
国土资源和城乡规划局	1	国土资源和规划委员会	1
住房保障和城乡规划建设局	1	合计	236

从原审案件被告分布情况看，两个以上行政机关作为一审共同被告的案件数量不多，共 27 件，表明单独行使行政许可权的情形占绝大多数。

3. 第三人的基本情况

除了 19 件案件无第三人之外，其余二审案件均有第三人。表明一审案件的原告绝大多数是行政许可决定的相关人，即行政许可申请人的相邻权人。无第三人案件的原告主要是不予许可决定的行政相对人，即行政许可申请人。

（三）再审案件

再审案件共 91 件。其中，最高人民法院审理 8 件，高级人民法院审理 74 件，中级人民法院审理 8 件，基层人民法院审理 1 件。年度分布呈逐年上升趋势：2009 年 1 件，2011 年 1 件，2013 年 1 件，2014 年 1 件，2015 年 11 件，2016 年 14 件，2017 年 21 件，2018 年 41 件。

再审案件的启动涵盖了两种类型，一是当事人申请，二是人民检察院抗诉。其中，人民检察院抗诉2件。在当事人申请启动的再审案件中，既有一审原被告、一审第三人，也有一审被告（见表4—11）。

表4—11　　　当事人再审案件申请人和被申请人分布情况

再审申请人	再审被申请人	数量（件）
一审原告、二审上诉人	一审被告、二审被上诉人（原审被上诉人、一审被告） 城乡规划局	9
	住房和城乡规划建设局、市人民政府	1
	城乡规划局和省人民政府	18
	县人民政府	4
	住房和城乡建设规划局	1
	规划局	1
	规划局、市人民政府	1
	住房和城乡规划建设局	4
	行政审批局	1
	城市管理局	1
	城市管理行政执法局	1
	住房和城乡建设局	4
	住房和城乡建设委员会	1
	建设局	1
	市人民政府、海洋与渔业局	1
	国家能源局	1
	区人民政府	2
	市人民政府	1
	国土资源局	1
	一审被告、二审被上诉人，一审第三人、二审被上诉人 行政审批局、纺织品公司	1
	住房和城乡建设管理局、县人民政府	1
	住房和城乡建设局、佛教协会	1
	住房和城乡规划建设局、置业公司	1
	城乡规划局、开发公司	1
	规划局、市人民政府、建设指挥部	1
	住房和城乡建设局、县人民政府、药业公司	2

续表

再审申请人	再审被申请人		数量（件）
原审原告、二审上诉人	原审被告、二审被上诉人	规划局	1
		住房和城乡建设规划局	1
一审原告、二审被上诉人	一审被告、二审上诉人	住房和城乡规划建设局	1
一审第三人、二审上诉人	一审原告、二审被上诉人	企业	1
		公民个人	4
一审起诉人、二审上诉人	无被申请人		5
原审第三人	一审原告、二审上诉人	公民个人	1
一审原告	一审被告	区人民政府	1
		住房和城乡建设规划局	2
一审被告（城乡规划局）、二审被上诉人	一审原告、二审上诉人	公民个人	8
一审被告（住房和城乡建设局）、二审被上诉人、原再审申请人	一审原告、二审上诉人、原再审被申请人	公民个人	1
原审原告	原审被告	城乡建设委员会、规划局	1

一（原）审原告、二（原）审上诉人申请再审案件的比例相对较大，共65件；其中只有8件案件将一审第三人作为被申请人，表明绝大多数再审案件的争议主要发生在一审的原被告之间。6件再审案件由一审第三人、二审上诉人提起，表明一审和二审均支持了原告的诉讼请求。裁判文书列明再审申请人为一审起诉人、二审上诉人，是因为该案的结案裁判方式是裁定，认为不具有原告资格，不予受理，故无被申请人。1件案件未经二审，一审生效后提请再审。因为二审改判，被诉行政机关不服二审判决，9件案件由一审被告、二审被上诉人提起。

人民检察院抗诉的2件再审案件，1件由一审原告、二审上诉人申诉，1件由一审第三人、二审第三人、原审申请人申诉（见表4—12）。

表4—12　　　　抗诉案件申请人和被申请人分布情况

抗诉申请人	抗诉被申请人		数量（件）
一审第三人、二审第三人、原审申请人	一审原告、二审上诉人、原被申请人、一审被告、二审被上诉人、原被申请人	住房和城乡规划建设局	1
一审原告、二审上诉人	一审被告、二审被上诉人	城市规划管理局	1

从再审案件的申请人和申诉人看，一审原告、二审上诉人占比最高，历经一审、二审、再审主张其诉求，表明其诉求强烈，也说明人民法院的裁判并没有能够使其信服，定分未能止争。

五　被诉行政许可类型

提及相邻权的行政许可案件涉及的行业和许可事项较多。近年来，多样化趋势更加明显。

（一）行政许可涉及的行业

按照工商业界的通常统计口径，对943件案件中除行政机关、公民之外的法人以及其他社会组织等行政诉讼参与人涉及的行业进行了归类。房地产业数量最多，共428件，占比45%；其次是租赁和商务服务业以及制造业。

表4—13　　　因相邻权诉讼的行政许可案件涉及的行业分布情况

行业	数量（件）	行业	数量（件）
居民服务、修理和其他服务业	10	房地产业	428
建筑业	13	租赁和商务服务业	43
文化、体育和娱乐业	5	制造业	35
住宿和餐饮业	10	批发和零售业	26
交通运输、仓储和邮政业	6	农、林、牧、渔业	14
采矿业	8	信息传输、软件和信息技术服务业	2
电力、热力、燃气和水生产和供应业	8	科学研究和技术服务业	11
教育	9	水利、环境和公共设施管理业	2
卫生和社会工作	6		

房地产行业参与行政许可诉讼的比例很高，进一步说明土地开发、工程建设引起相邻纠纷的概率较高。与土地开发、工程建设等相关的行政许可规范，有必要反思制度设计，减少纠纷的发生。

（二）被诉行政许可类型

被诉行政许可决定类型较为集中，主要包括建设用地规划许可、建设工程规划许可以及建筑（建设）工程施工许可。但近年来，零星出现新型行政许可，比如餐饮服务许可、店招店牌设置许可、医疗机构设置许可、危险化学品经营许可等。

1. 一审被诉行政许可类型

390件一审案件中，被诉行政许可决定的名称较多，且对同一行政许可事项的许可决定名称并不统一，有地域差异。原告在同一案件中对多个行政许可决定不服，一并提起行政诉讼的案件数量达12件（见表4—14）。

表4—14　　　　　一审案件争议行政许可类型分布情况

行政许可类型	数量（件）
建设工程规划许可	242
建设用地规划许可	46
建筑工程施工许可	10
建设用地规划许可、建设工程规划许可	4
建设用地规划许可、建设工程规划许可、建设工程规划验收合格	1
建设工程规划许可、建筑工程施工许可	2
建设工程规划许可、建设工程施工许可	1
乡村建设规划许可	10
医疗机构设置不予许可	1
医疗机构设置许可	2
建设项目核准批复	3
医疗机构设置许可、医疗机构执业许可	1
建设项目规划审批和规划变更许可	1
村镇规划选址意见	5
市场门楼改造工程规划意见	1
农村私人建房用地许可	1

续表

行政许可类型	数量（件）
餐饮公司设立许可	1
宅基地用地许可	1
店招店牌设置许可	1
临时建设工程规划许可	2
项目环境影响报告批复	1
宅基地使用许可不作为	1
建筑工程临时许可	1
建设工程规划变更许可	5
锅炉房扩建环评批复	2
个体工商户餐饮营业执照	1
危险化学品经营许可	1
危险化学品经营延期许可	1
危房翻建许可	1
临时停车场许可	1
建设项目选址意见书、建设用地规划许可和建设工程规划许可	1
（私人）建设工程规划许可	4
个人建房用地规划许可	1
餐饮服务许可	1
房屋翻建许可	4
户外广告牌设置许可	2
城镇建筑许可	1
危险化学品建设项目设立安全许可	1
撤销居民建房建设工程规划许可（副本）	1
村镇规划选址意见书、村镇建筑许可	1
个人建房暂不许可	1
集体土地建设使用许可	1
撤销外部装修许可	1
建设项目选址意见	1
建设用地规划许可、建设工程规划许可、备案报告	1
建设工程规划临时许可	2
建设工程规划许可、行政复议	1

续表

行政许可类型	数量（件）
建设工程施工许可	4
污水泵站建设许可	1
建设工程规划批准	1
旧房改建许可（不作为）	1
农村私人建房用地许可	1
私人建设用地批准	1
建筑许可	1
个体工商户营业执照	1
村镇个人住宅建设许可	1
危房修缮监督	1
房屋修缮许可	1
合计	390

2. 二审被诉行政许可类型

二审案件被诉行政许可类型分布与一审案件吻合，但涉及的行政许可决定更多，比如，取水许可、墓地建设许可等（见表4—15）。

表4—15　　　　二审案件争议行政许可类型分布情况

行政许可类型	数量（件）
建设工程规划许可	267
临时建设工程规划许可	1
建设工程规划变更许可	1
建筑工程施工许可	22
建筑施工许可	2
建设工程施工许可	3
建设工程规划许可、行政复议	4
建设用地规划许可[①]	43
个人建设用地规划许可	3

① 叶某、李某等与温州市规划局行政许可二审行政裁定书，(2014) 浙温行终字第96号。

续表

行政许可类型	数量（件）
乡村建设规划许可	9
建设用地许可、建设工程规划许可、行政复议、不予许可决定	1
个人建房建设工程规划临时许可	1
个人建设工程规划许可	5
店招店牌设置许可	3
旧房改建许可	1
采矿许可	4
划定矿区范围批复	1
村镇（建设）工程建设许可	2
建筑许可	3
经营性停车场许可	1
住宅加装电梯建设工程规划许可和施工许可	1
结构变动核准	1
医疗机构迁址许可	1
私（个）人住宅建设工程规划许可	2
个人住宅建设规划许可	1
村镇个人住宅建设许可	1
建设工程规划许可撤回决定	1
取水许可①	2
安全生产许可（采矿）②	2
建设工程规划许可、建设工程规划验收许可	1
撤销外部装修许可决定	1
建设用地许可	9
建设用地批准	3
建设用地规划许可、建设工程规划许可	7
建设项目环境影响报告审批意见	1
建设用地规划条件变更批复	1

① 福某与德惠市水利局、吉林某畜禽有限公司水利行政许可二审行政裁定书，(2015) 长行终字第 157 号。

② 吕某与重庆市安全生产监督管理局撤销安全生产许可证二审行政判决书，(2015) 渝一中法行终字第 00112 号。

续表

行政许可类型	数量（件）
餐饮公司设立许可	1
餐饮经营许可	1
餐饮服务许可	1
宅基地使用许可	5
建设工程规划许可（临时）、建筑工程施工许可	1
居民建房建设工程规划许可	1
路口开设许可	1
城乡规划许可证撤销决定	1
建设用地规划许可、建设工程规划许可（临时）、建筑工程施工许可	1
食堂改扩建工程项目环境影响报告	1
危房改建不予许可	1
村镇建设许可	1
新港改扩建工程项目岸线变更许可	1
城镇建筑许可	1
村民建房用地许可	1
村镇规划选址意见	2
危险化学品经营许可（延期）	1
房屋预售许可	2
商品房预售许可	1
墓地建设许可	1
国有建设用地使用权出让批准	1
建设用地选址意见、建设用地规划许可、建设工程规划许可、建设工程施工许可	1
集体林地采石许可	1
控制性详细规划批复	1
建设工程规划许可、建设工程施工许可	6
文物建筑修缮工程许可	1
工程围挡设置许可	1
建设工程规划许可、建设用地规划许可、土地使用、房屋产权登记	1
建设项目选址意见、建设用地规划许可	1
申请颁发建设工程规划许可复函	1
建设工程规划批准书、建筑工程施工许可	1

续表

行政许可类型	数量（件）
变更住宅许可	1
建设工程竣工规划分段验收合格	1
村镇规划选址意见、建设用地规划许可、建设工程规划许可	1
建设项目选址意见	1
危险化学品建设项目设立安全许可	1
建设工程设计方案平面图（建筑规划）	1
建设工程城市规划竣工验收报告	1
建设项目选址意见、建设用地规划许可、建设工程规划许可	1
合计	462

3. 再审被诉行政许可类型

再审案件数量少，但涉及的行政许可决定类型达23种。有5件案件的被诉行政行为不止1个，对先后作出的行政许可决定一并提起行政诉讼（见表4—16）。

表4—16　　　　再审案件争议行政许可类型分布情况

行政许可类型	数量（件）
建设工程规划许可	56
建筑工程施工许可	1
放线修建商住楼许可	1
建设项目选址意见书、建设用地规划许可、建设工程规划许可	1
建设工程规划许可、建筑工程施工许可	2
建设用地许可	1
外墙广告许可	1
建设用地规划许可、建设工程规划许可	1
乡村建设规划许可	1
撤销建设工程规划许可	1
建设用地规划许可	6
建设用地（私人建房）批准	2
海域使用许可	1

续表

行政许可类型	数量（件）
输变电工程项目核准批复	1
宅基地审批决定	1
村民建房用地许可	1
建房用地批准	1
建设工程竣工规划验收	1
城乡规划条件核实	1
广告牌设置许可	1
关于规划条件的函	1
集体土地建设用地许可	3
环评意见	1
颁发营业执照	1
翻建房屋许可	1
不予规划许可	1
行政处罚、建设工程规划许可	1
合计	91

从一审、二审以及再审情况看，因相邻权引发的行政许可争议具有以下特点：一是均与不动产的建设、使用有关。虽然被诉行政许可决定的名称各异，针对的行政许可事项不同，但它们均涉及不动产的建设或者使用。比如，建设用地规划许可、建设工程规划许可、建筑（设）工程施工许可、乡村建设规划许可、宅基地使用许可、建设用地许可、村镇规划选址意见、墓地建设许可等涉及不动产的建设。而危险化学品经营许可、餐饮服务许可、个体工商户营业执照、医疗机构设置许可等则涉及的是不动产的使用问题。只是这些被诉行政许可决定与原告认为受侵的相邻权的关联程度不同。有的直接相关，有的间接相关。二是均涉及不动产建设或者使用的某个环节或者阶段。不动产的建设或者使用，受制于多个行政机关的规制。不同的行政机关对不动产建设或者使用的某一方面行使许可权。不同的行政机关在行使与不动产相关的行政许可权时，是否都需要保护相邻权？或者是否都需要考虑相邻权问题呢？对

这个问题的不同认识，直接影响争议行政许可决定的范围。一审、二审以及再审争议的行政许可决定涵盖了从建设地点的选址到建筑物的施工，从不动产的产生、使用到消灭等各个阶段或者环节，充分说明原告认为应当保护其相邻权的与不动产建设或者使用相关的行政许可决定不是某一阶段而是多个或者全部环节。比如，原告就医疗机构设置许可以及餐饮服务许可提起行政诉讼，就是认为行使行政许可权的行政机关应当对行为地点进行审查，应考虑行为地点的相邻情况。在少量行政许可案件中，原告认为不同行政许可决定之间存在条件关系，故一并对多个行政许可决定提起诉讼。前一行政许可决定违法，以前一行政许可决定作为条件的后一行政许可决定也违法，应当一并撤销。原告到底起诉哪一环节或者阶段的行政许可决定，与其提起行政诉讼的时间有关，也与原告认为哪个阶段或者环节的行政许可决定与其相邻权最紧密有关。

六 认为相邻权受侵的诉由及请求

（一）认为受侵相邻权的类型

因相邻权提起行政许可诉讼，绝大多数原告指明何种相邻权受侵，亦有部分原告只是笼统地表达相邻权受到侵害。比如，原告主张，争议楼盘与原告住宅相距6.5米，该规划侵害了原告的相邻权、采光权、身体健康权、生活安宁权和视觉卫生权等，并且该规划许可违反了法律法规强制性规定的侧面间距不少于13米的规定①。从原告起诉提及的受侵相邻权类型看，既有公法相邻权，也有私法相邻权。

1. 公法相邻权

原告主张行政许可决定违法，首要理由是行政机关没有履行公法义务，认为行政许可决定侵犯了公法规定的据以实现私法相邻权的公权利。既包括程序权利，也包括实体权利。

（1）程序权

多数原告以《城乡规划法》第40条、各省《城乡规划条例》的相关规定以及《行政许可法》第36条、第46条和第47条等为由起诉行政机

---

① 王某、张某等与周口市规划局行政许可案，(2012) 西行初第7号。

关没有履行法定程序侵权。认为法律法规明确保护的知情权、听证权、申辩权等受侵,使其私法上的具体相邻利益受害。比如,认为"先发证后审批,其行为违反了《行政许可法》之规定……对其房屋的通风、采光、日照均造成严重影响"①。认为行政机关"明知规划建设房屋离他人房屋山墙间距只有3.6米,对他人房屋有重大影响,却不告知利害关系人,没有按规定进行实地走访、查看和询问,没有进行公示和告知四邻及利益相关方,违反了法律和法规的明文规定,侵害了原告的陈述和申辩权、听证权"②。被告未听取原告作为利害关系人的意见,剥夺了原告陈述、申辩和听证的权利等③。

(2) 实体权

公法对私法相邻权的保护,除了规定行政机关的程序义务和审查义务之外,最重要的保护途径是通过公法为邻人设定公法义务。邻人的建设行为、经营行为等必须遵守相应的技术规范。这些技术规范,对于相邻权人而言,就是公法为其设定的实体权;对于行政机关而言,是其对申请人的申请材料进行实质审查的法律依据。相邻权人认为,申请人不遵守技术规范,行政机关在审查环节又未尽审查义务以致申请人不履行公法义务,从而侵犯相邻权人本受公法保护的据以实现私法相邻权的公权利。比如,认为建设工程规划许可"违反建筑正面间距、侧面间距及消防间距等国家强制性规定……侵害采光、通风、日照、环境卫生等居住权益"④。认为申请人提交的"《设计方案》中的住宅建筑,其主要朝向退让建设用地红线最小距离仅为3米左右,远远小于规定的12米距离"⑤ 等等。

---

① 储某与岳西县城乡规划局城乡建设行政管理二审行政判决书,(2018)皖08行终23号。
② 黄某、杨某等与崇义县城乡规划建设局城乡建设行政管理一审行政判决书,(2016)赣0725行初6号。
③ 郭某、赵某、郭某与泰安市规划局、第三人泰安市某置业有限公司建设规划行政许可一审行政裁定书,(2015)泰山行初字第25号。
④ 许某与黄梅县城乡规划局行政许可一审行政判决书,(2015)鄂武穴行重字第00006号。
⑤ 姜某等8人与漳平市城乡规划建设局行政规划案,(2014)漳行初字第21号。

2. 私法相邻权

原告主张公法相邻权受损的最后落脚点一定是具体的私法相邻权已经受到或者将要受到侵害。以收集的案件看，原告主张私法相邻权受损的内容非常广泛，一定程度上揭示了原告对相邻利益的保护期待越来越多样化。

（1）传统相邻权

原告主张私法相邻权受损，绝大多数情况下不止一种，而是多种。比如，有的主张通风、采光、日照等均造成严重影响。有的认为房屋日照、采光、通行、通风利益受损害，将会严重降低原告的生活质量及房屋的经济价值[1]。有的认为，对小区建筑的采光、通风、景观及小区周边交通、人流量、噪声等方面造成影响，且影响小区建筑的安全[2]。有的认为规划许可项目降低了原告的采光、通风、眺望和视觉卫生标准，增加了人身、财产安全的风险[3]。绝大多数案件以传统相邻权受损为由起诉。567件案件认为采光受到限制，292件案件认为侵犯了通行权，366件案件认为日照受到影响。460件案件提及了间距问题，其中，151件案件认为建筑间距不合规，57件认为防火间距不达标。491件案件提及通风问题，15件提到用水问题，94件提到排水问题，333件案件提及高度问题，384件案件提及安全问题[4]，66件案件提到视线问题。

（2）新型相邻权

随着公民权利意识的增强，相邻权人对相邻权的内容有了更多的延伸。以新型相邻权起诉的行政许可案件不断在各地涌现。

一是环境相邻权问题。359件提到环境问题。其中，106件案件提到噪声问题，9件提到油烟污染。比如认为骨灰楼建设项目与其居住的小区

---

[1] 陈某、周某与平罗县住房和城乡建设局、第三人平罗县黄渠桥镇人民政府行政许可行政判决书，（2015）平行初字第22号。

[2] 胡某等与深圳市规划和国土资源委员会其他一审行政判决书，（2015）深福法行初字第884号。

[3] 王某、刘某与丹凤县住房和城乡建设局、第三人丹凤县某房地产有限责任公司城建规划行政许可一审行政裁定书，（2015）洛南行初字第00084号。

[4] 胡某等与深圳市规划和国土资源委员会其他一审行政判决书，（2015）深福法行初字第884号。

最短距离仅 50 余米，严重影响其所在小区的居住环境①。认为近距离进行采石作业，对其生产生活环境造成严重破坏②。认为门诊部的设置影响小区业主的通行，增加医疗污染③。认为餐饮经营产生大量油烟、噪声、污水，严重损害原告及周边群众的生活质量和身体健康。④ 认为加油站的建盖区域不合理，客观上对公共安全、业主生活环境造成极大的威胁⑤。认为在住房门前建设工业厂房，给生活环境带来严重影响，对原告及路人的出行安全造成严重隐患⑥。

二是视觉污染与心理禁忌的相邻权。主张这类相邻权益受损的案件虽少，但表明相邻权人对相邻权益的需求向更高层次发展。如朱孔前等与乐清市民政局行政许可案。原告认为，墓地选址应远离他人的住所及生活场所。被诉许可决定许可建设的墓地建成后与上诉人的房屋最近距离仅 70 米，有违农村风俗习惯，对上诉人的生活会造成重大影响，对上诉人的房屋价值也将产生重大贬值⑦。起诉违法的理由除了公法规定，还包括社会习俗。

三是房屋价值减损的相邻权。29 件认为许可决定导致房屋贬值、价值减损，侵害原告的相邻权。比如，石家庄市城乡规划局藁城分局与程亚光等行政许可纠纷案。原告认为，"建设项目体量过大、高度过高（楼高 59.6 米）。如按工程规划完全竣工后，严重阻挡原告的日照采光、通风、视觉卫生，导致原告生活质量下降和房产贬值"⑧。

---

① 宋某等诉杭州市规划局建设用地规划许可案，（2016）浙 8601 行初 82 号。
② 吕某与重庆市安全生产监督管理局撤销安全生产许可证二审行政判决书，（2015）渝一中法行终字第 00112 号。
③ 贺某等与郴州市卫生局、第三人张某卫生行政许可案，（2015）郴苏行初字第 1 号。
④ 来某与杭州市工商行政管理局高新技术产业开发区（滨江）分局行政许可一审行政判决书，（2013）杭滨行初字第 8 号。
⑤ 某小区昱苑业主高某等 151 人诉市规划局规划行政许可一审行政判决书，（2015）西法行初字第 128 号。
⑥ 张某等与南通市规划局行政许可一审行政判决书，（2016）苏 0611 行初 43 号。
⑦ 朱某等与乐清市民政局、乐清市芙蓉镇长某村民委员会行政许可二审行政裁定书，（2017）浙 03 行终 417 号。
⑧ 程某等与石家庄市城乡规划局藁城分局、第三人藁城市某房地产开发总公司规划行政许可一审行政判决书，（2013）藁行初字第 00005 号。

四是认为精神受到影响。原告认为由于违法许可决定尤其是被许可人按照违法许可决定开展许可活动，让相邻权人产生心理隐患。有的原告认为"第三人违规建筑施工，严重影响原告住房通风采光，直接导致原告房屋无法居住，不仅给原告造成巨大经济损失，而且精神上受到巨大伤害"①。有的原告认为，"违法的、有巨大火灾隐患的加油站的存在，使原告及附近居民时刻处于提心吊胆地害怕该加油站发生火灾和爆炸危险中"②，生活焦虑。

原告的以上主张大大延伸了传统意义上的相邻权的内涵。原告对相邻权的需求，从实物层面发展到心理层面、经济层面。

(二) 认为侵犯相邻权的理由

一审、二审以及再审案件的诉由较为集中，主要认为行政机关违反法律规定没有依法履行法定职责以致产生侵权后果。

1. 认为违反程序规定

原告认为被告程序违法的理由较为集中。一是认为本人系争议许可决定的利害关系人，行政机关没有依法告知或者没有逐一告知其正在审查的行政许可事项违法。有原告主张，被告作出建设工程规划许可前，"没有依法逐一告知周边利害关系人，也没有通过法定形式进行公示"③违法。二是认为行政机关没有依法告知其享有要求听证的权利，没有组织听证径行作出许可决定违法。三是认为在行政许可审查的过程中，没有向相邻权人核实与其相关的申请材料的真实性，没有征求意见违法。比如，在乡村建设规划许可中，认为未经相邻权人签字不符合法律规定。认为既然《×市城乡规划条例》规定了"相邻权人不点头，挡光楼不许建"④，行政机关未获相邻权人同意直接许可违法。四是没有依法公示或

---

① 胡某等与长阳土家族自治县住房和城乡建设局行政许可一审行政判决书，(2014) 鄂长阳行初字第00003号。
② 朱某诉北京市海淀区安全生产监督管理局其他案，(2016) 京0108行初17号。
③ 颜某等与淮安市清河区城市管理局行政许可二审行政判决书，(2015) 淮中行终字第00074号。
④ 甘某与沈阳市规划和国土资源局行政许可一审行政判决书，(2013) 沈和行初字第00031号。

者公告。被告在法定期间内未将许可内容在政府门户网站和建设项目现场等场所向社会公布，未进行审批前、后公示，未确保法定公示期，罔顾原告等人的四邻意见①等。

2. 认为违反实体规定

原告认为被告在审查的过程中没有履行实体义务违法，主要表现为以下方面：一是认为行政机关在审查的过程中没有执行相关技术规范。有原告认为，建设工程规划许可"违反了建筑正面间距、侧面间距及消防间距等国家强制性规定。作为幼儿园将不符合规范化幼儿园的标准（采光不满足规范最低要求）"②。二是认为行政机关在自由裁量的情形下明显不当。既然法律规定了幅度，行政机关在裁量的过程中，应当平衡考虑各方利益，超出相邻方容忍的限度显失公平违法。有原告认为，"简单机械地认为第三人原拆原建就是合法的，予以盲目审批，是明显的行政不作为表现，也是违反了行政法确定的合理行政、比例原则"③。三是认为行政机关没有审查第三人新建项目给周边居民带来的不利影响，违反行政许可相关审查制度，属于违法的行政许可④。四是认定事实错误，主要证据不足。比如，认为规划许可证中记载的四邻与实际不符⑤。认为原告的土地与第三人土地之间不存在9米路。将无路的规划改为有9米路的规划申报，被告基于错误申报，错误地颁发了三证，被告颁发的三证主要证据不足，导致认定事实错误⑥。在宋显第与辽宁省交通运输厅案中，原告认为，该高速公路工程项目提交的施工许可申请材料不符合

---

① 王某与永嘉县住房和城乡规划建设局城乡建设行政管理一审行政判决书，（2017）浙0324行初94号。

② 中山市某幼儿园与中山市住房和城乡建设局城乡建设行政管理一审行政裁定书，（2018）粤2071行初121号。

③ 王某与永嘉县住房和城乡规划建设局、王世兴其他一审行政判决书，（2017）浙0324行初95号。

④ 孟某与西安市规划局、第三人西安某房地产开发有限公司规划行政许可一审行政判决书，（2017）陕7102行初1686号。

⑤ 王某与永嘉县住房和城乡规划建设局城乡建设行政管理一审行政判决书，（2017）浙0324行初94号。

⑥ 阳江市某某投资有限公司与阳江市阳东区住房和城乡规划建设局城乡建设行政管理一审行政判决书，（2017）粤1704行初1号。

《建筑工程施工许可管理办法》第 4 条、《辽宁省建筑工程施工许可管理实施细则》第 11 条的规定,被告作出涉诉行政许可行为事实依据不足,也未尽到严格的审查义务[①]。五是认为违反禁止性规定。比如,颜德、周荣芳与淮安市清河区城市管理局行政许可案。原告认为根据《淮安市市区户外广告设置管理办法》的规定,妨碍生产、生活、学习或者不符合城市容貌标准的,不得设置户外广告[②]。

(三)认为相邻权受侵的诉讼请求

原告的诉讼请求与其在行政许可法律关系中的地位相关。作为行政许可决定的行政相关人即相邻权人认为相邻权受侵,其诉讼请求涵盖三种类型:撤销之诉、确认之诉及变更之诉。

撤销之诉占比最高(见表 4—17)。294 件案件的原告仅诉请撤销行政许可决定。29 件请求先确认违法或者无效再撤销。2 件请求赔偿损失。6 件请求撤销行政许可决定并责令拆除或者查封已建建筑。1 件请求撤销行政许可决定并注销许可证。1 件请求撤销并赔礼道歉。1 件请求撤销并申请诉讼期间停止执行。2 件请求撤销并责令被许可人停止活动。4 件附带请求恢复原状。原告请求先确认违法再提出撤销申请,其可能的考量是为行政裁判后的进一步救济奠定请求权基础。无论人民法院是否作出撤销判决,其必须回应原告的诉讼请求——行政许可决定是否违法,从而为行政或者民事赔偿提供依据。部分案件要求责令恢复原状或者注销,表明原告希望被告或者被许可人彻底履行公法相邻义务。如姬某、冯某等 6 人与某县住房和城乡建设局、某房地产开发有限公司行政许可案,原告不仅提出撤销建设工程规划许可证申请,并要求"拆除第三人修建的影响六原告住房日照采光的楼层部分"[③]。

[①] 宋某与辽宁省交通运输厅交通运输行政管理一审行政裁定书,(2017)辽 0103 行初 204 号。

[②] 颜某等与淮安市清河区城市管理局行政许可二审行政判决书,(2015)淮中行终字第 00073 号。

[③] 姬某、冯某等 6 人与某县住房和城乡建设局、某房地产开发有限公司行政许可二审行政判决书,(2013)榆中法行终字第 00056 号。

表 4—17　一审案件诉讼请求分布情况

诉讼类型	诉讼请求	数量（件）
撤销之诉	撤销行政许可决定	294
	撤销行政许可决定并责令重新作出行政行为	32
	撤销行政许可决定，确认审核违法，排除妨害，恢复土地原状	3
	撤销行政许可决定并赔偿损失	1
	撤销行政许可决定，责令查封违章建筑、赔礼道歉	1
	撤销行政许可决定，拆除违章建筑，恢复原貌	1
	撤销，在诉讼期间不施工	1
	撤销并承担经济、精神损失	1
	撤销，责令重新作出行政行为，撤销施工许可，履行法定职责，制止侵害，责令停止施工，消除妨害，拆除违建	1
	撤销，责令停止报建施工活动，退还住宅用地	1
确认并撤销之诉	确认违法、撤销并责令重新进行规划条件审核、查处违法建设行为	1
	确认违法，撤销并审查规范性文件	1
	确认违法、撤销，拆除违章建筑，追究伪造档案材料罪	1
	确认违法，责令撤销或改变，停止执行规划审批许可行为，赔偿损失	1
	确认行政许可决定无效，撤销并赔偿损失	1
	确认行政许可决定违法并撤销	29
确认之诉	确认行政许可决定违法	9
	确认无效	1
	确认违法并采取补救措施	1
	确认违法并赔偿	1
	确认违法并承担责任	1
	申请撤诉	1
	撤销不予许可决定，作出许可决定，确认不作为、滥作为	1
	履行职责	2
	未公开	3
合计		390

确认之诉包含两种类型：一是确认违法；二是确认无效。10件案件请求确认违法。1件案件请求确认无效。1件案件请求确认违法并采取补救措施。1件案件请求确认违法并赔偿。1件案件请求确认违法并要求追究法律责任。

变更之诉是针对部分行政许可内容提出的。原告虽然请求责令重新作出行政行为，但其本质是希望行政机关变更部分决定内容。如杨某诉兴城市城乡规划局案。原告请求人民法院"责令被告重新作出具体行政行为，即被告重新为第三人办理不高于水岸澜湾一期36—39号多层楼房建设工程规划许可证审批手续"[①]。

另外，零星案件的诉讼请求不明。比如请求撤销或改变、撤销或变更行政许可决定，其诉讼请求不具有确定性。

综上，原告的诉讼请求以撤销之诉为主，一定程度上可以说明更多的原告期待彻底救济受损的相邻权益，或者更多的原告认为撤销行政许可决定才能真正救济受损的相邻权益。部分原告在提出撤销、确认或者变更请求之外，还申请追究刑事责任、责令拆除违章建筑、赔礼道歉等，表明原告对行政许可决定极度抵制，但其请求实际上超越了人民法院在行政诉讼中的裁判权限。

七 认为不予许可或不予答复违法的诉由及请求

针对许可申请，行政机关有三种处理方式：作出许可决定、作出不予许可决定或者不予答复。行政机关不予许可或者不予答复的原因很多。相邻权人异议是行政机关不予许可或者不予答复的主要原因。但申请人认为相邻纠纷并不能成为不予许可或不予答复的合法理由。

（一）不予许可或不予答复案件的诉由

不予许可或不予答复案件的诉由有共同性，即认为行政机关以相邻问题不予许可或者不予答复不成立。

一是相邻权人的异议内容非法定许可条件。行政机关的不予许可决定，主要集中于个人建房这一行政许可事项。异议人认为，四邻签字是

[①] 杨某诉兴城市城乡规划局案，（2017）辽1402行初47号。

个人建房许可的必要条件。行政机关认为申请人没有提交四邻签字,故不予许可个人新建或者翻建房屋。但申请人认为,四邻签字并非个人建房许可的法定条件。如刘某等诉隆回县国土资源局不履行土地行政许可法定职责案,认为"《土地管理法》《城乡规划法》等法律、法规均未要求宅基地使用权人在宅基地上建房须经相邻权人同意。被告以原告在原宅基地建房须提交四邻意见之规定对于建房行政许可亦无约束力,不能成为其不履行行政审批责任的理由"[1]。又如程某与闽侯县住房和城乡建设局城建行政许可案,认为,"闽侯县住房和城乡建设局以程某之子提出信访为由,对上诉人提出的危房重建申请不予许可错误。上诉人申请危房重建,与一般建房审批有所区别,政府相关部门关于危房重建,并未作出要求四邻同意的限制性规定,四邻签字并非办理危房重建规划许可证的必备条件"[2]。又如韩某与儋州市住房和城乡建设局城建行政许可案,认为,"被告以出行通道权属问题及利害关系人一建公司反对原告建房为由拒绝原告报建的理由不能成立"[3]。

二是相邻权人的异议不属实。不予许可或者不予答复的行政相对人之所以起诉,源于他们认为行政机关不予许可或者不予答复的事实依据,即相邻权人的异议不属实。如南京某医疗管理有限公司与南京市鼓楼区卫生和计划生育局行政许可案。原告认为,"被告审查并向社会公示期间,虽有利害关系人提出反对设置的意见,但该反对设置的理由并无任何事实和法律依据,依法不能成立,不能成为被告对原告不予许可设置的理由。"[4]

(二)不予许可或不予答复案件的诉讼请求

这类案件的诉讼请求较为一致。或者请求判决撤销不予许可决定、责令行政机关履行法定职责、重新作出行政行为,或者请求判决行政机

---

[1] 刘某等诉隆回县国土资源局不履行土地行政许可法定职责案一审行政判决书,(2014)隆行初字第12号。
[2] 程某与闽侯县住房和城乡建设局城建行政许可案,(2014)榕终字第42号。
[3] 韩某与儋州市住房和城乡建设局城建行政许可案,(2015)儋行初字第18号。
[4] 南京某医疗管理有限公司与南京市鼓楼区卫生和计划生育局卫生行政许可一审行政判决书,(2017)苏8602行初986号。

关依法履行法定职责、作出答复。前者重在实现实体权利,后者希望实现实体权利和程序权利。

第二节 因相邻权诉讼的行政许可案件的争议情况

当事人在行政诉讼中的争议,可以揭示各自的法律意识和法律观念。被告即行使行政许可权的行政机关的争辩意见,可以直接揭示行政机关对相邻权的保护意识、行政机关依法行政和服务行政的水平。

一 争议焦点

因相邻权引发的行政诉讼争议五花八门。但归纳起来,无非是事实争议和法律争议。在诸多的争议中,既有共性争议,也有特别争议。

(一) 共性争议

虽然因相邻权发生的行政许可争议案件涉猎的行业领域不同,但所有的行政许可决定都在行政许可法的调整范围之内,所有的行政争议案件都必须遵守行政诉讼法的相关规定,这些案件的争议焦点必然存在共性问题。

1. 围绕行政许可法的相关规定引发的争议

行政许可法是行政机关作出行政许可决定必须遵守的一般法。行政许可诉讼当事人的行政争议,免不了围绕是否符合行政许可法的相关规定展开。一是当事人对何为重大利益多有分歧。法律规定,行政许可事项直接关系到他人重大利益的,应告知该利害关系人。但到底何为重大利益,各方有不同看法。二是有关告知义务的争议。三是有关听证方面的争议。四是行政机关审查义务的争议。比如,建设领域的许可事项具有承接性,从用地到建筑物的建设均需要获得批准。在用地以及用地规划许可环节,当事人双方的争议主要集中于这类许可是否应审查其对相邻权的影响;建设工程规划许可案件的争议则更多地表现为程序、技术标准等是否符合法律规定以及相邻权是否受到实际侵害;而建筑(设)施工许可案件的争议则与用地及用地规划许可案件类似,主要聚焦行政机关在审查的过程中是否应当审查对相邻权有无影响及影响程度方面的问题。五是公示公告方面的争议。

2. 围绕行政诉讼法的相关规定引发的争议

因行政诉讼法的相关规定而发生的争议主要集中在以下几个方面：一是原告适格问题。按照行政诉讼法以及相关司法解释的规定，公民、法人以及社会组织认为行政行为侵犯其相邻权的，可以提起行政诉讼。原告适格的前提是原告享有相邻权。当事人以及第三人对原告是否享有相邻权分歧较大。比如，未经审批建设的建筑物的使用人是否有相邻权。餐饮服务许可案件中，行政机关"为仅一墙之隔的联建住房颁发个体工商户营业执照"，邻人是否与争议行政行为具有利害关系。二是可以提起行政诉讼的时间以及条件争议。被告及第三人虽对原告是否享有相邻权没有争议，但认为只有相邻权实际或者已经受到侵害才有权提起行政诉讼，与原告认知不一。三是是否超过起诉期限问题。

在以上争议中，是否具有法律上的利害关系等争议在行政许可诉讼案件中占比较高。此项争议占比高，可以说明原被告对相关法律规定的认知差异较大，也可以反向说明涉及这些事项的法律规定本身存在歧义或者不确定性。

(二) 特别争议

不同类型的行政许可争议，因相关特别法的规定各异而各不相同，或者因个案具体事实的真实性等问题各有争议。

1. 因特别法规定引发的争议

在行政许可法之外，法律、法规对不同的行政许可事项规定了不同的许可条件和标准。各方就是否符合具体的许可条件和标准分歧较大。

以建设领域的许可事项为例。建设用地许可案件包括宅基地建设用地许可、商住楼建设用地许可以及其他建设用地许可。其中，农村宅基地建设用地许可案件数量较大。这类案件与其他建设用地许可案件相比，争议具有特殊性。比如，四邻签字是不是必要条件。在建设工程规划许可案中，建筑间距和日照等是否符合标准、住宅侧面间距是否属于颁发《建筑工程规划许可证》的审查内容、是否符合许可条件等是大多数案件的争议焦点。比如，被告在作出被诉具体行政行为时，缺少证据材料，颁证之后补交材料是否合法①。有关建设（筑）施工许可的争议则有所不同。主要争议这类许可是否审查对邻人建筑通风、采光的影响。

2. 法律适用本身成为争议焦点

由于行政许可制度体系复杂，制度本身的不确定或者冲突引发适用争议。同一许可事项，不同层级的许可制度都只是模糊规定，或者低位阶的制度具体规定而高位阶的制度抽象规定，当事人对如何适用观点不一。比如，餐饮服务许可。除了适用《行政许可法》《餐饮许可管理办法》以及地方《餐饮服务许可细则》外，是否适用地方人民政府发布的具体规定，各方意见不同。还有的原告认为乡村建设规划许可仅适用《城乡规划法》和地方性法规的相关规定不妥，它们只是原则上的规定，无法单独使用。在具体的规划管理活动中必须配合具体的实施细则和管理办法才具有实际应用价值②。

3. 案件事实成为争议焦点

不同类型的行政许可，引起行政许可法律关系产生、变更和消灭的法律事实并不完全相同。但因相邻权提起的行政许可诉讼，由于都涉及相邻权、行政许可这两个关键词，事实争议有相同点。这些事实争议，与行政许可法规定的公法相邻义务相关，也与私法相邻权相关。争议聚焦于事实的客观性和充分性，与双方提交的证据材料的真实性、关联性相关，也与当事人对法律的理解相关。由于当事人对引发行政许可法律关系的法律事实的认识分歧，所以对事实依据是否充分产生争议。

因相邻权发生的不同类型的行政许可案件均对这些问题产生争议，表明这些争议并不是个别案件的证据问题或者个别当事人的认知问题，而是行政法律规范本身的问题。

二 事实分歧

行政许可诉讼案件中的事实争议主要体现在四个方面：事实真实性争议、事实充分性争议、事实可能性争议和事实关联性争议。

---

① 苏某与桐庐县人民政府一审行政判决书，（2013）杭桐行初字第1号。
② 张某与富阳市规划局行政许可二审行政判决书，（2013）浙杭行终字第100号。

(一) 有关事实真实性争议

事实真实性的争议主要有以下几种情形。一是当事人对"相邻权人"签名的真实性多有质疑。作为相邻权人的原告往往在质证环节否认签名。针对事实真实性的质疑，有的被告认为房屋四邻意见系第三人提交的，如果确实存在假冒四邻签字的情况，属于第三人个人行为，被告没有实施伪造档案材料的行为，原告的指控没有依据[1]。有的被告反驳，"许可只是形式审查，四邻意见已有第三人提供，被告无审查真实性的义务，伪造应向公安机关报案，再者也不是许可的前置条件"[2]。二是有关相邻意见是否真实的问题。如史某与苏州市发展和改革委员会行政许可案。原告认为，许可所依据的姑苏区维稳办《江苏省社会稳定风险评估评审表》记载内容为假，并非只有"极少数居民对规划日照时间和建设施工安全有一定意见"[3]。三是在规划行政许可案件中，被告以申请人提交的其与相邻权人签署的协议等作为规划许可的依据，但在行政诉讼中，作为相邻权人的原告予以否认。比如，杨某诉凯里市规划局行政许可案。原审原告认为原审被告提交的《协议书》及《相邻房屋通风、采光间距协议》中杨某的签名和按的手印系伪造[4]。四是当事人围绕行政许可主体是否告知利害关系人，是否举行听证会等事实进行争议。五是原告是否超过起诉期限问题。原告知道或者应当知道被诉行政行为的日期是起诉期限的起算点，原被告往往就起算点发生分歧。六是日照分析报告的真实性。如邵某等诉温岭市住房和城乡建设规划局行政许可案。原告质疑被告涉案日照分析报告所依据的基础数据明显与事实不符。在该报告的遮挡建筑与被遮挡建筑表中，a14幢房屋与a15幢房屋的正负零标高均为3.8米，但事实上a15幢地基比a14幢地基高1.5米[5]。七是司法鉴定报告是否真实。

---

[1] 李某诉晋江市人民政府土地行政许可案，（2014）泉行初字第40号。
[2] 胡某与永嘉县住房和城乡规划建设局行政许可案，2012温永行初字第27号。
[3] 史某与苏州市发展和改革委员会行政许可一审行政判决书，（2016）苏0508行初315号。
[4] 杨某诉凯里市规划局行政许可案二审行政判决书，（2015）黔东行终字第59号。
[5] 邵某等诉温岭市住房和城乡建设规划局行政许可案，（2014）浙台行终字第70号。

(二) 有关事实充分性争议

有关事实充分性的争议，实际就是行政许可决定的证据是否充足的分歧，或者说是否完全符合行政许可条件的争议。典型争议包括：一是申请材料是否齐全。原告认为申请材料的种类不全，缺乏某种或者某些类型的材料，事实依据不充分。比如孙某与南阳市卧龙区住房和城乡建设规划局规划行政许可案。孙某认为根据《河南省城市规划法实施办法》第36条[①]规定，在缺乏土地使用证的情况下颁发建设工程规划许可证违法。还比如，范某与高密市规划局行政许可案。原告认为，被告未对某房地产公司提出日照分析设计要求，某房地产公司在申请时亦未主动向规划局提交日照分析报告。规划局在缺少主要证据——日照阴影分析报告的情况下，为某房地产公司颁发了建设工程规划许可证，系事实证据不足[②]。二是申请材料记载的内容是否完全符合法律法规的规定。有原告认为，虽然申请材料的类型齐全，但材料的要素、内容不完全符合要求。比如潘某、刘某与永嘉县住房和城乡规划建设局行政许可案。原告认为第三人在2012年8月向被告申请拆建时，只是持建房设计图纸征询东邻刘某的意见，刘某虽是原告潘某之子、刘某兄弟，但其同意建房的意见并不能代表家庭的意思表示，许可理由不足。但被告认为可以认定代表家庭的意思表示[③]。三是申请材料与许可决定记载的内容矛盾，事实不清。如建设用地规划许可证载明的用地面积与建设用地批准书批准用地面积不一致[④]。

(三) 有关事实可能性争议

有关事实可能性的争议，主要表现为尚未进行或正在进行的行政许可

[①] 《河南省城市规划法实施办法》第36条，"在设市城市或县人民政府所在地镇的城市规划区内，居民新建、扩建、改建、翻建私有住房，应向城市居民委员会或村民委员会提出申请，由城市居民委员会或村民委员会征求四邻意见，并签署意见后，持土地使用权属证件（在市区的，还应持房屋产权证件）、户籍证件，报街道办事处或乡（镇）人民政府审查，向市、县（市）城市规划行政部门申领建设工程规划许可证后，方可开工"。

[②] 范某与高密市规划局行政许可二审行政判决书，(2014) 潍行终字第4号。

[③] 潘某、刘某与永嘉县住房和城乡规划建设局行政许可二审行政判决书，(2015) 浙温行终字第455号。

[④] 苗某与确山县住房和城乡建设局城乡建设行政管理二审行政判决书，(2013) 驻行终字第39号。

事项侵害相邻权的可能性。由于被许可活动尚未实际开展或者建设尚未全部完成，因行政许可决定而发生改变的新的相邻状态还未完全形成，作为相邻权人的原告认为可能侵犯相邻权，而作为被告的行政机关则认为原告并无证据证明可能侵犯相邻权，由此产生争议。以上争议主要聚焦于采光、日照等。如苏某与十堰市规划局行政许可案。原告认为，"楼高近百米，一旦建成将严重遮挡原告房屋之前的采光与通风，使原告彻底生活在阴影之下"。而被告认为，"被诉规划许可行为所依据的日照分析报告对拟开发建设的'翰林世家'三期项目可能对其周围住宅窗位日照时间的影响情况作出了分析，申请及提供的资料符合法律规定的条件和标准"[①]。

（四）有关事实关联性争议

事实关联性的本质是事实之间的关系问题。有关事实关联性的争议主要表现为已发生的损害事实与争议行政许可决定之间是否存在因果关系。如袁某、张某等与深圳市规划与国土资源委员会案。第三人认为，"同意建设行为并不必然造成相邻土地上房屋的损害。只有'如何建设'才有可能造成相邻土地上房屋的损害。原告列举的有关房屋损害的现象，只可能与具体的建设施工行为有直接的因果关系。原告房屋出现裂缝等情况，系施工过程中导致的，与规划没有必然的因果关系"[②]。在另一案件中，被告认为其颁发《村民建房用地许可证》，与原告的合法权益与人身安全是否受到侵犯无因果关系，所主张的损失，并非争议行政行为或其他行政行为所造成[③]。事实关联性争议的本质是解决损害与争议行政许可之间是否具有直接关系的问题。

三 法律争议

因相邻权发生的行政许可案件的法律争议比较集中。一是原告的诉讼资格问题。当事人对何谓"涉及"相邻权有不同的看法。这一争议从表象上看是诉权的问题，实际上揭示的是行政机关在作出行政许可决定

[①] 苏某与十堰市规划局行政许可案，（2016）鄂 0302 行初 118 号。

[②] 袁某、张某等与深圳市规划与国土资源委员会其他一审判决书，（2015）深福法行初字第 593 号。

[③] 秦某与宁乡县人民政府行政许可二审行政裁定书，（2016）湘行终 202 号。

的过程中在涉及相邻权问题时应当考虑的利害关系人的范围问题。二是何谓"重大利益"的判断问题。三是"告知"的履行问题。四是公示公告问题。五是审查义务问题。六是法律规范的含义问题。

(一) 原告适格的判断标准

原告以侵犯相邻权为由提起行政诉讼，人民法院受理后，被告及第三人往往以原告不适格为由要求驳回起诉。被告有关原告不适格的主张和原告有关主体资格适格的主张，实际上反映的是作为被告的行政机关和作为原告的公民、法人或者其他社会组织各自对相邻权的认识和判断。由于判断标准的差异，导致原被告、第三人对原告是否适格产生争议。具体的争议集中为：一是行政许可涉及的不动产与原告具有权益的不动产之间是否相邻；二是相邻权是否必须以合法的所有权或者使用权为基础；三是是否以私法相邻权实际或者必然受害为起诉必要条件；四是相邻权的产生时间。

1. 关于相邻的分歧

何谓相邻？法律并没有作出具体规定。或者说，作为不确定法律概念的相邻的内涵和外延在法律上是不确定的。这种不确定使得原被告之间在认识上产生了分歧。原告的判断标准具有多样性。一是不动产之间共界址，地理位置紧邻，隔壁邻舍；二是不动产之间不共界址，但不动产所在的区域与行政许可涉及的不动产所在的区域共界址；三是不动产之间不共界址，但认为影响通风、采光、视线等也为相邻。前两者具有客观性，后者具有主观性。被告或第三人往往以客观标准为主，以地理位置的远近以及与所涉争议不动产之间的方位关系为主要考量因素。有的被告认为："规划行政许可行为所涉的两项新建工程均位于原告房屋北侧，且距离原告房屋甚远。因此，被告作出的规划行政许可行为均不影响原告合法权益，对原告权利义务不产生实际影响，原告与规划行政许可行为没有利害关系。"[1] 在王某诉天台县住房和城乡建设局规划行政许可案中，被上诉人（一审被告）认为，"上诉人房屋与原审第三人在建房屋并排相邻，双方房屋的主朝向均为南偏东，原审第三人在建房屋对上

---

[1] 袁某等与无锡市规划局行政许可一审行政裁定，(2014) 惠行初字第00019号。

诉人房屋的通风、采光、日照等均不影响"。① 在陈某等诉厦门市翔安区马巷镇人民政府行政许可案中，被告认为，陈某的用地范围与上诉人的房产不相连，故被诉的具体行政行为并未侵犯上诉人的合法权益②。在牟某诉高密市规划局行政许可案中，上诉人（一审被告）认为，被上诉人所在的建筑物与14号商住楼之间隔有属于城市公共规划用地的绿化带、孚日街道路等，并非不动产直接相邻，不属于法律规定的相邻关系③。在许某等诉诏安县城乡规划建设局行政规划许可案中，上诉人（一审被告）认为，被上诉人中只有许某、潘某的房屋与"首府"项目隔着6米宽的道路，许某、潘某的房屋在南面，"首府"项目在北面，其采光、日照并不受任何影响。其他六位被上诉人与本案"首府"项目离得更远，根本不构成相邻关系④。被告对相邻的理解以空间不间断相连接为主。

2. 关于相邻权产生基础的分歧

建筑物或者土地相邻，是否意味着必然享有相邻权呢？相邻权是否必须以所有权或者合法使用权为基础呢？原被告及第三人认识不一。有的原告并不考虑自身不动产是否合法的问题。被告往往以原告不动产不合法为由予以驳斥。比如，郑某等不服佛冈县住房和城乡规划建设局案。被告认为，"原告据其违章建筑主张相邻权利，依法不应得到人民法院的支持"⑤。戴某诉永嘉县岩坦镇人民政府行政批准案，被告辩称："原告对本案诉争土地不享有土地使用权，被诉具体行政行为也没有侵犯原告房屋的相邻权。"⑥ 原告作为不受法律保护的违法建筑的所有人，与本案争议的土地承包证书不具有利害关系⑦。上诉人居住的房屋所占用的土地与出让的国有土地间隔12.37米，不是出让土地的所有人或者其他权利人，出让土地的行政行为对上诉人的相邻权不产生直接影响，朱某等与出让

---

① 王某诉天台县住房和城乡建设局规划行政许可案，(2013) 浙台行终字第117号。
② 陈某等诉厦门市翔安区马巷镇人民政府行政许可案，(2014) 厦行终字第24号。
③ 牟某诉高密市规划局行政许可案，(2014) 潍行终字第18号。
④ 许某等诉诏安县城乡规划建设局行政规划许可案，(2015) 漳行终字第2号。
⑤ 郑某等不服佛冈县住房和城乡规划建设局案，(2013) 清佛法行初字第10号。
⑥ 戴某诉永嘉县岩坦镇人民政府行政批准案，(2014) 浙行再字第7号。
⑦ 李某诉兴城市人民政府撤销农村土地承包经营权证案，(2014) 葫行初字第00005号。

该国有土地使用权的行为和结果之间没有法律上的直接利害关系,并非本案适格原告①。被告普遍认为邻人享有相邻权必须以所有权或者合法的使用权为基础。

3. 私法相邻权实际或者必然受害作为起诉必要条件的分歧

司法解释规定,被诉的行政行为涉及其相邻权或者公平竞争权的,可以提起行政诉讼。此相邻权的状态是怎样的?是已经受害还是将来必然发生或者有可能?有的原告认为只要被诉的具体行政行为涉及相邻权,就可以提起行政诉讼。"认为"具有主观性,"涉及"强调相关性,并非一定已经造成损害后果才具有起诉资格。原告起诉并非必须提供私法相邻权已经受害的证据材料。有的原告认为,其所有的房屋与原审第三人拟建的变电站所在地块为相邻关系。相邻权人享有物权法规定的避免将来遭受第三人的建设项目有害物质影响的权利②。有的原告认为,其与第三人系邻居关系,涉案建设项目与其房屋仅隔0.6米,该建设项目的建成使用可能影响上诉人的通行、采光等相邻权益,被诉许可行为合法与否,与上诉人相邻权的实现具有利害关系③。而有的被告认为只有私法相邻权实际或者必然受害才享有诉权。当行政相对人以外的公民、法人或者其他组织的通风、采光、安全居住等相邻权益实际受到行政行为影响时,才产生诉的利益具备起诉资格。相邻权益未受实际侵害,则不具备起诉资格④。如原告非案涉行政行为的相对人,亦无证据证明其与行政许可行为之间存在利害关系,更无证据证明被告审批局的审批侵害其相关权益,原告主体不适格。⑤ 在陈某等诉海盐县住房和城乡规划建设局规划行政许可案中,被告辩称,"本案五原告未向法庭提供其住宅因受项目建设而法定利益遭受损害的证据,不是该行政许可具体行政行为导致合法权益受

---

① 朱某等18人与南漳县国土资源局国有土地使用权行政许可案,(2016)鄂06行终117号。
② 张某等与广州市国土资源和规划委员会建设工程规划许可上诉案,(2016)粤71行终883。
③ 李某诉永嘉县住房和城乡规划建设局规划行政许可案,(2016)浙0324行初86号。
④ 刘某与重庆市规划局撤销规划许可一审行政裁定书,(2016)渝0112行初215号。
⑤ 李某与海门市行政审批局、海门市正余镇人民政府行政许可一审行政判决书,(2017)苏0682行初256号。

损害的利害关系人"①。在方某诉兰溪市住房和城乡建设局行政许可案中，被告驳斥原告虽诉称某时代广场项目建设严重影响周边住户的采光、通风、消防、安全以及噪声污染，但并未提供任何证据证明对相邻权利中的哪一项或哪几项已经产生影响或者将会产生影响，显然不具有行政诉讼原告资格②。

4. 相邻权产生时间

原被告及第三人对相邻权产生的时间点有不同认识。原告往往以起诉时间判断自身享有相邻权，因而认为自身与行政许可具有利害关系。但被告判断原告是否享有相邻权、是否与行政许可具有利害关系的基准时不同于原告。有的被告认为尽管原告与争议行政行为涉及的不动产实际相邻，但原告不动产的登记时间晚于行政许可作出时间，原告并不享有相邻权。某案被告认为，第三人建房在先，原告在向被告举报时未取得林权证，既然未取得林权证，相邻权并未产生。③ 有的被告认为应以被诉许可行为作出的时间判断原告是否享有相邻权、原告是否与争议许可行为存在利害关系。如吴某等诉浙江省安全生产监督管理局安监行政许可案。被告认为，其"于2009年8月7日作出被诉行政许可行为，而原告吴某等人最早于2011年6月24日取得诸暨市规划局核发的《乡村建设规划许可证》。被告作出被诉许可行为时，原告的住宅不在管道周边区域。故原告吴某等人与被诉具体行政行为不存在法律上的利害关系"④。被诉具体行政行为作出后一年从其父亲洪亚华处分割取得该房屋所有权，因此与被诉具体行政行为不具有法律上的利害关系⑤。

5. 相邻权内涵

可以提起行政诉讼的"相邻权"到底是公法相邻权还是私法相邻权？或者都包含？各方有不同的认识。有观点认为，"只有当起诉人诉请保护

---

① 陈某等与海盐县住房和城乡规划建设局行政撤销、行政许可一审判决书，（2013）嘉盐行初字第1号。
② 方某与兰溪市住房和城乡建设局行政许可二审行政裁定书，（2014）浙金行终字第46号。
③ 王某诉旬阳县国土资源局行政不作为案行政裁定书，（2014）旬阳行初字第00011号。
④ 吴某等诉浙江省安全生产监督管理局安监行政许可案，（2014）杭西行初字第68号。
⑤ 洪某与舟山市规划局行政许可案，（2012）浙舟行终字第26号。

的权益恰好落入行政机关作出行政行为时所依据的行政实体法律规范的保护范围时,起诉人的原告主体资格才能被承认。反之,如果起诉人虽有某种权益,但非行政机关作出行政行为时需要考虑的,或者起诉人并不具有行政机关作出行政行为时需要考虑的权益"[1],则不享有起诉资格。行政诉讼法规定的可以提起行政诉讼的"相邻权"的范围取决于行政实体法律规范保护的相邻权范围。从这个角度讲,"相邻权"当然包含公法相邻权。但相反的观点认为,此"相邻权"应为私法相邻权。比如,念泗三村28幢楼居民35人诉扬州市规划局行政许可行为侵权案。被告认为,"起诉所基于的相邻权,属于民法范畴。最高人民法院《关于执行〈中华人民共和国行政诉讼法〉若干问题的解释》第13条第1款第2项规定相邻权人有对行政主体作出的涉及相邻权的具体行政行为提起行政诉讼的原告主体资格,其目的是保护民事主体享有的相邻权不受侵害"[2]。

(二)告知义务履行问题

原被告双方对行政机关是否依法履行《行政许可法》第36条和第47条的"告知"义务分歧较大。

1. 告知对象

行政许可法规定应当告知利害关系人,但并不是所有的利害关系人,而是与行政许可申请事项具有"直接关系"的人,且关系的利益须为"重大利益"。但行政许可法并没有规定利害关系人的确定标准。作为原告的相邻权人和作为被告的行政机关对"直接关系"和"重大利益"的不同理解,必然产生告知对象和告知范围的分歧。作为原告的相邻权人,往往以个人标准判断自己应当属于告知对象,或者以行政规范性文件等规定的公告义务反推自己属于告知对象。如有原告认为,既然部门规章如《建设行政许可听证工作规定》等其他行政规范性文件规定了行政机关的社会公告义务,告知对象应当是社会公众,当然包括自己。作为被

---

[1] 李年清:《主观公权利、保护规范理论与行政诉讼中原告资格的判定——基于(2017)最高法行申169号刘广明案的分析》,《法律适用》2019年第2期;刘某、杨某城乡建设行政管理再审审查与审判监督行政裁定书,(2018)浙行申700号。

[2] 《念泗三村28幢楼居民35人诉扬州市规划局行政许可行为侵权案》,《中华人民共和国最高人民法院公报》2004年第11期。

告的行政机关的判断标准和方式多种多样。在实践中，有的行政机关自行设置行政许可利害关系人确定程序。比如，通过发布公告，告知当事人申请确认利害关系人。相邻权人不申请，则自然确认为不是利害关系人。在邵某等诉温岭市住房和城乡建设规划局行政许可案中，被告辩称，"参照行政许可法的规定，分别于2012年9月14日、2013年2月5日在宣传栏、现场张贴了规划许可利害关系人确定公告"①，相邻权人没有申请，自然不能确认为利害关系人，不属于告知对象。认为采用利害关系人确定公告的方式并无不当。

2. 告知时间

行政许可法规定行政机关在行政许可审查时对利害关系人负有告知义务。"审查时"是法定告知时间。"审查时"包括哪些时间段，各方有不同看法。原告普遍认为应当在受理行政许可申请之后、作出拟批准公示之前。拟批准公示与告知利害关系人是两个不同的程序，其程序意义并不相同。告知利害关系人是为了启动利害关系人参与行政许可决定审查程序，而批前公示是为了启动社会对拟批准事项的异议程序。告知利害关系人的主要目的在于给予利害关系人维护自身权益的机会，由利害关系人自行决定是否为了自身权益协助行政机关审查申请材料。其次才是监督行政机关。而批前公示程序的主要目的是行政机关主动接受社会的异议和监督，不限于利害关系人。因此，批前公示并不能代替告知利害关系人程序。有的被告对"审查时"进行了更长时段的解读。从行政机关受理行政许可申请到正式作出行政许可决定都属于行政许可的审查时间。批前公示发生在行政许可正式决定之前，如批前公示期间有异议，行政机关对异议应当进行审查，批前公示属于审查时。在姜某等诉宁乡县城乡规划局规划行政许可案中，被告认为，颁证前在《今日宁乡》进行了批前公示，已履行了告知义务②。对审查期间的不同认识，必然发生告知时间的分歧。

3. 告知手段

行政机关应当通过什么手段或者措施告知利害关系人，各方也有不

---

① 邵某等诉温岭市住房和城乡建设规划局行政许可案，(2014)浙台行终字第70号。
② 姜某等诉宁乡县城乡规划局规划行政许可案，(2014)长中行再终字第00342号。

同认识。必须是书面告知,还是可以口头告知?如果是书面告知,到底是直接送达署名告知书,还是通过公告送达针对不特定对象的告知书?有的原告认为,既然行政许可事项"影响特定的利害关系人,就应当书面告知特定利害关系人听证权利"[1];如果利害关系人可以确定,行政机关应当直接送达,而不应当是公告送达。在王某等诉上海市普陀区规划和土地管理局规划案中,原告认为被告采取网站公示和施工现场公示的方式并未尽到告知义务[2]。在童某诉龙游县规划局行政许可案中,原告认为《遂乐村建房公示结果报告单》不能证明"童某建房申请于2013年4月16日至4月23日在村务公示,群众无异议"[3]之事实。有的原告认为,告知手段的本质是如何让与行政许可事项有直接关系的除申请人之外的人知晓行政许可审查事项。方便直接关系人知晓行政许可审查事项是行政机关选择告知手段的出发点和落脚点。行政机关在具有多种告知方式可以选择的情况下,应当选择最方便利害关系人知晓行政许可申请事项的那种方式。有的还认为,具体行政行为与抽象行政行为的公开方式不同,后者可直接通过公共媒体公布,而前者应首选直接送达行政相对人和利害关系人,只有在不能直接送达的情况下,才能公告送达。在王某等诉韶关市城乡规划局城乡规划行政许可案中,原告认为,因"王某等三十三人"为涉案具体行政行为的利害关系人,居住在155号小区,"韶关规划局"在拟作出具体行政行为之前,应当向王某等三十三人直接送达而不是公告送达;告知其拟作出具体行政行为的内容及申请听证的权利[4]。原告普遍认为直接送达才是合法的告知方式,而被告认为法律并没有规定告知的具体方式,行政机关可以自由选择。大多数被告认为"公示是合法的告知方式,足以使相邻权人知情并行使各项权利"[5]。

---

[1] 林某等与徐闻规划建设局、徐闻县某房地产发展有限公司建设工程规划许可二审行政判决书,(2014)湛中法行终字第48号。
[2] 王某等与上海市普陀区规划和土地管理局规划二审行政判决书,(2014)沪二中行终字第146号。
[3] 童某诉龙游县规划局行政许可案,(2014)浙衢行终字第19号。
[4] 王某等诉韶关市城乡规划局城乡规划行政许可案,(2015)韶中法行终字第40号。
[5] 周某诉安庆市城乡规划局规划行政许可案,(2014)宜行终字第00050号。

4. 告知内容

行政许可法规定行政机关在法定情形下负有告知义务，行政机关到底应当告知什么呢？是告知利害关系人享有权利的内容，还是行政许可事项的内容，还是行政许可事项对利害关系人的可能影响，还是这些都要告知？当事人对《行政许可法》第36条和第47条的认识存在分歧。第36条仅规定告知义务，但告知什么，法律并没有明示。有的认为只要行政许可事项有可能影响利害关系人的民事相邻权，行政机关就应履行告知义务。告知的内容不限于听证权，应包括行政机关正在审查的与相邻权人相关的内容。就第47条而言，被告认为告知听证权利的前提是许可决定必须经历听证程序，否则不必告知。而原告认为，只要行政许可与他人有利害关系，就应当告知他人享有听证权利。比如，在张某等与南通市规划局规划行政许可案中，原告认为南通市规划局在作出许可前未告知相邻利害关系人听证权违法。[1] 而南通市规划局认为颁发用地规划许可依法无须履行听证程序。在吴某诉海口市国土资源局土地行政管理纠纷案中，原告诉称被告"明知是涉案土地利害关系人而不告知有要求举行听证的权利，亦未听取陈述、申辩的情况下，就做出了复函"[2] 违法。

5. 告知义务能否免除

原告普遍认为，告知义务系法定义务，行政机关必须履行。而有的被告认为，在相邻权人已经知晓行政许可申请事项的情形下，行政机关可以免除告知义务。在童某诉龙游县规划局行政许可案中，被告认为，在第三人提交行政许可申请后，原告与第三人就相邻权事宜在村委会主持下达成协议，被告据此免除告知义务。但原告认为，《调解协议书》中童某1与童某2虽就"童某1新建房屋南面墙与童某2宅墙外包线间距2.25米"达成一致意见，但在规划许可程序中因约定间距未得到履行存有新的异议，故该《调解协议书》不具免除规划许可机关听取利害关系人意见的效力[3]。还有的原告认为，虽购房者所购的房屋因开发商原因没

---

[1] 张某等与南通市规划局规划行政许可上诉案，(2016) 苏06行终262号。
[2] 吴某诉海口市国土资源局土地行政管理纠纷案，(2014) 海中法行终字第116号。
[3] 童某诉龙游县规划局行政许可案，(2014) 浙衢行终字第19号。

有取得准建手续,但被告不能以此为由免除告知义务。对于行政许可时已经购房的购房者,被告未履行告知义务应构成行政许可程序违法[1]。还有的被告认为,原告在公示期内未提出任何异议或投诉或反映问题,故被告无须向原告告知听证权并组织听证。告知利害关系人享有听证权,不是行政许可的必经程序,系行政机关在审查行政许可申请时的一种自由裁量权[2]。

(三) 公告、公示问题

公告、公示方面的争议相对集中,主要聚焦公告、公示的履行问题。

1. 公告义务及履行问题

《行政许可法》第40条规定行政机关应当公开行政许可决定。第46条规定,行政机关应当公告两类事项:一是依法应当听证的事项;二是行政机关自身认为需要听证的其他涉及公共利益的重大行政许可事项。《城乡规划法》第40条第3款规定,经审定的修建性详细规划、建设工程设计方案的总平面图应依法公布。基于以上规定,原告普遍认为行政机关负有公告义务。如沙某不服被告牙克石市规划局行政规划许可案。原告认为被告在建设工程规划审批时,"没有履行法定程序,没有进行公示公告,没有征求周边邻居的意见"违法。被告却认为"建设工程规划行政许可的具体行政行为是否需要公告及公示,依据《行政许可法》并不是本案行政许可的必须程序与法定要件"[3]。在行政许可法的基础之上,很多地方性法规对公告规定进行了进一步细化,对公告的内容和时间进行了规定。如浙江省在其颁布的《城乡规划条例》中硬性要求,"规划许可机关在作出规划许可决定前,应当将许可内容、申请人和利害关系人享有的权利等事项在政府门户网站和建设项目现场等场所进行公告……将许可内容在政府门户网站和建设项目现场等场所向社会公布"。但有的地方并没有细化规定,以致各方产生分歧。

2. 公示义务及履行问题

在行政许可法中,没有出现"公示"字样,但有些特别法、地方性

---

[1] 博白县住房和城乡建设局与赖某、李某城乡建设行政管理再审行政判决书,(2015) 玉中行再终字第1号。

[2] 贺某等与郴州市卫生局、第三人张某卫生行政许可案,(2015) 郴苏行初字第1号。

[3] 沙某不服牙克石市规划局行政规划许可案,(2016) 内0782行初4号。

法规或者行政规范性文件规定了公示程序。《广东省城市控制性详细规划管理条例》要求,"城市规划行政主管部门受理建设用地规划许可申请和建设工程规划许可申请后,应当将有关申请事项予以公示"。《济南市城乡规划公开与听证办法》第11条规定：建设用地、建设工程规划许可事项的批前公示,由城乡规划主管部门组织在项目实施现场醒目位置和规划政务网站同步进行。原被告对地方规章以及行政规范性文件的有关规定认识不一产生分歧。一是公示是否系强制性程序。岳某诉深圳市交通运输委员会道路行政许可案。原告认为,"被告未经依法审批且未公示……被告未到现场核实,严重影响、侵害原告的通行、人身安全和通风、采光等相邻权益"。而被告认为"发证范围未超出第三人土地使用权范围,也不会影响、侵害原告相邻权益"[1],没有必要公示。郭某甲不服信丰县城乡规划建设局建设工程规划许可案。原告认为被告"未按规定将审查结果向社会公示（或告知四邻户主）"[2]违法。二是公示的次数问题。行政机关履行了公示义务,但如果公示期间收到了异议,行政机关改变了拟作出行政许可决定的内容,是否应当再次公示呢？谢某等不服阳朔县住房和城乡建设局城乡建设行政管理案。被告对第三人建房定点图进行了公示,在被告进行公示期间,原告签署了个人意见表示无异议。此后该定点图因邻居提出异议并修改[3],被告对修改后的建房定点图没有再次公示,原告认为违法。被告则认为已尽公示义务。三是可否委托公示问题。被告认为向第三人发出《建设项目规划公示通知单》,要求第三人在施工过程中在项目地点醒目位置制作公示牌,并对项目名称、建设单位名称、建设地点、规划总平面图、立面图、剖面图、主要效果图、监管、咨询电话等进行公示,已经尽到公示义务[4]。原告并不认可。四是公示地点和方法问题。有原告认为,被告在建设路段的终点处对面放置公示牌,但该小区刚刚建成没有居民入住,与该路段最具有利害关系的居民难以到达该地点。直到出现争议后,原告才从被告处得知公示所贴

---

[1] 岳某与深圳市交通运输委员会道路行政许可上诉案,(2016)粤03行终562号。
[2] 郭某甲不服信丰县城乡规划建设局建设工程规划许可案,(2016)赣0722行初1号。
[3] 谢某等不服阳朔县住房和城乡建设局城乡建设行政管理案,(2016)桂0321行初6号。
[4] 郭某甲不服信丰县城乡规划建设局建设工程规划许可案,(2016)赣0722行初1号。

位置。被告的做法是变相剥夺利害关系人知情权的行为，不符合"醒目位置"的规定①。有原告认为，将建设用地规划许可批前公示牌放置在项目实施现场的位置违法，而被告认为采取网站公示和施工现场公示的方式以听取利害关系人的意见，并不违反《城乡规划法》第50条的规定②。五是公示的约束力问题。有原告认为，审批结果与公示不相符违法③。

3. 公告与公示可否替代

原被告对公示、公告的法律意义认知亦有差异。有的被告认为，公告与公示的法律效果相同。比如，胡某与永嘉县住房和城乡规划建设局行政许可案，被告提交"永嘉县个人建房公示，证明被告在作出规划许可决定前已经进行公告的情况"④。认为公示与公告可以互相替代。在另一案件中，原告认为，"公示的法律后果不等于公告的法律后果，批前和批后公示不具有法律意义上普遍的告知性"⑤。

（四）听证问题

行政许可过程中听证程序的启动有不同的方式。一种是依申请启动，另一种是依职权启动。前者的争议在于是否履行告知义务的问题，后者的争议在于行政机关是否应当主动依职权组织听证的问题。

原告一般认为，只要行政许可涉及申请人之外的他人的利益，行政机关就应当组织听证。但有的被告认为，根据《行政许可法》第46条的规定，不可能所有的行政行为作出之前都举行听证。建设工程规划许可属于普通许可，应允许行政机关自由裁量决定是否适用听证程序。且《城乡规划法》并没有规定建设工程规划许可必须听证，未组织听证并不违法⑥。还有的被告认为，申请人申请材料充分，原告未在公告期间提出异议，被告可不主动组织听证。还有的原告认为，行政许可涉及他人重大利益的，

---

① 张某等诉济南市规划局规划行政许可案，(2013) 历行初字第224号。
② 王某等诉上海市普陀区规划和土地管理局规划案，(2014) 沪二中行终字第146号。
③ 庄某与玉环县住房和城乡建设规划局行政许可二审行政裁定书，(2016) 浙10行终42号。
④ 胡某与永嘉县住房和城乡规划建设局行政许可一审行政判决书，(2012) 温永行初字第27号。
⑤ 王某等与丹凤县住房和城乡建设局城建规划行政许可上诉案，(2016) 陕10行终22号。
⑥ 李某诉西安市规划局行政规划行政许可一审行政裁定书，(2017) 陕7102行初215号。

行政机关应当组织听证。比如,在李某与德州市规划局行政许可纠纷案中,原告认为被告明知第三人的建设工程规划与原告及卫校其他居民有重大利害关系,却故意对原告及卫校居民不予理睬,应该举行听证拒不举行[①],明显违法。有的原告质疑,在原告以相邻权受到侵害为由多次上访的情况下,被告仍然没有引起重视,没有给予其听证权利[②]违法。

(五) 重大利益问题

何为重大利益,法律未明确规定。原被告基于不同立场,对重大利益的判断有不同的出发点,标准也就不一样。原告认为,应从有利于群众的角度进行解释。若任意解释,无法保证具体行政行为合法合理。而被告秉持实质主义观点。原告居住的是155号生活区,与申请人申请建设的建筑并非同一个生活区间,相互间不产生实质影响,不存在重大利益[③]。还有的被告认为,只有当然、直接损害到原告的人身或财产权益,才存在重大利益关系。即便行政许可会对他人产生影响,但如果该影响只是特定范围的,也不属于重大利益。在张杰诉怀化市规划局规划行政许可纠纷案中,被告认为通行采光权鉴定只对建筑南北方向采光是否受影响进行鉴定,只要行政许可不影响南北方向的通风采光,就不与他人发生重大利益关系[④]。

(六) 审查义务问题

在不同类型的行政许可事项中,行政机关到底应当审查什么?哪些类型的行政许可案件应当审查对相邻权的影响,其审查义务到底有哪些?原被告争议较大。

1. 是否应当审查对相邻权的影响

原告起诉行政许可决定侵犯相邻权的根本原因在于,认为行政机关没有尽到对相邻权影响的审查义务。但到底哪些行政许可事项应当审查对相邻权的影响呢?对这一问题的看法分歧较大。在建设领域,是否各个环节的行政许可都应当审查对相邻权的影响,原被告及第三人的看法

---

① 李某与德州市规划局行政许可二审行政判决书,(2014) 德中行终字65号。
② 李某与黄梅县城乡规划局行政许可一审行政判决书,(2015) 鄂武穴行重字第00003号。
③ 王某等诉韶关市城乡规划局城乡规划行政许可案,(2015) 韶中法行终字第40号。
④ 张某诉怀化市规划局规划行政许可纠纷案,(2014) 怀中行终字第91号。

不同。从诉由看，原告普遍认为，在建设领域的各个环节行政机关都应当审查对相邻权的影响。但被告并不认同。有的被告认为，建设用地规划许可证的法定作用是建设单位后续申请用地之用[1]，尚未对房屋设计方案进行审批，并不涉及相邻各方的环保、通行等权益。且规划条件中的"建设用地的位置和面积"也仅是为建设用地拟设的位置与面积，土地证明文件才能最终确认建设用地的四至和权属，并不会对许可相对人之外的其他人产生土地权益的限制效果。[2]

2. 形式审查还是实质审查

行政机关对申请材料进行审查，到底是形式审查还是实质审查呢？原告普遍认为应当实质审查，被告认为应当形式审查。有关四邻签字问题，原告认为被告应当实质审查真实性；而被告认为，对于四邻签字，申请人提供申请材料虚假责任由申请人自行承担，行政机关无能力进行实质性审查[3]。在史某与苏州市发展和改革委员会行政许可纠纷案中，被告认为"项目单位应对所有申报材料的真实性负责"，被告只需对项目申报材料的真实性进行形式审查即可，申请人应当对提交的申报材料的真实性负责[4]，被告不必核查申请材料的真实性。只要形式完备，被告尽审查义务[5]。有原告认为，行政机关应当实地勘察，未对申请建设的项目进行实地勘察即为未尽审查义务[6]。在未认真审查用地是否四至清楚无争议的情况下就核准办证申请，显然未尽应有的审慎审查义务[7]。被告未依据法定标准及强制内容对第三人的申请进行审查，未尽到法定审查义务。在被告对第三人进行规划行政许可时，应严格按照国家制定的工程建设标准进行实质性审查，即被告在审查颁发《建设工程规划许可证》的过程中，未依据《民用建筑设计通则》《住宅建筑规范》《建筑设计防火规范》等

---

[1] 朱某与杭州市规划局城乡建设行政管理二审行政裁定书，（2018）浙01行终132号。
[2] 李某等诉永嘉县住房和城乡规划建设局规划行政许可案，（2016）浙0324行初86号。
[3] 吴某与庆元县住房和城乡建设局行政许可二审行政判决书，（2015）浙丽行终字第23号。
[4] 史某与苏州市发展和改革委员会行政许可一审行政判决书，（2016）苏0508行初315号。
[5] 杨某与苏州市发展和改革委员会行政许可一审行政判决书，（2016）苏0508行初314号。
[6] 王某与儋州市住房和城乡建设局行政许可二审行政判决书，（2017）琼97行终79号。
[7] 东山县城乡规划建设局与张某城乡建设行政管理二审行政裁定书，（2018）闽06行终5号。

工程建设强制性标准的内容进行审查①。

3. 行政机关的审查范围

针对行政许可申请，行政机关的审查范围到底应包括哪些？原被告的分歧也很大。一是针对同一许可事项，法律设置了多个许可环节，后续行政许可是否审查前置许可的审查内容，当事人的意见不同，有的原告认为，在个人建房用地许可和建设工程规划许可中，行政机关应当审查申请人的户籍。但被告认为，这两项行政许可事项，规划部门并没有户籍审查义务②。二是对行政许可事项的前置性许可的审查问题。有原告认为，在颁发餐饮业营业执照前，行政机关需审查环境影响评价意见。但被告认为，依据《食品安全法》《个体工商户登记管理办法》以及全国人大法工委《关于环保评价许可是否颁发个体工商户营业执照前置条件问题的复函》③，餐饮服务许可并不需要审查环境影响评价意见。三是行政机关审查范围的依据问题。原告认为，行政机关的审查范围不仅源于法律法规规定，还包括行政规范性文件确定的内容。但有的被告认为地方性法规、地方政府规章不能设置核发个体工商户营业执照经营场所的限制性条件④。

（七）法律适用问题

原被告及第三人对法律适用的分歧主要表现在两个方面：某条款的具体含义到底为何？是否应当适用某条款？

原被告对法律适用产生争议的重要原因是各自对法律概念的理解不一。比如，王某等诉周口市规划局建筑工程规划许可案。原告认为高层民用建筑与其他民用建筑防火间距不应小于 9 米属于强制性规定，而被告认为属于裁量性规定。又如被告认为，"条式住宅、多层之间不宜小于

---

① 赵某某与重庆市某某区规划局行政许可案，（2012）黔法行初字第 00034 号。

② 余某与会理县城乡规划建设和住房保障局、蒙某规划行政许可二审行政裁定书，（2016）川 34 行终 28 号。

③ 来某与杭州市工商行政管理局高新技术产业开发区（滨江）分局行政许可一审行政判决书，（2013）杭滨行初字第 8 号。

④ 来某与杭州市工商行政管理局高新技术产业开发区（滨江）分局行政许可二审行政判决书，（2014）浙杭行终字第 99 号。

6米"不是强制性条文,"条式住宅"是毗邻而建,很难考虑四周的通风采光,"不宜小于6米"是建议性条款,授权行政机关根据具体情况选择适用,而不是不能小于6米。

是否适用法律条款的争议,还缘于原被告对具体法律规范的适用条件有不同的认识。在上海某置业有限公司与上海市规划和国土资源管理局规划行政许可诉讼中,原告认为应当适用《城市规划技术规定》第五章建筑物退让中的第32条之规定,但被告认为第36条系对沿城市高架道路两侧的新建、改建、扩建居住建筑对原有的高架道路主线及匝道应予退让的距离规定,而不是新建城市高架道路对原有的沿线建筑物的退界距离规定[1],不应当适用。在许某等与漳平市城乡规划建设局行政许可纠纷案中,原告认为应当适用《城市居住区规划设计规范》,而被告认为《城市居住区规划设计规范》"适用于城市居住区的规划设计"[2],而争议许可的建设项目系单栋建筑,不属于居住区,因此不适用《城市居住区规划设计规范》,应适用《民用建筑设计通则》。

第三节 因相邻权诉讼的行政许可案件的裁判情况

因相邻权诉讼的行政许可案件的裁判情况在一定程度上可以揭示当下我国行政许可制度以及行政机关对相邻权的保护程度和力度,也可以揭示行政许可制度在保护相邻权方面的缺陷或者不足。希望通过分析这些案件,找出制度本身及实施、裁判中的问题,以加强行政许可过程对相邻权的保护,预防相邻权受损。

一 人民法院裁判结果

(一) 裁判方式

943件因相邻权发生的行政许可案件,结案方式如下:判决495件,

---

[1] 上海某置业有限公司与上海市规划和国土资源管理局规划二审行政判决书,(2015)沪三中行终字第143号。

[2] 许某、曹某与漳平市城乡规划建设局行政许可纠纷上诉案,(2008)岩行终字第27号。

裁定 448 件。判决结案率 52.49%。

1. 一审裁判方式

一审案件共 390 件。裁定结案 152 件，占比 38.97%。判决结案 238 件，占比 61.03%。表明半数以上案件进入实体审理。

2. 二审裁判方式

二审案件共 462 件。其中，判决结案 236 件，占比 51.08%，约低于一审的判决比例。裁定结案 226 件，占比 48.92%。

3. 再审裁判方式

再审案件共 91 件。绝大多数以裁定方式结案，共 70 件，占比 76.92%。判决结案 21 件，占比 23.08%，再审案件进入实体审理的较少。

（二）裁定类型

1. 一审裁定类型

行政诉讼的裁定主要适用于解决程序问题。一审裁定主要包括不予受理、驳回起诉、管辖异议以及终结诉讼、中止诉讼等。在 152 件一审裁定中，驳回起诉 148 件，不予立案 2 件，撤回起诉 1 件，不予受理 1 件。

驳回起诉裁定共 148 件。理由主要包括：不符合起诉条件，原告不适格，超过起诉期限，等等。有的案件只涉其中一个理由，有的案件关涉多个理由。其中因原告不适格驳回起诉案件比例最高。人民法院认定原告不适格的主要理由在于认为原告的相邻权没有受到实际侵害，或者与案件第三人不具有相邻关系，或者虽与第三人具有相邻关系但与被诉行政行为不具有利害关系，或者不符合其他起诉条件。比如周某与诸暨市枫桥镇人民政府、诸暨市住房和城乡建设局案。人民法院认为，根据行政诉讼法的相关规定，一起行政案件只能起诉一个行政行为，原告应当将行政行为分列，分别提起行政诉讼①，故驳回起诉。

2. 二审裁定类型

二审裁定包括六种类型，具体如表 4—18。

---

① 周某与诸暨市枫桥镇人民政府、诸暨市住房和城乡建设局一审行政裁定书，（2018）浙 0681 行初 116 号。

表 4—18　　　　　　　二审案件裁定类型分布情况

裁定类型	数量（件）	裁定类型	数量（件）
驳回上诉，维持原裁定	162	撤销原裁定，指令（定）继续审理	23
撤销一（原）审判决，驳回起诉	20	撤销一审判决，发回重新审理	17
维持一审裁定	3	撤销原裁定，指令受理	1
合计			226

（1）驳回上诉，维持原裁定

此类裁定共 162 件。二审法院维持原驳回起诉裁定，表明一审法院的裁定合法。二审法院驳回上诉，维持原驳回起诉裁定的理由绝大多数情况下与一审完全一致，少量不完全一致。如崔某诉仙居县住房和城乡建设规划局规划行政许可案。一审认为超过起诉期限驳回起诉。二审认为，上诉人崔某房屋在圳口村坎下，而原审第三人王某房屋在圳口村坎上，相距数百米，两者并不相邻，本案不涉及通风、采光、排水、通行等相邻权。被诉规划许可是否留足 10 米安全视距与上诉人没有利害关系①。以原告不适格驳回起诉。一、二审人民法院的审查顺序不一样，驳回起诉理由不一样。一审先审查期限问题，二审先审查原告资格问题。

（2）撤销原裁定，指令继续审理

此类裁定共 23 件。二审裁定撤销原审法院驳回起诉裁定的理由主要集中在以下方面。一是认为上诉人即原审原告适格。如罗某与广州市国土资源和规划委员会建设工程规划许可纠纷上诉案。二审法院认为，"罗某为证明涉案加建电梯工程会对其日照、通风和采光造成影响亦提供了照片和录像等初步证据，因被诉行政行为涉及罗某的相邻权，因此罗某与涉案具体行政行为有法律上的利害关系，其属于适格的诉讼主体，原审法院以罗某不具有原告主体资格裁定驳回起诉错误"②。在马某诉漯河市城乡规划局规划行政许可上诉案中，二审法院认为，"上诉人马某居住的双汇国际花园位于中润房地产公司投资建设的大河熙岸（御园）小区的北邻，且上诉人马某居住的房屋位于双汇国际花园小区的南边首排，

---

① 崔某诉仙居县住房和城乡建设规划局规划行政许可案，(2016) 浙 10 行终 167 号。
② 罗某与广州市国土资源和规划委员会建设工程规划许可案，(2015) 穗中法行终字第 1590 号。

因此，上诉人马某所诉的行政行为涉及其相邻权，其具备原告诉讼主体资格"。二是认为只要可能损害上诉人合法权益，就应对被诉行政行为实体审查，而不是驳回起诉①。

（3）撤销原判决，驳回起诉

此类裁定案件数较少，共 20 件。二审法院认为起诉人根本不符合法定起诉条件，人民法院无权实体审理，故撤销原判决驳回起诉。比如，徐某等诉深圳市住房和建设局建筑工程施工许可案。二审法院认为"徐某提交了客户为周某的电费通知单，张某提交了其与案外人签订的合作建房协议书，均不能证明自己与被诉具体行政行为存在相邻权或者其他法律上的利害关系"②。这类裁定适用的情形为：一审进行了实体审理，而二审认为不符合起诉条件，应予驳回。

3. 再审裁定

再审裁定包括以下五种类型。

（1）驳回再审申请

裁定驳回再审申请的案件共 62 件。驳回理由主要为不符合再审条件。

（2）再审撤销一审、二审裁定，指令继续审理

此类案件共 4 件。再审法院认为一审、二审人民法院法律适用错误，认为行政诉讼符合起诉条件，故裁定继续审理。只是有的指令二审人民法院继续审理，有的指令一审人民法院继续审理。

（3）再审裁定维持终审裁定

此类案件仅 1 件。肖某等诉广安市国土资源局广安区分局土地行政许可再审案。再审虽维持终审裁定，但理由与原审法院不同。一审认为，原告"未提供充分证据证明第三人肖某改建的 65 平方米房屋侵占了其竹林地或对其相邻权造成了影响"，不适格。二审认为"竹林不属于相邻权的对象，故不存在相邻权的问题"。认为不是被诉具体行政行为的利害关系人，无起诉资格。再审否定了一审、二审的理由。认为"在相邻关系中因不动产权利衍生出的排水、采光、通风、通行、排危等相邻权是存在于双方

---

① 徐某诉息县人民政府、息县国土资源局国有土地使用证上诉案，（2016）豫行终 667 号。
② 徐某等诉深圳市住房和建设局建筑工程施工许可案，（2015）深中法行终字第 192 号。

的",故认为具有起诉权。但认为起诉超过起诉期限,原告已丧失诉权。"原审裁定虽然存在适用法律、理由阐述的问题,但裁定结果是正确的。"①

(4) 再审撤销一审、二审裁定,裁定提审

此类案件共 2 件。一审、二审认为原告与被诉行政行为不具有利害关系,驳回起诉。再审法院认为具有利害关系,故裁定提审。

(5) 再审撤销一审、二审裁定,指令立案受理

此类案件共 1 件。一审、二审裁定不予立案,再审裁定立案受理。

(三) 判决类型

此类案件的判决类型,以驳回诉讼判决为主,其次是撤销判决。具体分布情况见表4—19 和表4—20。

1. 一审判决类型

一审案件判决结案 238 件。中级人民法院 3 件,基层人民法院 235 件。

表 4—19　　　　　　　一审案件判决类型分布情况

一审判决类型		数量(件)	比例(%)
驳回诉讼请求	驳回诉讼请求	153	65.55
	驳回部分原告起诉,驳回部分原告诉讼请求②	1	
撤销判决	撤销判决	34	21.01
	撤销判决,驳回部分原告起诉③	1	
	撤销判决,驳回其他请求	1④	
	撤销判决,并责令重新作出行政行为	13	
	撤销判决,责令重新作出决定,驳回其他请求	1⑤	
确认判决	确认违法判决	20	
	确认违法,驳回其他请求	2⑥	

---

① 肖某等诉广安市国土资源局广安区分局土地行政许可再审案,(2015) 广法行再终字第 1 号。
② 刘某、张某等与郑州市城乡规划局行政许可一审行政判决书,(2013) 金行初字第 174 号。
③ 人民法院经审查认为被告许可第三人建房与李某的房屋间距已符合相关技术规定,没有侵害李某的权益,李某与该行政许可没有法律上的利害关系,故对于原告李某的起诉应予以驳回。李某等诉永嘉县住房和城乡规划建设局行政许可案,(2014) 温永行初字第 37 号。
④ 太原某精品商厦有限公司与太原市城乡规划局行政许可一审行政判决书,(2017) 晋 0107 行初 81 号。
⑤ 李某与南漳县城乡规划管理局城乡建设行政管理一审行政判决书,(2017) 鄂 0624 行初 45 号。
⑥ 肖某、莫某诉某局、第三人某局规划行政许可一审行政判决书,(2016) 湘 0922 行初 40 号;甘某等 46 人与沈阳市规划和国土资源局行政许可一审行政判决书,(2013) 沈和行初字第 00135 号。

续表

一审判决类型		数量（件）	比例（%）
确认判决	确认违法，责令采取补救措施	5①	11.76
	确认违法，责令采取补救措施，驳回其他请求	1②	
维持判决	维持判决	3	1.68
	维持原具体行政行为，驳回其他诉讼请求③	1	
履行判决	履行判决	1④	0.42
未公开		1	0.42
合计		238	

2. 二审判决类型

二审判决共 236 件，判决类型以维持原审、驳回上诉判决为主。其中，高级人民法院判决 10 件，中级人民法院判决 226 件（见表 4—20）。

表 4—20　　　　　二审案件判决类型分布情况

	二审判决类型	数量（件）	比例（%）
驳回上诉，维持原判	一审驳回诉讼请求	154	
	一审撤销判决⑤	6	
	一审撤销判决，并责令重新作出行政行为⑥	5	

---

① 俞某与福建省长汀县住房和城乡规划建设局、第三人某中医院建设工程规划行政许可一审行政判决书，(2015) 杭行初字第 18 号；宁某等与沈阳市规划和国土资源局沈河分局行政许可一审行政判决书，(2014) 沈河行初字第 00041 号；姜某等 8 人与漳平市城乡规划建设局行政规划一审行政判决书，(2014) 漳行初字第 21 号；云某诉呼和浩特市规划局、呼和浩特市某房地产开发有限公司行政许可一审行政判决书，(2013) 新行初字第 30 号；范某等 28 人诉呼和浩特市规划局、呼和浩特市某房地产开发有限公司行政许可一审行政判决书，(2013) 新行初字第 00029 号。

② 王某、张某等与周口市规划局行政许可案，(2012) 西行初字第 7 号。

③ 欧某等 37 人与清远市城乡规划局城市建设行政许可一审行政判决书，(2014) 清城法行初字第 21 号。

④ 刘某等诉隆回县国土资源局不履行土地行政许可法定职责一审行政判决书，(2014) 隆行初字第 12 号。

⑤ 周某与东台市城市管理局行政许可二审行政判决书，(2016) 苏 09 行终第 355 号；南京市鼓楼区食品药品监督管理局与王某食品行政许可行政判决书，(2015) 宁行终字第 251 号；罗某、胡某乡政府二审行政判决书，(2018) 豫 17 行终 72 号；吴某与庆元县住房和城乡建设局行政许可二审行政判决书，(2015) 浙丽行终字第 23 号；李某诉北京市规划委规划行政许可二审行政判决书，(2014) 二中行终字第 214 号；孙某与南阳市卧龙区住房和城乡建设规划局城乡建设行政管理二审行政判决书，(2015) 南行终字第 00118 号。

⑥ 吴某与乐清市住房和城乡规划建设局行政许可二审行政判决书，(2016) 浙 03 行终 61 号；叶某、张某等与温州市政府二审行政判决书，(2014) 浙温行终字第 305 号；余某与安康市国土资源局建设用地行政许可二审行政判决书，(2016) 陕行终 188 号；王某与永嘉县住房和城乡规划建设局行政许可二审行政判决书，(2016) 浙 03 行终 266 号；刘某与葫芦岛市城乡规划局建设工程规划许可二审行政判决书，(2018) 辽 14 行终 44 号。

续表

二审判决类型		数量（件）	比例（%）
驳回上诉，维持原判	一审维持判决①	4	86.44
	一审确认违法，并责令采取补救措施②	3	
	一审确认违法判决③	32	

---

① 姚某与通道侗族自治县住房和城乡建设局行政许可二审判决书，（2013）怀中行终字第105号；张某与怀化市住房和城乡建设局行政许可二审判决书，（2013）怀中行终字第67号；藁城市某房地产开发有限公司等与石家庄市城乡规划局藁城分局其他纠纷二审行政判决书，（2013）石行终字第00174号；戴某、王某等与秀山土家族苗族自治县规划局规划行政许可二审行政判决书，（2013）渝四中法行终字第00058号。

② 周某诉莲花县住房和城乡建设局规划许可二审行政判决书，（2015）萍行终字第1号；方某诉莲花县住房和城乡建设局规划许可二审行政判决书，（2015）萍行终字第2号；仪征市某电器制造有限公司与仪征市城乡建设局行政许可二审行政判决书，（2014）苏行终字第0107号。

③ 刘某、岳西县城乡规划局城乡建设行政管理二审行政判决书，（2018）皖08行终17号；储某、岳西县城乡规划局城乡建设行政管理二审行政判决书，（2018）皖08行终22号；储某、岳西县城乡规划局城乡建设行政管理二审行政判决书，（2018）皖08行终23号；王某、岳西县城乡规划局城乡建设行政管理二审行政判决书，（2018）皖08行终25号；刘某、岳西县城乡规划局城乡建设行政管理二审行政判决书，（2018）皖08行终20号；成都经济技术开发区管理委员会和成都市某汽车大修厂行政许可二审行政判决书，（2012）成行终字第138号；陈某、林莲城乡建设行政管理二审行政判决书，（2017）粤53行终16号；陈某、林某城乡建设行政管理二审行政判决书，（2017）粤53行终15号；王某与高密市规划局行政许可二审判决书，（2014）潍行终字第11号；于某与高密市规划局行政许可二审判决书，（2014）潍行终字第17号；范某与高密市规划局行政许可二审判决书，（2014）潍行终字第4号；王某与高密市规划局行政许可二审判决书，（2014）潍行终字第7号；李某与高密市规划局行政许可二审判决书，（2014）潍行终字第13号；孙某与高密市规划局行政许可二审判决书，（2014）潍行终字第9号；牟某与高密市规划局行政许可二审判决书，（2014）潍行终字第18号；綦某与高密市规划局行政许可二审判决书，（2014）潍行终字第15号；王某与高密市规划局行政许可二审判决书，（2014）潍行终字第10号；郭某与高密市规划局行政许可二审判决书，（2014）潍行终字第21号；嵇某与高密市规划局行政许可二审判决书，（2014）潍行终字第14号（6）；朱某与南京市雨花台区住房和建设局村镇建设许可行政判决书，（2014）宁行终字第338号；叶某、何某与宁乡县城乡规划局规划行政许可二审行政判决书，（2015）长中行终字第00538号；王某与儋州市住房和城乡建设局行政许可二审行政判决书，（2017）琼97行终79号；陈某等58人与松原市规划局、前郭县广宇房地产开发有限公司规划行政许可二审行政判决书，（2017）吉07行终26号；张某、惠某等与无锡市规划局行政许可二审判决书，（2015）锡行终字第00185号；唐某、刘某与通江县住房和城乡建设局城市行政许可二审行政判决书，（2016）川19行终11号；汤某与扬州市环境保护局、扬州市第一人民医院其他二审行政判决书，（2014）扬行终字第00015号。

续表

二审判决类型		数量（件）	比例（%）
驳回诉讼请求	一审确认违法判决①	2	2.12
	一审撤销判决②	3	
撤销判决，驳回其他请求③	一审驳回诉讼请求	1	0.42
撤销判决，责令采取补救措施，驳回赔偿请求④	一审驳回诉讼请求	1	0.42
撤销判决并责令重新作出行为	一审驳回诉讼请求⑤	4	1.69
撤销判决	一审驳回诉讼请求⑥	2	1.27
	一审维持判决⑦	1	

---

① 张某与十堰市规划局、十堰市章翔房地产开发有限公司规划行政许可二审行政判决书，（2014）鄂十堰中行终字第 00007 号；佛山市国土资源和城乡规划局与何某城乡建设行政管理二审行政判决书，（2016）粤 06 行终 422 号。

② 南宁市武鸣区国土资源局与卢某二审行政判决书，（2017）桂 01 行终 212 号；赖某、邵某与茂名市电白区树仔镇人民政府土地规划行政许可二审行政判决书，（2016）粤 09 行终 136 号；紫金县国土局、张某诉张某土地行政许可二审行政判决书，（2016）粤 16 行终 41 号。

③ 广州某发展有限公司与广州市城市规划局撤回规划许可案，（2009）穗中法行终字第 320 号。

④ 占某与宁乡县双江口镇人民政府规划行政许可上诉案，（2008）长中行终字第 0094 号。

⑤ 童某、龙游县规划局城乡建设行政管理二审行政判决书，（2014）浙衢行终字第 19 号；潘某、刘某与永嘉住房和城乡规划建设局行政许可二审行政判决书，（2015）浙温行终字第 455 号；吴某、罗某与苍梧县住房和城乡建设局、梧州市住房和城乡建设委员会建设工程规划许可二审行政判决书，（2017）桂 04 行终 21 号；王某、罗某等与韶关市城乡规划局城乡规划行政许可二审判决书，（2015）韶中法行终字第 40 号。

⑥ 刘某与永嘉县住房和城乡规划建设局行政许可二审行政判决书，（2016）浙 03 行终 237 号；杨某诉凯里市规划局行政许可二审行政判决书，（2015）黔东行终字第 59 号。

⑦ 来某与杭州市工商行政管理局高新技术产业开发区（滨江）分局行政许可二审行政判决书，（2014）浙杭行终字第 99 号。

续表

二审判决类型		数量（件）	比例（%）
确认违法判决	一审驳回诉讼请求①	11	5.51
	一审撤销判决②	2	
确认违法，责令采取补救措施	一审撤销判决③	1	0.42
确认违法判决，采取补救措施，驳回其他请求	一审撤销判决	1④	0.42
确认违法判决，驳回其他请求	一审驳回诉讼请求⑤	1	0.42
维持一审撤销判决，责令重新作出处理决定（或行政行为）	一审撤销	2⑥	0.85
合计		236	

---

① 吴某、吴龙某与泰兴市黄桥镇人民政府规划行政许可二审行政判决书，（2014）泰中行终字第00153号；李某诉乐东黎族自治县住房和城乡建设局行政许可行政判决书，（2015）海南二中行终字第65号；胡某与绍兴市规划行政许可二审行政判决书，（2009）浙绍行终字第38号；施某与富民县人民政府永定街道办事处、第三人张某村镇建设许可二审判决书，（2014）昆行终字第40号；包某与乐东黎族自治县住房和城乡建设局、第三人林某行政许可行政判决书，（2015）海南二中行终字第66号；嵊州市规划局与金某行政许可二审行政判决书，（2016）浙06行终77号；陈某与东阳市规划局行政许可二审行政判决书，（2015）浙金行终字第2号；张某与武城县规划局行政许可二审行政判决书，（2016）鲁14行终116号；黎某诉兰州市城乡规划局规划行政许可行政判决书，（2018）甘行终76号；黎某与兰州市城乡规划局规划行政许可二审行政判决书，（2018）甘行终75号；陈某与东阳市规划局行政许可二审行政判决书，（2015）浙金行终字第1号。

② 颜某、周某与淮安市清河区城市管理局行政许可二审行政判决书，（2015）淮中行终字第00074号；颜某、周某与淮安市清河区城市管理局行政许可二审行政判决书，（2015）淮中行终字第00073号。

③ 杭州市规划局、浙江省劳动保障宣传教育中心与常某等13人规划行政许可上诉案，（2011）浙杭行终字第247号。

④ 中山市城乡规划局、中山某实业有限公司城乡建设行政管理二审行政判决书，（2011）浙杭行终字第247号。

⑤ 罗某与中山市城乡规划局、中山市某经济联合社许可类二审行政判决书，（2015）中中法行初字第207号。

⑥ 李某、金某与永嘉县住房和城乡规划建设局行政许可二审行政判决书，（2015）浙温行终字第369号；东山县城乡规划建设局与李某城乡建设行政管理二审行政判决书，（2018）闽06行终60号。

3. 再审判决类型

再审案件判决结案共 21 件，其具体判决类型见表 4—21。

表 4—21　　　　　　再审案件判决类型分布情况

判决类型		数量（件）
确认违法判决	一审驳回诉讼请求，二审驳回上诉、维持原判	3
驳回诉讼请求	一审撤销许可决定、驳回其他请求，二审驳回上诉、维持原判	1
维持终审判决	一审撤销不予规划决定，驳回其他诉讼请求，二审驳回上诉、维持原判	1
维持二审判决	一审驳回诉讼请求，二审确认许可决定违法、责令采取补救措施	8
撤销判决	一审驳回诉讼请求，二审驳回上诉、维持原判	1
维持终审判决	一审撤销行政处罚和许可决定、责令重新作出处理、驳回其他诉讼请求，二审维持部分一审判决、撤销部分一审判决	1
维持终审判决	一审维持判决，二审撤销许可决定	1
驳回诉讼请求	一审裁定驳回起诉，二审驳回上诉、维持原裁定	1
维持终审判决	一审维持判决，二审驳回上诉、维持原判	1
维持一审判决	一审驳回诉讼请求、二审撤销许可决定	1
撤销判决	一审驳回诉讼请求，二审驳回上诉、维持原判	1
维持终审判决	维持许可决定、驳回其他诉讼请求，二审驳回上诉、维持原判	1
合计		21

一审、二审、再审判决类型中撤销判决或者确认判决的比例较高，表明行政机关在行使行政许可权的过程中确实存在侵犯相邻权的问题。从撤销判决或者确认判决的理由看，主要集中在以下方面：第一，房屋间距、日照等不符合国家强制性规定。如胡某与永嘉县住房和城乡规划建设局行政许可案。人民法院认为"拆建房屋与原告房屋共墙毗邻，拆建由原房二层建为六层，隔距不符合规定，其四邻意见未由原告本人签署，被告和第三人均无证据证明是原告本人签字或已同意，应属于证据

不足"①。第二，被诉行政行为依据不足。如李某诉北京市规划委员会建设工程规划许可案。人民法院认为"由第三人提交并对真实性负责的原告作为相邻权人同意的签名经鉴定不具有真实性，故被诉规划许可依据不足"②。第三，事实不清。如苗某诉确山县住房和城乡建设局规划行政许可案。人民法院认为"建设用地规划许可证载明的用地面积与建设用地批准书批准用地面积不一致"③，事实不清，撤销建设用地规划许可。第四，不符合法定许可条件。如刘某诉永嘉县住房和城乡规划建设局规划行政许可案。二审认为"被上诉人永嘉县住建局在举证期限内没有提交作为许可依据的控制性详细规划，在《建设工程规划许可证审批表》以及许可证上，均没有体现其已经对建设工程是否符合控制性详细规划和规划条件进行判断的内容，无法证明涉案的建设工程符合控制性详细规划和规划条件"④。

（四）改判情况

1. 改判类型

二审法院改判有两种情形，一种是对裁定的改判；另一种是对判决的改判。其中对一审判决改判的案件共33件，占比达13.5%（见表4—22）。

表4—22　　　　　　改判案件判决类型分布情况

一审判决类型	二审判决类型	数量（件）
一审驳回诉讼请求	撤销判决，驳回其他请求	1
	撤销判决，责令采取补救措施，驳回赔偿请求	1
	撤销判决并责令作出处理	4
	撤销判决	2
	确认违法判决	11
	确认违法判决，驳回其他请求	1
一审确认违法判决	驳回诉讼请求	3

---

① 胡某与永嘉县住房和城乡规划建设局行政许可案，(2012) 温永行初字第27号。
② 李某诉北京市规划委员会建设工程规划许可案，(2013) 东行初字第196号。
③ 苗某诉确山县住房和城乡建设局规划行政许可案，(2013) 驻字行终第39号。
④ 刘某与永嘉县住房和城乡规划建设局规划行政许可案，(2016) 浙03行终237号。

续表

一审判决类型	二审判决类型	数量（件）
一审撤销判决	确认违法，责令采取补救措施	1
	驳回诉讼请求	3
	确认违法判决，采取补救措施，驳回其他请求	1
	确认违法判决	2
	维持一审撤销判决，责令重新作出处理决定（或行政行为）	2
一审维持判决	撤销判决	1
合计		33

2. 改判原因

二审改判裁定的主要原因在于对诉讼资格的判断标准不同。如王某与镇安县住房和城乡建设局城建行政许可案。一审认为，《建设用地规划许可证》并未设定、改变原告的权利义务，故其与被诉行政行为之间不具有法律上的利害关系，不具备原告资格，裁定驳回起诉。但二审认为一审法律理解错误，上诉人王某与原审第三人系相邻关系，具有诉讼资格，发回继续审理①。

二审改判判决的原因主要包括以下几个方面：一是认为法律适用错误。比如黎某诉兰州市城乡规划局规划行政许可上诉案。一审认为，"住房城乡建设部《城市居住区规划设计规范》（2002版）关于日照时间的国家标准，属于技术规范，不属于判断行政行为合法性的法律范围"②。故不属于行政诉讼裁判的依据，驳回诉讼请求。二审认为，涉案项目《规划条件通知书》明确载明规划应满足国家及兰州市相关日照标准，故国家标准《城市居住区规划设计规范》应作为判断规划许可是否合法的依据。因此认定建设工程规划许可证的行为不符合规划条件，被诉行政行为主要证据不足。在吴某等与泰兴市黄桥镇人民政府规划行政许可案

---

① 王某与镇安县住房和城乡建设局城建行政许可二审行政裁定书，(2018) 陕10行终13号。

② 黎某诉兰州市城乡规划局规划行政许可行政判决书，(2018) 甘行终76号。

中，二审认为一审判决适用《泰兴市实施〈中华人民共和国城市规划法〉办法》的规定处理本案，属于适用法律错误[①]，故改判确认违法。还有二审认为，原审判决关于行政许可行为内容上缺乏合理性、有违比例原则的认定有误，案件处理不当，依法应予改判[②]。二是对公共利益和个人利益的考量不一。比如杭州市规划局、浙江省劳动保障宣传教育中心与常某等 13 人规划行政许可上诉案中，二审认为涉案建设项目应确定为公益性建设项目，原审法院认定事实基本清楚，对被诉具体行政行为违法的认定正确；但未考虑撤销被诉具体行政行为将会给公共利益造成重大损失，本院依法予以改判[③]。

二　人民法院裁判逻辑

（一）原告资格的裁判逻辑

针对原被告有关原告资格的争议，不同的人民法院裁判原告是否具备起诉资格的逻辑大相径庭，对原告资格的裁判标准也不相同。大致分为四类：私法相邻关系标准、私法相邻权标准、利害关系标准、起诉条件标准。前两个标准可以看作利害关系标准在此类案件中的具化。同类型的裁判标准，还存在子标准的分歧。

1. 从是否具有私法相邻关系予以裁判

原告与被许可人之间存在私法相邻关系才具有原告资格。人民法院主要以物理距离、方位等判断是否具备私法相邻关系，但对形成私法相邻关系的具体要求不一。有的要求直接紧邻，有的要求在阴影范围，有的以一定数量的距离作为具体标准。

[①] 吴某、吴龙某与泰兴市黄桥镇人民政府规划行政许可二审行政判决书，（2014）泰中行终字第 00153 号。

[②] 佛山市国土资源和城乡规划局、何某城乡建设行政管理二审行政判决书，（2016）粤 06 行终 422 号。

[③] 杭州市规划局、浙江省劳动保障宣传教育中心与常某等 13 人规划行政许可上诉案，（2011）浙杭行终字第 247 号。

(1) 直接紧邻标准

以相邻的紧密程度判断是否产生私法相邻关系[①]。原告的不动产与争议许可建设的不动产之间不紧邻或者不直接相邻，则认为不相邻。"被告向第三人颁发的村镇个人住宅建设许可证的建设用地范围与两原告继承的房产不相连，仅是原告房产的东北角与第三人宅基地的西南角成相向对角关系……第三人的建设许可用地位于两原告房产的东北方向，并非直接紧邻两原告房产的前、后、左、右方位"[②]，并不具有私法相邻关系。这种裁判标准将相邻理解为"隔壁邻舍"，将原告资格限缩在与争议涉及的不动产直接物理相连的、前后左右四个方位紧邻的邻居范围内。

(2) 阴影范围标准

原告享有权利的建筑物在争议行政许可准予建设的建筑物的阴影范围内，即与被许可人具有私法相邻关系。原告"居住的桂苑小区1号楼与规划许可建设的14号商住楼均为南北朝向，两楼隔街相望，桂苑小区1号楼处于14号商住楼扇形日照阴影范围内，原告认为规划局的规划许可行为侵犯采光权，属于相邻权的范畴"[③]。照此逻辑，如果原告建筑物不在行政许可建设的建筑物阴影范围内，原告与第三人之间就不会发生私法相邻关系，其采光权不可能受影响，原告不适格。阴影范围成为人民法院判断是否产生私法相邻关系的物理依据。

(3) 一定距离标准

认为并非紧邻才相邻，应以争议不动产为圆心，将相邻关系扩大到一定距离的范围之内。"未直接相连接"但"临近"也可[④]。"原告房屋距离建设工程规划许可证范围内已建成的商品房100余米，不在该两证土地范围内，也未和该两证范围内建筑物相邻"[⑤]，故不相邻。但另案认为，原告经营的茶场与争议涉及的钒厂之间最近距离相隔不足200米，二者之

---

① 122件行政许可案件提到"紧邻"一词。
② 陈某等诉厦门市翔安区马巷镇人民政府住宅建设许可案，(2013)集行初字第15号。
③ 牟某诉高密市规划局行政许可案，(2014)潍行终字第18号。
④ 黄某、杨某等与崇义县城乡规划建设局城乡建设行政管理——城市规划管理一审行政判决书，(2016)赣0725行初6号。
⑤ 袁某、徐某等诉无锡市规划局行政许可案，(2014)惠行初字第00019号。

间互为相邻①。"某公司海域使用权的范围距离太平湾建设项目施工范围最近处仅2—3海里,加之海水流动的自然属性……太平湾公司与嘉恒公司之间存在相邻关系。"② 人民法院以距离作为相邻关系的判断标准,裁量幅度比较大。有的依据自身的生活经验,有的基于最大范围保护相邻权人的角度予以判断。

2. 从是否具有私法相邻权予以裁判

人民法院认为原告诉求的最终落脚点是通风、采光或者通行等私法相邻权问题,故以私法相邻权作为裁判原告资格的突破口。原告有无私法相邻权,是能否获得原告资格的关键。但并非享有私法相邻权即可获得原告资格。有的还会进一步判断私法相邻权的取得时间与行政许可决定作出之间的先后关系、私法相邻权的存续时间与行政许可期限的关系,原告主张的私法相邻权内容是否属于法律法规明确列举的范围,等等。

(1) 行政许可决定作出前取得私法相邻权标准

实务界普遍认为,私法相邻权始于权利人合法取得所有权或者其他用益物权之时。原告"认为颁证行为侵犯了通风、采光权,但未提供其使用和所建房屋合法性的相关证据,不能证明被诉行政行为侵犯合法权益"③。没有合法的所有权或者使用权证明,即便原告不动产在行政许可决定作出前已存在,也只能从其获得法定证明的时间确定相邻权形成的时间。"相邻权是权利人对建筑物合法享有的所有权或使用权在处理相邻关系时享有的权利,未经审批进行建设的建筑物依法不享有应予保护的相邻权。"④ 原告取得不动产所有权或者使用权的时间必须早于行政许可作出的时间,行政机关才具有对原告相邻权的保护义务。"五名原告所购房屋与涉案道路相邻,在被诉具体行政行为作出前原告已购买该房屋,被诉具体行政行为涉及相邻权。"⑤ 如果被诉具体行政行为作出在先,而

---

① 祝某与沅陵县城乡规划管理局行政许可纠纷案,(2015)怀中行终字第86号。
② 大连某投资发展有限公司与辽宁省瓦房店市人民政府、辽宁省瓦房店市海洋与渔业局再审案,(2016)最高法行申1551号。
③ 梁某因规划行政许可不服新蔡县人民法院行政裁定上诉案,(2016)豫17行终195号。
④ 张某诉天台县住房和城乡建设规划局案,(2014)浙台行终字第66号。
⑤ 张某等诉济南市规划局规划行政许可案,(2013)历行初字第224号。

原告主张的相邻权形成在后①，相当于行政机关在对行政许可进行审查时，原告的私法相邻权并不存在，故原告不能以行政许可决定作出时并不存在的私法相邻权提起行政诉讼。

（2）行政许可期限内取得私法相邻权标准

有的人民法院并不要求行政许可决定作出前必须取得私法相邻权，而是以原告对不动产的实际使用时间是否在行政许可期限内作为衡量依据。如岳某与深圳市交通运输委员会道路行政许可案。裁判认为，"虽然原告系在涉案行政许可作出后才租住在现经常居住地，但其居住时间在该许可期限内，涉案路口距离原告经常居住地700米左右，原告出行可能途经该处，且路口开设势必对周边的交通产生相应影响"②。以行政许可期限与原告不动产的所有权或者使用权期限是否有重叠作为邻人原告资格的判断标准，具有实质化解行政许可争议价值。

（3）私法明确列举的相邻权范围标准

相邻并不意味着必然享有以私法相邻权为由的原告资格，应根据其主张的利益是否已经纳入私法相邻权的法定保护范围予以判断。再进一步讲，只有主张法律明确列举的属于法定相邻权内容的相邻权，才享有资格。如果原告争议的不是截水、排水、通风、通行、采光等方面的权益受到侵害，则认为无权起诉。"原告居住的508室与案涉道路建设工程不存在相邻权的利害关系。"③故原告不适格。"原告与第三人公司的用地均是工业用地，其建筑均是工业生产性用房。在现行的法律规范中，对工业性用房之间的间距，没有通风、日照或采光方面的规定。并不是相邻建筑物之间就一定有利害关系，要看有没有妨碍相邻关系的物权利用。"④且这种妨碍是法律明确禁止的。将可以提起行政诉讼的相邻权限制在私法明确列举的相邻权范围内。

---

① 雷某、张某与南京市规划局等规划用地行政许可行政裁定书，（2013）宁行终字第36号。
② 岳某诉深圳市交通运输委员会道路行政许可案，（2016）粤03行终562号。
③ 陆某与余姚市规划局城乡建设行政管理一审行政裁定书，（2016）浙0281行初104号。
④ 浙江某液压有限公司与仙居县住房和城乡建设规划局行政许可一审行政判决书，（2013）台仙行初字第11号。

(4) 放弃私法相邻权丧失原告资格标准

并不是所有的私法相邻权人都有原告资格。"原告在第三人的居民建房审批表四邻意见北邻栏签名并按指模"①，"表明其同意第三人建房，对双方南北相邻，且间距仅0.6米的位置是清楚的，对第三人建房后可能对其通风、采光造成影响，并因此减损自己权益是认可的。被告在原告同意的情况下，颁发建设用地规划许可证并无不当。故不符合起诉条件"②。人民法院并不否认原告存在私法相邻权，但认为原告在行政许可决定作出前的先前行为阻却其行使行政诉权。既然行政许可决定对原告相邻权的影响事先获得了原告的同意或者原告没有异议，原告在行政许可决定作出后就丧失异议权，包括行政诉权。

(5) 私法相邻权实际（必然）受损标准

相邻权实际受损或者将来必然受损，是原告享有诉权的必要条件。"当行政相对人以外的公民、法人或者其他组织的通风、采光、安全居住等相邻权益实际受到行政行为影响时，因产生诉的利益而具备起诉该行政行为的主体资格。如相邻权益未受实际侵害，则不具备起诉主体资格。"③ "原告没有提供证据证实第三人建房造成了房屋损害和对其相邻权造成妨碍。"④ "原告并未提供证明涉案核建项目对原告的采光产生影响的证据，也没有提供能够推翻被告'建设项目日照分析报告'的证据。故认定原告与争议建设项目没有法律上的利害关系。"⑤ 只有私法相邻权实际或者必然受损才具有原告资格，实际是从实体结果判断是否存在利害关系。如果在涉案土地上尚未建造好房屋，故该房屋是否会影响上诉人的相邻权目前处于不确定状态⑥。如果行政许可决定"符合规划管理规定及技术性要求，不会减损原告作为周边居民依法享有的通风、采光、日

---

① 李某等诉永嘉县住房和城乡规划建设局规划行政许可案，（2016）浙0324行初86号。
② 李某与永嘉县住房和城乡规划建设局城乡建设行政管理二审行政裁定书，（2017）浙03行终95号。
③ 刘某不服重庆市规划局建设工程规划许可案，（2016）渝0112行初215号。
④ 谭某与湘乡市人民政府、第三人谭某撤销行政许可一审裁定书，（2017）湘03行初103号。
⑤ 李某与漯河市城乡规划局建设工程规划许可案，（2013）郾行初字第00032号。
⑥ 王某诉青岛市黄岛区城市建设局行政批准案，（2015）青行终字第15号。

照等相邻权益，不会增加责任或义务，亦不会造成阻碍消防、污染环境等消极影响"①，认为不存在法律上的诉讼利益或利害关系，不享有诉权。

(6) 私法相邻权可能受损标准

行政诉讼是主观诉讼。"只是要求起诉人主观认为被诉具体行政行为侵犯其合法权益即可，并未将被诉具体行政行为是否实际侵犯其合法权益作为起诉条件。"② 正如某案件裁判的那样，原告"之所以具有本案的诉权，是基于被告规划内容一旦实施，建成后的楼房可能对上诉人的阁楼造成遮光，影响到上诉人的相邻权"③。至于这种影响，是否在相邻权人的容忍范围内，并不是裁判原告资格时应当考虑的。"不论该影响是否在法定标准范围内，被诉行政行为与原告之间形成利害关系。"④ 以可能受损不以实际受损作为裁判标准，一定程度上扩大了原告资格范围。可能受损论强调保护邻人的程序诉权。

3. 从是否具备利害关系予以裁判

有的案件笼统地以利害关系标准而不是具体的相邻关系标准判断原告资格。认为"所谓利害关系，也就是有可能受到行政行为的不利影响。具体考虑三个要素：是否存在一项权利，该权利是否属于原告的主观权利，该权利是否可能受到被诉行政行为的侵害"⑤。有的认为所谓"利害关系"仍应限于法律上的利害关系，不宜包括反射性利益受到影响的公民、法人或者其他组织⑥。不同的人民法院对利害关系的适用不一。

(1) 直接利害关系标准

绝大多数人民法院认为相关人有资格，只是对相关人的范围界定有

---

① 周某等与湘潭市城乡规划局建设工程规划行政许可一审行政裁定书，(2016) 湘0304 行初 30 号。
② 罗某不服中山市城乡规划局规划行政许可案，(2014) 中中法行终字第 211 号。
③ 孙某诉大石桥市城乡规划建设局请求撤销建设工程规划许可证案，(2015) 营行终字第 30 号。
④ 陈某诉西安市规划局、西安市碑林区城中村改造办公室规划行政许可一审行政判决书，(2018) 陕 7102 行初 254 号。
⑤ 燕某、郭某、李某等与克什克腾旗住房和城乡建设局建设工程规划行政许可二审行政裁定书，(2018) 内 04 行终 202 号。
⑥ 李某与左云县住房保障和城乡建设管理局撤销行政许可二审行政裁定书，(2018) 晋 02 行终 50 号。

别。比如认为,"不动产的承租人是不特定的,承租人不属于行政许可的相关人"①。但仍有极个别的案件认为,利害关系人仅限于行政相对人。"建筑工程施工许可行为的相对人是第三人,该行为只对第三人发生效力,各原告主张的其与第三人之间的相邻权问题,与该行政行为的作出与否没有法律上的利害关系。"② 此裁判将利害关系局限于狭隘的行政相对人,实际上将所有的相邻权人排除在行政诉讼之外。

(2) 实际利害关系标准

极少数案件以作出行政许可决定时实际存在的相邻事实作为裁判利害关系的基准。只要相邻属实,原告赖以主张相邻权的不动产客观存在,不管其是否依法建设或者是否办理产权登记,都认为与争议许可存在利害关系。"虽然原告未经批准修建了副屋和小桥,且至庭审时一直未办理相关建设规划许可审批手续或者国有土地使用证。但原告在该处生活了20多年,第三人如按核发的土地界址建屋,必须拆除原告的副屋和天桥,原告的房屋二楼即成为空中楼房,无处可进出,原告的权益必然受到损害。"③ 以事实上的相邻状态作为利害关系的判断标准,再予以判断原告资格。

(3) 审查义务决定利害关系标准

审查义务的范围,决定行政相关人的范围,也就决定利害关系人的范围。如果被告对原告主张的侵犯其相邻权的有关事项并不负有审查义务,意味着原告相邻权的不利状态并不是被告不作为或者违法行为的结果。只有被告负有对争议事项的审查义务,邻人才享有起诉资格。"城乡规划主管部门在颁发《建设工程施工许可证》前,其并无职责必须审查与建设项目相邻的权利主体的权利保护问题,故建设项目的邻人并不是建设施工许可行为的利害关系人。"④ 这一裁判逻辑实际上是从被告的公

---

① 关某与中山市城乡规划局城乡建设行政管理一审行政裁定书,(2018) 粤 2071 行初 104 号。
② 张某等与胶州市城乡建设局行政许可案,(2014) 胶行初字第 9 号。
③ 陈某等诉化州市城建局规划许可案,(2014) 茂化法行重字第 3 号。
④ 李某与左云县住房保障和城乡建设管理局行政许可二审行政裁定书,(2018) 晋 02 行终 46 号。

法义务反推邻人是否享有公法权利。

（4）公法利害关系（主观公权利）标准

公法权利是邻人行政许可诉讼原告资格的权利基础。行政法上利害关系的发生，四要素缺一不可。"一是原告主张的必须是权利或者类似权利的利益。二是权益归属于原告。三是权益损害实际存在而非主观臆想。四是原告主张的权益受到行政规范保护。"[①] 只有私法上的相邻权，纳入了作为公法的行政许可法律规范的保护范围，成为主观公权利，邻人才与行政许可决定具有法律上的利害关系，才有资格提起行政诉讼。即便原告存在私法相邻权，如果行政许可规范没有保护私法相邻权的意旨，原告与行政许可决定就不存在行政法上的利害关系。刘某案对行政诉讼原告资格的裁量基准进行了有益的探索和发展，力图推行主观公权利标准，以行政实体法的规范目的判断原告与行政行为的利害关系。之后，相邻权案件也予适用，将原告资格的审查内容从原告诉称权益的现时及将来状态调整为原告是否依据公法享有权益。邻人赖以提起行政许可诉讼的公"'权利'必须是在行政法律关系中，并在行政行为作出之前已经实际存在的"[②]。此标准将原告资格的裁判基准时移到行政许可作出期间，且以行政许可规范作为具体的裁判依据。行政许可规范具有保护私法相邻权的目的，邻人才具有原告资格。

4. 从是否符合起诉条件予以裁判

还有的人民法院从行政诉讼法规定的起诉条件判断原告资格。认为只要符合行政诉讼法关于起诉条件的规定，即认为具有资格。如洪某与舟山市规划局行政许可案。被上诉人及原审第三人认为上诉人原告资格不成立，其取得房屋权属证书在被诉具体行政行为作出之后，故与被诉具体行政行为不存在法律上的利害关系，应予驳回。二审认为，原告认为被诉具体行政行为侵犯其合法权益（包括通风、采光、日照等相邻权）提起诉讼，既然符合《行政诉讼法》及司法解释关于起诉条件的规定，

---

① 关某与中山市城乡规划局城乡建设行政管理一审行政裁定书，（2018）粤 2071 行初 104 号。

② 赵某与肇源县房地产管理处城乡建设行政管理二审行政裁定书，（2016）黑 06 行终 182 号。

原告适格①。原告相邻权的取得时间不是判断原告资格的法定条件。

综上，不难发现，现行裁判标准存在自相矛盾的情形。自相矛盾的裁判标准，不仅有损司法权威，更不利于邻人诉权的有效保护。有必要从原告起诉的目的——"相邻权"入手统一裁判，更好地发挥行政诉讼制度的权利保护功能。

（二）审查义务的裁判逻辑

行政机关对行政许可的申请材料具有审查义务。但针对不同的行政许可申请，行政机关到底应当审查什么呢？人民法院对行政机关审查义务的认识并不一致。

1. 完备性审查还是真实性审查

行政机关对申请人的申请材料进行审查，是否只是审查申请材料种类是否齐全、形式是否完备，还是必须对申请材料的形式和内容进行一一核查呢？

有的人民法院强调完备性审查，只要材料齐全即可，无须对内容进行逐一核实。以相邻权人的签字为例。行政机关认为申请人应对申请材料的真实性负责，换句话说，行政机关只负责审查有无相邻权人签名，至于是不是相邻权人本人签名，则由申请人自己负责。在吕某诉北京市规划委员会行政许可案中，一审认为，被告在审批规划许可行为时，除要求第三人提交前述法定证件外，还要求其提交相邻权人同意翻建的证明，尽到了审查职责。但对于该签字证明的真实性非被告依法审查的能力范围。②

但有的人民法院认为，行政机关应当履行审慎审查义务，应当对申请材料的真实性进行审查，否则未尽责。如王某与永嘉县住房和城乡规划建设局行政许可案。二审认为被告在用地规划许可阶段和建设工程规划许可阶段均没有审核四邻意见的真实性，未尽审慎审查义务③。同样，在李某等与永嘉县住房和城乡规划建设局行政许可案中亦认为，被告未

---

① 洪某与舟山市规划局行政许可二审判决书，（2012）浙舟行终字第26号。
② 吕某与北京市规划委员会其他一审行政判决书，（2014）东行初字第559号。
③ 王某与永嘉县住房和城乡规划建设局行政许可二审行政判决书，（2016）浙03行266号。

按规定对第三人申请材料的实质内容进行核实,也未按照相关规定审查其内容的真实性,属于事实不清,证据不足,依法应予撤销①。部分人民法院认为,行政机关负有真实性审查义务。申请人对申请材料的真实性负责,是从申请人应当承担不履行真实性提供义务的法律后果而言的,并不意味着被告可以不审查真实性。

2. 多环节审查还是单环节审查

不动产所有人或者使用人使用、建设不动产,常常需要经过多环节许可。从用地规划到建设工程规划再到建设工程施工,根据现行法律制度,涉及建设用地许可、建设用地规划许可、建设工程规划许可、消防审核意见以及建设工程施工许可。不同的行政许可决定,审核对象不一样,且这些许可决定本身呈递进关系,前一许可系后续许可的前置程序。从起诉人的诉由看,他们认为各个环节都涉嫌侵犯其相邻权。是否所有环节都需要考虑相邻权问题,还是某些环节考虑相邻权问题,人民法院的裁判意见并不一致。

部分人民法院认为对相邻权的审查,只是建设工程规划许可环节的任务,并非建设用地许可、建设用地规划许可以及建设施工许可的法定审查内容。比如,有裁判认为,"涉案建房用地批准行为,仅涉及建房用地的四至范围和用地面积等,不存在影响已经建设房屋的通风、采光可能"②,也并不涉及建设项目的建筑高度、间距等可能影响相邻建筑的日照等因素③。建设用地规划许可仅是对土地用地性质许可为建设用地,确认建设项目位置和范围。日照、房屋安全等相邻权利,涉及建筑之间相邻关系,不是土地之间应考虑的④。因为并不直接产生日照、通风以及环境等问题。建设用地规划许可只产生征用、划拨土地的后果,并不会对

---

① 李某、金某与永嘉县住房和城乡规划建设局行政许可一审行政判决书,(2014)温永行初字第37号。
② 金某诉浙江省嵊州市人民政府土地行政批准再审案,(2016)最高法行申1957号。
③ 白某等与瑞安市住房和城乡规划建设局建设用地规划行政许可案,(2016)浙03行终140号。
④ 魏某诉郑州市城乡规划局建设工程规划许可案,(2014)金行初字第281号。

将来土地征收区域内的房屋所有人及相邻权人的利益产生实际影响①。相邻权的问题是工程建设规划时应考虑的范围。并且，日照测算是否达标，对周围建筑物的采光、通风、排水有可能产生的影响是否超越相邻权人的容忍限度等，也不是建设工程规划许可的法定条件。建设工程施工许可的本质是允许申请人具体实施建设工程规划许可的内容。该阶段对拟建设项目对周边建筑日照影响的审查建立在设计部门进行的测算及提交的设计图纸中所做的明示的基础上。建筑建成后对周边建筑的日照是否构成实际影响及影响的程度不属于建筑工程施工许可的审查范围②。就如建设用地许可不用考虑相邻权一样，建设工程规划许可并不考虑规划的范围是否侵犯建设项目用地范围内公民、法人或其他组织的土地使用权问题③。

但有的人民法院认为在建设用地许可环节，应当考虑相邻权问题。如紫金县国土资源局与张某土地行政许可纠纷案。二审认为，《建设用地批准书》所涉及的土地与被上诉人建房用地相邻，紫金县国土资源局在核准是否符合土地行政许可的条件时，需考虑作为相邻权人被上诉人的其他相关权利行使等因素④。还有人民法院认为，建设用地和建设工程规划是前后连续的过程，对于规模小的单项建设工程，可将属于建设工程规划许可审核的内容置于建设用地规划许可阶段。在用地规划许可阶段未作审查的，不能免除在建设工程规划许可阶段的审查义务⑤。

3. 条件性审查

部分人民法院认为，行政机关对行政许可申请材料进行审查，就是审查申请材料是否符合许可条件。比如，在城市、镇规划区内进行建筑

---

① 于某与丹东市城乡规划局、丹东某置业有限公司规划行政许可二审行政裁定书，（2018）辽06行终106号。
② 马某不服北京市规划和国土资源管理委员会建设工程规划许可案，（2015）朝行初字第854号；张某与武城县建设委员会城乡建设施工许可纠纷案，（2015）武行初字第11号。
③ 海门市某房屋建设有限公司与海门市住房和城乡建设局、海门市城市基础设施管理处行政许可二审行政裁定书，（2018）苏06行终546号。
④ 紫金县国土资源局与张某土地行政许可纠纷上诉案，（2016）粤16行终41号。
⑤ 王某与永嘉县住房和城乡规划建设局行政许可二审行政判决书，（2016）浙03行终266号。

工程的行政许可，许可机关必须要依据相关的控制性详细规划和规划条件，对申请人提交的建设工程设计方案等申请材料进行审查①。在餐饮公司设立登记中，行政机关只需审查是否符合设立条件，至于对环境、健康、治安等权益是否产生损害是公司取得法人资格后许可其经营时应该考虑的，如餐饮服务项目设施设备的新建、改建、扩建行为及其运行行为，公司的日常经营行为等。②行政机关对申请材料的审查重点应为是否符合特定许可的法定条件。法定许可条件决定行政机关的审查义务。

（三）程序义务的裁判逻辑

1. 公示告知混同论与公示告知不同论

行政机关是否依法履行告知、公示义务，人民法院有两种不同的裁判路径。一是认为只要经过了公示程序，即便没有履行告知义务，也不违反法定程序；二是认为公示程序不能取代告知程序。

有的裁判将告知义务与公示义务混同，认为公示程序可以取代告知程序。如林某等与徐闻县规划局城市规划行政许可案。"原告认为被告就'银泰花苑'设计方案进行行政许可审查时，未按法定程序告知原告，未听取利害关系人的意见"违法。有裁判认为，被告"对项目设计方案的总平面图进行了公示，公示期内，原告未提出异议，亦无证据显示被告存在应当发现该许可事项直接关系他人重大利益的情形，故被告在许可审查时未告知原告并不违反相关法律规定"③。二审认为行政许可"影响的是多个不特定的利害关系人，因此，被告采用批前公示的方式，将审批的位置、面积、平面等信息在建设项目现场予以公示，并无不妥"④。还有人民法院认为，公示是合法的告知方式，足以使相邻权人知情并行使各项权利⑤。"被告在批前公示中明确了对第三人建设项目提出异议的

---

① 刘某与永嘉县住房和城乡规划建设局规划行政许可案，（2016）浙03行终237号。
② 郑某与杭州市萧山区市场监督管理局等行政许可一审行政裁定书，（2017）浙010行初141号。
③ 周某诉安庆市城乡规划局规划行政许可案，（2014）宜行终字第00050号。
④ 林某等诉徐闻规划建设局建设工程规划行政许可案，（2014）湛中法行终字第48号。
⑤ 周某诉安庆市城乡规划局规划行政许可案，（2014）宜行终字第00050号。

期限及途径,未剥夺原告向被告反映对第三人建设项目意见的权利。"①既然已经对相关内容予以公示,原、被告均没有向法庭提供相关利害关系人要求听证以及提出相关建议的证据材料,被告作出的建设工程规划许可不违背行政许可法的上述规定②。既然公示的作用是将相关的事项在一定范围内公之于众,使社会大众知晓并征求意见和建议,只要利害关系人住所地与建设工程规划许可证公示地相距不远,属于上述公示的告知范围③,即为履行了告知义务。

另一些人民法院则认为,告知程序与公示程序属于不同的审查阶段,二者的程序意义不同。公示程序并不能取代告知程序。如姜某等诉宁乡县城乡规划局规划行政许可案。认为被告"在颁证前仅在《今日宁乡》上进行批前公示,未提供证据证明其在作出行政许可决定前已经明确告知享有申请听证等权利,且未依法组织听证即作出颁发建设许可证的行为,不符合行政许可法律程序"④。

2. 程序完备论与程序瑕疵论

作为过程的行政许可是由一系列程序构成的。哪些属于强制性程序,哪些属于任意性程序。各方意见不一。人民法院的裁判表现为两种倾向:严格程序和容忍瑕疵。

持严格程序论的人民法院认为行政机关应当严格遵守法定程序,否则属于违反法定程序,应予撤销。"一个完整的规划许可行为包括申请、受理、审核和决定、结果公布等步骤和顺序,缺少任何一个步骤都是不完备的,都是违反法定程序的行为。"⑤ 如果"被告未依法告知利害关系人享有听证权利"⑥,"没有举行听证会等形式告知利害关系人"⑦,即为程序违法。且行政机关在行政许可的过程中,应当以法定的形式履行程

---

① 李某诉郑州市城乡规划局建设工程规划许可案,(2016)豫 0105 行初 88 号。
② 李某与德州市规划局行政许可案,(2014)德中行终字第 65 号。
③ 王某等与丹凤县住房和城乡建设局城建规划行政许可案,(2016)陕 10 行终 22 号。
④ 姜某等诉宁乡县城乡规划局规划行政许可案,(2014)长中行再终字第 00342 号。
⑤ 洪某等诉郧西县城乡规划局城市规划行政管理案,(2014)鄂十堰中行终字第 00033 号。
⑥ 邓某等与麻城市城乡规划局建设工程规划许可案,(2016)鄂 1181 行初 42 号。
⑦ 路某等诉新乡市城乡规划局行政许可案,(2014)牧行初字第 74 号。

序义务。以召开规划咨询会的形式替代告知利害关系人享有要求听证权利错误，应当视为没有依法履行上述告知义务①。即便被告已将批前公示书及含有拟调整内容的有关附图张贴，但如果被告不能提交证明其张贴的时间是在作出许可决定前，即可认定被诉具体行政行为严重违反法定程序②。人民法院坚持严格程序裁判标准的理由在于，如果许可工程一旦建设，势必影响原告等相邻权人采光、通风、向阳、眺望、消防、通行等在先物权③。被告未履行听证告知程序，颁发许可证，违反了行政行为应遵守的正当程序原则④。

而另一些人民法院容忍程序瑕疵。虽然"被告未对第三人提交的申请审批表中的四邻签名进行认真审查，没有提供证据证明已经进行了公示，存在着瑕疵。但是，上述瑕疵并不影响被告作出具体行政行为的合法性"⑤。即便规划行政许可作出之前未举行听证，由于法律并未规定必须听证，故并不违反规定⑥。人民法院将结果，即从是否对私法相邻权造成实际影响作为是否容忍行政机关程序瑕疵的判断标准。

3. 无程序义务论与免除程序义务论

人民法院常常仅以特别法为依据判断行政机关是否具有程序义务。只有特别法规定了程序义务，行政机关才应当履行。比如，认为《城乡规划法》并没有规定行政机关在实施建设工程规划许可时应当听证，如果不属涉及公共利益的重大行政许可事项，且并不直接涉及与他人之间的重大利益关系，以行政许可没有组织听证为由要求予以撤销，理由不能成立⑦。

另外，人民法院虽然认定行政机关负有程序义务，但认为在特定情

---

① 许某等诉诏安县城乡规划建设局行政规划许可案，(2015) 漳行终字第 2 号。
② 王某诉永嘉县住房和城乡规划建设局规划行政许可案，(2016) 浙 0324 行初 62 号。
③ 陈某与新丰县住房和城乡规划建设局城乡建设行政管理一审行政裁定书，(2018) 粤 0203 行初 167 号。
④ 洪某与黄梅县城乡规划局行政许可一审行政判决书，(2015) 鄂武穴行重字第 00013 号。
⑤ 邓某与龙岩市新罗区住房和城乡规划建设局行政许可案，(2014) 龙新行初字第 32 号。
⑥ 广州市某食品有限公司与从化市规划局建设用地规划许可案，(2016) 粤 01 行终 59 号。
⑦ 朱某与托里县住房和城乡规划建设局、托里县某商贸有限公司行政许可一审行政判决书，(2017) 新 4224 行初 5 号。

形下程序义务可以免除。行政许可前听证的目的，是让利害关系人就重要事实充分发表自己的意见，防止利害关系人利益受到损失或侵害。在原告重大利益有保障途径的前提下，被告给第三人颁证之前未举行听证，并无不当①。行政机关的程序义务可以因其他保障途径的存在得以免除。如果利害关系人已经行使了异议权，法律规定的公示目的已经实现，就没有必要再次进行公示②。还认为针对同一事项的行政许可，后续变更行为如果对利害关系人有利，则不必再次履行程序义务。"建设面积略有调减有利于业主利益，被告许可前无须组织听证"③，听证义务亦可免除。在谢小平等不服阳朔县住房和城乡建设局城乡建设行政管理案中，人民法院就认为，虽然第三人建房定点图具体涉及了原告的相邻权应当进行公示，但在公示期间，原告签署了个人意见表示无异议。此后该定点图虽然因其他邻居提出异议并修改，但经修改后的定点图对原告而言应是相对有利的，故认为修改后的定点图不再进行公示合乎情理④。

（四）重大利益的裁判逻辑

根据《行政许可法》第 36 条、第 37 条的规定，行政机关的告知义务以审查时"发现行政许可事项直接关系他人重大利益"为前提。行政机关是否负有告知义务，必须满足两个条件：一是行政许可事项与他人具有直接关系，二是涉及重大利益。针对当事人关于重大利益的争议，人民法院裁判的价值取向不完全相同。普遍认为，何为"重大利益"，由于行政许可法并没有作出具体规定，应当结合实际情况具体看待，行政机关享有自由裁量权。

1. 实质影响标准

何种利益属于重大利益？有的裁判以"实质影响"作为裁判标准。

---

① 胡某等与长阳土家族自治县住房和城乡建设局行政许可案，(2014) 鄂长阳行初字第 00003 号。
② 范某等 40 人不服灌阳县住房和城乡建设局城市规划管理行政许可案，(2014) 桂市行终字第 20 号。
③ 大丰市某业主委员会诉大丰市住房和城乡建设局行政许可案，(2014) 大行初字第 0034 号。
④ 谢某等不服阳朔县住房和城乡建设局城乡建设行政管理案，(2016) 桂 0321 行初 6 号。

"实质"的内涵与不动产的空间实际使用效果相关。如王某等诉韶关市城乡规划局城乡规划行政许可案。一审认为"王友达等三十三人居住的是155号生活区,只是与争议行政许可的小区相邻,楼房的建设对'王某等三十三人'的视线包括人员、车辆的进出确实产生了一些影响"。但"对'王某等三十三人'生活区域现状没有实质性改变,车辆、人流也不可能大幅增加,并非同一个生活区间,相互间不产生实质影响"①。"实质影响"成为人民法院裁判是否关涉重大利益的裁判标准。实质影响应是直接影响,并非间接影响和潜在影响。如果只是"受到被诉行政许可的潜在影响,不属直接被涉及的重大利益关系"②。但由于"实质影响"本身的高度盖然性,人民法院的裁判标准具有较大的主观性。

2. 禁止事项标准或者容忍限度标准

有的人民法院在裁判是否构成重大利益时,其裁判的标准不是从结果意义上推断,而是以法律法规规定的禁止性事项作为判断标准。前述王友达等诉韶关市城乡规划局城乡规划行政许可案的二审法院否定了一审法院对重大利益的裁判。认为既然《物权法》第89条明确规定,"建造建筑物,不得违反国家有关工程建设标准,妨碍相邻建筑物的通风、采光和日照",表明相邻建筑物的通风、采光和日照事关公民的重大利益,法律才作出禁止性规定,以严格控制不予侵犯。由此,认为行政机关有关"重大利益"的裁量并非自由,而是受限制的。涉及禁止性事项的"通风、采光和日照"问题,必然属于重大利益范畴。这种判断基准不以结果是否产生影响为据,而是以许可事项涉及禁止性规定这一客观事实即可。违反禁止性规定,即超越了相邻权人应当承受的容忍限度。"基于相邻关系的固有功能,相邻建筑物的所有人或者利用人之间必须负有一定的容忍义务,只有在日照妨碍、采光妨碍和通风妨碍超出必要的容忍限度,受害人主张排除妨碍才能得到支持。"③ 禁止性事项决定了法定的容忍限度,而法定的容忍限度决定了受害人是否长期承受容忍义务,

---

① 王某等诉韶关市城乡规划局城乡规划行政许可案,(2015)韶中法行终字第40号。
② 贺某等与郴州市卫生局、第三人张某卫生行政许可案,(2015)郴苏行初字第1号。
③ 黎某与兰州市城乡规划局规划行政许可二审行政判决书,(2018)甘行终字第75号。

当属重大利益范畴[①]。如果没有违反禁止性规定，没有超越相邻权人应当承受的容忍限度，则不关涉重大利益。比如认为日照、通风、采光、排水、通行等相邻权造成的影响是在国家允许的范围内[②]，则认为没有超过法定的容忍限度，则不关涉他人重大利益。

3. 相邻关系标准

有的不以对相邻权的影响来考量，而是认为只要存在相邻人，存在相邻关系，则认为关涉重大利益。某一审案件认为，"被告审批的第三人建房位置与原告房屋相邻，故基于相邻关系，建设规划行政许可行为可能涉及原告的重大利益。但是被告在作出建设规划行政许可前，未告知原告陈述、申辩、申请听证的权利，也未公告违反法律规定"[③]。某二审案件认为，作为与原审第三人有相邻关系的上诉人，应属有重大利益关系的利害关系人，享有陈述、申辩和要求听证的权利，被上诉人未经权利告知作出规划许可，程序不当[④]。人民法院认为相邻利益无小事，涉及相邻利益当然属于重大利益。

（五）相邻权人签字的裁判逻辑

针对相邻权人签字不属实或者未经相邻权人签字是否违法的争议，人民法院的裁判呈现两种不同的态度。

1. 法定必要条件论

某些与不动产相关的行政许可必须经相邻权人指界或者签字认可。如不属实或者缺失，行政许可违法。比如有裁判认为建设工程规划许可应经相邻权人认可程序。在李某诉北京市规划委员会建设工程规划许可案中，一审认为，"建设单位需在申请办理《建设工程规划许可证》前征求相邻产权人、居住权人的意见。根据本案查明的事实，由第三人提交并对真实性负责的原告作为相邻产权人同意的签名经鉴定不具有真实性，

[①] 王某等诉韶关市城乡规划局城乡规划行政许可案，（2015）韶中法行终字第40号。
[②] 何某诉武汉市东西湖区国土资源和规划局、原审第三人武汉某房地产开发有限公司行政许可案，（2016）鄂01行终412号。
[③] 吴某等诉霞浦县住房和城乡规划建设局行政许可案，（2015）蕉行初字第45号。
[④] 王某等诉天台县住房和城乡建设规划局行政许可案，（2013）浙台行终字第117号。

故被诉规划许可依据不足"①。又如胡某与永嘉县住房和城乡规划建设局行政许可案。一审亦认为，"拆建房屋与原告房屋共墙毗邻，拆建由原房二层建为六层，隔距不符合规定，其四邻意见未由原告本人签署，被告和第三人均无证据证明是原告本人签字或已同意，应属于证据不足"②。

　　行政裁判认为相邻权人签字或者指界系法定必要条件并非一定源于法律法规的直接明示规定。有的源于行政规范性文件的要求。人民法院直接适用行政规范性文件作出裁判。既然行政规范性文件《关于城区征地户办理土地使用证及建房审批细则（试行）》规定"征地户申请建房审批应当提供四邻协议公证书，而本案第三人在申请办理建设工程规划许可证时未提交四邻协议公证书，被告作出建设规划许可行为不符合法定要件"③。在李某诉晋江市人民政府土地行政许可案中，人民法院认为，第三人在其提交的《晋江市个人住宅危房翻建审批表》中，使用了非原告李某本人签名的四邻意见，显然不具有真实性，且该签名是被告作出行政许可行为的必备材料④，故行政许可违法。还有的人民法院以行政规范性文件没有要求而判断不需相邻权人指界或者签字。比如，何某与广昌县建设局建设用地规划许可及建设工程规划许可案。审判认为，"根据江西省建设厅统一监制的《建设用地规划申请书》和《建设工程规划申请书》填报的要求，并无四邻意见一栏，故说明被上诉人核发该两证并不需要四邻签名，签订四邻意见协议书不是核发该两证的必备前提条件"⑤。人民法院参考行政规范性文件，将相邻权人指界或者签字作为行政机关履行告知义务、相邻权人实现参与权和程序权的具体手段和方式，并判断行政许可是否合法。因此，支持原告的主张，相邻权人指界或者签字是法定必经程序。第三人提交并对真实性负责的作为相邻产权人同

---

① 李某诉北京市规划委员会建设工程规划许可案，（2013）东行初字第196号。
② 胡某与永嘉县住房和城乡规划建设局行政许可案，（2012）温永行初字第27号。
③ 吴某等诉霞浦县住房和城乡规划建设局行政许可案，（2015）蕉行初字第45号。
④ 李某诉晋江市人民政府土地行政许可案，（2014）泉行初字第40号。
⑤ 何某与广昌县建设局建设用地规划许可及建设工程规划许可案，（2016）赣10行终65号。

意的签名经鉴定不具有真实性，故被诉规划许可依据不足，依法应予撤销①。

2. 非法定必要条件论

也有人民法院并不认为与不动产相关的行政许可一定须相邻权人指界或者签字，除非法律法规作出明确规定。如吴某诉沈丘县人民政府不履行颁发许可证法定职责案。沈丘县人民政府因吴某不能提供相邻权人指界签字的相关申请材料，故不予颁发许可证。吴某认为沈丘县人民政府不作为，一审判决沈丘县人民政府应当依法履行职责。而二审认为，"被上诉人与相邻住户是针对通道通行的相邻权纠纷，并不是土地使用权权属有争议。关于相邻权纠纷，纠纷当事人应当根据《物权法》第87条规定执行。四邻不指界签字并不是不予颁证的法定理由，上诉人以此理由不予颁证于法无据"②。还有人民法院认为，即便在相关申请表格中设计了四邻签章要求，由于法律法规没有将其作为法定许可条件，即便行政机关提供的申请表格设计了相关栏目，可以视为无法律依据增设许可条件，应不予支持。如王某诉建瓯市住房保障与城乡规划建设局规划许可案。二审认为，上诉人提出被上诉人住建局提供的用地规划申请表中的栏目填写不全，有关部门没有签署意见及四邻没有签章，因这些栏目不是法律规定的必经程序③，故在符合法律法规明示许可条件的情况下，即便没有四邻签章，亦不违法。四邻签字并非与不动产相关的行政许可的法定必要条件。在行政许可不作为案件中，有的人民法院也秉持这一逻辑。原告申请行政许可，但因通行问题涉及相邻人一建公司，遂征求相邻人一建公司意见，但一建公司不同意原告建房，于是被告以一建公司不同意原告建房为由暂缓原告报建，认为必须征得一建公司同意。但人民法院认为被告不予办理的决定没有法律依据④，其实也就是认为相邻权人签字非法定必要条件。

---

① 李某诉北京市规划委规划行政许可案二审行政判决书，(2014) 二中行终字第214号。
② 吴某诉沈丘县人民政府不履行法定职责案，(2015) 周行终字第80号。
③ 王某诉建瓯市住房保障与城乡规划建设局规划许可案，(2014) 南行终字第10号。
④ 韩某与儋州市住房和城乡建设局城建行政许可纠纷案判决书，(2015) 儋行初字第18号。

（六）是否侵害相邻权的裁判逻辑

当事人在以侵害相邻权为由的行政许可诉讼案件中的所有争议，最终均归结于是否侵害相邻权。人民法院据以作出侵害相邻权或者不侵害相邻权的裁判理由，间接影响着行政机关在行使行政权过程中对相邻权的保护程度。

部分人民法院先判断原告是否享有相邻权然后再判断是否侵害相邻权。如不能提供建设行为合法的相关证据，因此难以认定上诉人对该建筑物享有相关合法权益①。对不动产享有所有权或者使用权，是裁判相邻权受侵的前提。

1. 技术标准论

只要行政许可决定符合强制性技术标准，即便实际影响了其他人的相邻权，比如减少了日照时间，但基于容忍义务，相邻权益的缩减是法律允许的，从公法的角度看，并未侵害相邻权。在李某案中，二审认为即便规划许可行为造成上诉人"居住的楼房日照时间减少，但这种影响并未突破法律规定的最低标准，上诉人享有的合理的日照时间应限定在法律规定的范围之内"②。相反，即认为侵犯相邻权。比如，认为，第三人建房朝原告大院开窗，建筑物退让间距为0，违反了《江西省城市规划管理技术导则》的规定，被告在为第三人颁发《建设工程规划许可证》时未严格审查，实体上显然违法③。此类裁判以强制性技术标准为依据，且以规划许可方案而非实际执行的图纸或者已经存在的客观事实为基础。如乌某与乌兰浩特市规划局规划行政许可案。裁判认为，虽原告已取得房屋产权证书，但乌兰浩特市规划局为第三人出具的《规划设计条件书》及核发的《建设工程规划许可证》关于楼距及采光的规划设计系依据一层规划为车库所作出，该规划设计业已发生法律效力，故被告为第三人核发的《建设工程规划许可证》有事实依据，且并不违反相关法律及行政法规的规定④。

---

① 张某与天台县住房和城乡建设规划局管辖裁定书，(2014) 浙台行终字第66号。
② 李某诉石家庄市城乡规划局规划许可案，(2013) 石行终字第00174号。
③ 郭某甲不服信丰县城乡规划建设局建设工程规划许可案，(2016) 赣0722行初1号。
④ 乌某与乌兰浩特市规划局规划行政许可一审行政判决书，(2017) 内2201行初22号。

由于国家或者地方的技术标准并非总是羁束规定，裁量规定为人民法院预留了裁量空间。在罗某诉永福县住房和城乡建设局行政许可案中，二审认为"'不宜小于6米'是建议性条款，授权行政机关根据具体情况有选择性的适用，第三人新建房屋一、二层与上诉人房屋相距4米，二层以上为6米，且《日照分析报告》已从物理分析角度表明新建建筑没有影响到周边任何一栋居民房的日照"[1]。即便一、二楼只相距4米，基于裁量规定，亦认为不侵害相邻权。还有人民法院认为，行政机关"为了方便排水管道、化粪池等配套设施的日常使用、维护及居民通行的需要，要求润宏公司拟建围墙退界3米、与西侧交巡警大队围墙之间留有不小于6米的道路，已充分考虑了相邻关系，未侵害上诉人作为相邻权人的合法权益"[2]。但也有人民法院对裁量性规定作了更严格的理解。比如，认为根据村里的规划，胡同应该为4米以上，现东面已经不足4米，被诉具体行政行为确实侵犯了原告的通行权[3]。

2. 私法相邻权实际侵害论

有案件主要考量是否实际侵害私法相邻权，如实际侵害私法相邻权，即支持侵害相邻权主张。私法相邻权是否受到实际侵害，是人民法院判断相邻权是否受侵的事实依据。如王某诉青岛市黄岛区城市建设局城建行政审批案。一审认为，"现在第三人房屋尚未建成，原告无证据证明系第三人将要建设的房屋影响其排水"[4]。由于私法相邻权并没有被实际侵害，因此，不构成侵害相邻权。相反，如果私法相邻权实际受到影响，则构成侵权。如余某与安康市国土资源局建设用地行政许可案，二审认为，原审被告在为上诉人核发建设用地批准书时，未尽审慎审查义务，将西界余湾村原集体配电室、通往村组公路便道等用地，一并许可上诉人作为建设用地范围，侵害了被上诉人的通行等合法权益，依法应予撤销[5]。

---

[1] 罗某诉永福县住房和城乡建设局行政许可案，(2013) 桂市行终字第106号。
[2] 陈某等与如东县规划局确认工程规划行政许可违法案，(2012) 通中行终字第0048号。
[3] 王某诉谷阳县人民政府颁发土地使用证案，(2013) 阳行初字第1号。
[4] 王某诉青岛市黄岛区城市建设局城建行政审批案，(2014) 黄行初字第61号。
[5] 余某与高某、安康市国土资源局建设用地行政许可上诉案，(2016) 陕行终188号。

3. 公法相邻权侵害论

有的人民法院重点审查公法赋予的参与权、程序权等是否得到保障。如果作为行政许可决定利害关系人的相邻权人的参与权、程序权得到尊重和保障，则未侵权；反之，则认为侵权。无须原告承担私法相邻权实际受损的举证责任。

一是未履行告知义务，未保障相邻权人的参与权、听证权，侵犯相邻权。争议案件涉及的行政许可事项应属于直接"关系或涉及他人重大利益关系"的法定情形，被告未告知原告等利害关系人享有陈述申辩权，亦未告知相邻原告等利害关系人享有要求听证权利的情况下，径行作出行政许可，程序违法①；被告明知原告方对建设行为有异议，且已经向有关部门举报反映，"应当知道3号楼的建设与原告方有重大利益关系，剥夺原告方的陈述、申辩及听证的权利"②。被告在未依法告知利害关系人（即本案原告）享有听证权利的情况下，直接为第三人补办建设工程规划许可证，程序违法③。

二是认为没有履行公示公告等程序义务违法，侵犯公法相邻权。被告不能举证证明经过了公告程序，公示不符合法定要求，认为程序违法。如郑某诉泉州市城乡规划局台商投资区规划分局城乡规划许可案。裁判认为，在对外公示的行政许可告知书中告知利害关系人可提起听证的期限尚未届满就作出建设工程规划许可证，没有充分保障利害关系人提出听证的权利，程序不合法④。

除此之外，也有人民法院笼统地认定"因程序违法"，确认侵权。如印某与马鞍山市城乡规划局规划行政许可再审案。再审人民法院认为，建设工程规划许可对原规划条件有小微调，其程序中有不尽符合《安徽

---

① 俞某不服福建省长汀县住房和城乡规划建设局建设工程规划行政许可案，（2015）杭行初字第18号。
② 雷某诉南漳规划局建设工程规划许可案，（2016）鄂0626行初22号。
③ 邓某等诉麻城市城乡规划局、第三人麻城市某集团有限公司规划行政许可案，（2016）鄂1181行初42号。
④ 郑某诉泉州市城乡规划局台商投资区规划分局城乡规划许可案，（2016）闽0502行初110号。

省城乡规划条例》第 34 条规定之处,虽对申请人的权利不产生实际影响,但可以认定为属于程序轻微违法,从而可以确认该行政行为违法①。

除了单从私法相邻权或者公法相邻权视角判断行政许可决定是否侵犯相邻权之外,也有人民法院采取多元的裁判视角,既从技术标准,也从私法相邻权和公法相邻权等多重角度裁判相邻权是否受到侵害。比如,有案件笼统认定,"被告的行政许可行为并未实质影响到原告合法权益及程序权利的行使"②,从而不违法。

(七) 不予撤销判决的裁判逻辑

行政诉讼法及相关司法解释规定了行政行为撤销的法定情形。旧行政诉讼法包括:主要证据不足,适用法律、法规错误,违反法定程序,超越职权,滥用职权。新行政诉讼法增加一项:明显不当。综观人民法院的撤销判决以及不予撤销驳回诉讼请求判决并未严格执行法律的相关规定。

1. 程序违法不予撤销论

对于程序违法,人民法院不予撤销的裁判有以下三种逻辑。

一是裁判时实体合法不予撤销。依据行政诉讼法的规定,主要证据不足的,应予撤销。从裁判基准时而言,主要证据不足的时间到底是行政许可决定作出时,还是裁判时,人民法院有不同的看法。有的以裁判时作为裁判基准时。行政机关作出行政许可决定时,并不完全具备行政许可条件,但裁判时如果已经补足要件材料,即便违反先提交申请材料再作出行政许可决定的法定程序,也不予撤销。在苏某诉桐庐县人民政府建房许可案中,裁判认为,虽然桐庐县人民政府在作出本案被诉具体行政行为时缺少第三人户籍证明和无住房的证明,"现第三人提供了证明,如判决撤销本案被诉具体行政行为,重新进行程序性审批,其结果并不发生改变,且造成行政资源的浪费"③。从实体结果而言,撤销判决既然不能改变实体结果,反而会增加行政机关和申请人的成本,不宜撤

---

① 印某与马鞍山市城乡规划局规划行政许可再审案,(2016) 皖 05 行再 1 号。
② 李某诉郑州市城乡规划局建设工程规划许可案,(2016) 豫 0105 行初 88 号。
③ 苏某诉桐庐县人民政府建房许可案,(2013) 杭桐行初字第 1 号。

销。人民法院以裁判时实体上是否已经符合行政许可条件为重，忽视利害关系人的程序利益和对行政机关的监督，表明人民法院更加注重维持既有秩序。

二是指正程序瑕疵不予撤销。即便行政许可程序瑕疵，但如果违法程度不严重，并非违反法律法规的强制性规定，只是违反行政规范性文件，不足以撤销。如姚某诉通道侗族县住房和城乡建设局规划许可案。一审认为，虽然被告并未征求相邻权人意见①，但该许可符合通道侗族自治县县溪镇的总体规划，且所建房屋并不影响姚某的用地和正常通风采光，故认定建设工程规划许可依据充足。"颁发给原审第三人的许可证虽在程序上有些瑕疵，但不足以撤销被上诉人发给原审第三人的建设工程规划许可证。"② 对于程序瑕疵，人民法院只是指正并非撤销。

三是确认程序违法不予撤销。对于程序违法严重，即违反法律法规规定的强制性法定程序的，人民法院基于实体相邻权并未受害的事实，认为既成事实的行政许可不予撤销。如罗某与中山市城乡规划行政许可案。一审认为，被告在建设工程设计方案的总平面图已经改变的情况下，应当听取相关利害关系人的意见，但被告未采取任何形式的措施听取利害关系人的意见，属于程序违法。但鉴于41号许可证许可行为已经实施完毕，判决确认违法，但不撤销行政行为③。

2. 补救利益损失不予撤销论

对于存在法定撤销情形的行政许可决定，人民法院并非一定裁判撤销。认为相邻权人的利益可以通过其他途径获得补救的考虑，有的驳回诉讼请求④，有的确认违法。

在张国民等诉无锡市规划局规划行政许可案中，二审认为，"由于涉

---

① 湖南省住建厅《建设工程规划许可证审批程序》第三条规定："根据城市规划行政主管部门的要求，建设单位或者个人征求有关部门的意见。涉及影响相邻用地和建筑的建设工程，还必须征求相邻单位或者个人的意见。"

② 姚某诉通道侗族县住房和城乡建设局规划许可案，(2013) 怀中行终字第105号。

③ 罗某与中山市城乡规划局城乡建设行政管理一审行政判决书，(2015) 中中法行初字第207号。

④ 罗某诉中山市城乡规划局规划行政许可再审案，(2016) 粤行申778号。

案的10号、11号楼已建造完毕并陆续出售,如判决撤销上述规划许可行为,将对社会资源造成极大浪费,权利保护应当以不造成更广泛的利益损失为前提,同时鉴于对梨庄地块内的住宅的日照影响还可以采取其他方式进行补救"①,故不予撤销,确认违法。人民法院在利益权衡之后,选择保护"更广泛的利益"不受损失。但如果这种逻辑在司法裁判中广泛适用,将会使行政许可法规定的诸多强制性规定形同虚设。确认违法并采取补救措施判决广泛取代撤销判决,实际上有可能为违法许可打开方便之门。行政许可决定即便违背强制性规定,人民法院并不一定撤销,行政许可决定不撤销,其效力仍然存在,败诉方因违法获得的利益只是因补救措施有细微减少,但得到的是更多的不当或者违法利益。

姬某诉某县住房和城乡建设局建设工程规划许可案。行政机关依据日照分析软件审查认为符合法定日照要求,但建设工程主体完工后,相邻权人申请司法鉴定显示不符合法定日照要求。二审认为"被上诉人某县住建局提供的综合日照分析图与上诉人提供的司法鉴定报告采用的鉴定方法和结论均存有矛盾,上诉人认为三公司的建设工程规划许可综合因素影响其采光,可通过其他合法渠道解决相邻权争议"②,驳回诉讼请求。人民法院在当事人提交的证据材料互相矛盾的情况下,并没有直接判断采信哪一方的证据材料,而是以采光权可以通过其他合法渠道救济为由驳回诉讼请求不予撤销行政许可决定,人民法院选择保护既得的更多人或者更广泛的利益。在另一案件中,裁判法院也认为,原告的诉讼利益应限定在相邻权之内③。相邻权纠纷可以通过民事诉讼解决。判决不予撤销不影响原告主张民事权益。如果"第三人房屋业已建成,撤销第三人取得的建设工程规划许可证已无实际意义。原告诉称第三人房屋严重影响其房屋通风、采光,原告可通过其他途径来另行主张民事权利"④。这一裁判逻辑,更是揭示人民法院利益权衡的出发点和落脚地——两者

---

① 张某等与无锡市规划局规划行政许可案,(2015)锡行终字第00185号。
② 姬某诉某县住房和城乡建设局建设工程规划许可案,(2013)榆中法行终字第00056号。
③ 孙某诉大石桥市城乡规划建设局请求撤销建设工程规划许可证案,(2015)营行终字第30号。
④ 彭某不服大冶市规划局建设工程规划许可案,(2015)鄂大冶行初字第00112号。

相较取其重。如果认为相邻权利益小于行政许可实施后的既得利益，在行政程序合法的情况下，即便行政许可决定实际造成相邻权受损，也仅补救受损的利益而不撤销行政许可决定，以维护行政许可决定作出后业已形成的新的相邻关系。即便这些既得利益并不一定是公共利益。

3. 损害国家利益或者公共利益或者社会利益不予撤销论

即便行政许可实体违法、程序违法，甚至实体和程序都违法，但如果撤销该许可有可能损害国家利益、公共利益或者社会利益，人民法院不予撤销。比如唐某等与通江县住房和城乡建设局城市规划行政许可上诉案。认为，"第三人所修建房屋已经完工，并出售、交付给其他购房户，如判决撤销该建设工程规划许可证，撤销该规划许可，购房户无法办理产权手续，将影响局部稳定，对公共利益造成重大损害，但不属国家利益损害，一审法院以会损害国家利益表述不当，应当以判决撤销会给社会公共利益造成重大损害而判决确认建设工程规划许可行为违法"[①]。

4. 违反规章以下的技术性规范不予撤销论

规章不是审理行政案件的依据，只是参照审理的规范。如果行政许可决定没有违反法律法规的规定，只是与规章不符，则可依据法律法规裁判不予撤销。如黎某诉兰州市城乡规划局规划行政许可案。虽然原告主张本案规划许可证所涉及建筑不符合住房城乡建设部《城市居住区规划设计规范》（2002版）关于日照时间的国家标准，但该规范属于技术规范，不属于判断行政行为合法性的法律范围，[②] 不能以该规范作为依据裁判行政许可违法，故不能撤销行政许可决定。行政裁判的依据被严格限缩在法律法规层面。

---

① 唐某等与通江县住房和城乡建设局城市规划行政许可上诉案，(2016) 川 19 行终 11 号。
② 黎某与兰州市城乡规划局规划行政许可案行政判决书，(2018) 甘行终 76 号。

第 五 章

行政许可保护相邻权的
理论反思与建构

作为公权力行为的行政许可到底如何保护相邻权人的个人利益，或者说立法、行政以及司法如何在行政许可制度的制定、适用中保护涉及的相邻权，有必要从理论上予以回答。截至目前，国外学者已经取得了很多丰硕的研究成果。如英国提出公共义务原则，德国提出反射利益理论、保护规范理论等。其中，反射利益理论对我国的影响较大，保护规范理论也被越来越多的我国学者（包括理论界和实务界）关注，呼吁引入者众。但这些理论是否能够切实发挥保护作用呢？我们有必要从现实的困境反思理论的恰当性，或者从现实的困境发展并完善理论以更好地指导实践。

第一节　反射利益理论

长期以来，人们普遍认为公法旨在保护公共利益，并不直接保护个人利益。为了区别公法与私法对个人利益保护的差别，德国学者提出反射利益理论。耶贝尔（Gerber）首开反射利益理论先河，认为"国民因服从国家而获'反射权'。'反射权'是政治权利的衍生物"[1]。耶利内克

---

[1] 徐银华、肖进中：《行政法上之公权与反射利益理论的历史演变》，载中国法学会行政法学研究会主编《"中国行政法二十年"博鳌论坛暨中国法学会行政法学研究会2005年年会论文集：中国行政法之回顾与展望》，中国政法大学出版社2006年版，第848页。

(Jelinek)认为"反射利益是个人因公共法规获得的事实上的利益"①。布勒（Buhler）认为"国家强行法律法规一般均系以公益之维护为主要目的，因合法法规或行政机关的活动而受有利益，即为反射利益"②。田中二郎认为"法的反射效果则是法律法规规定某种命令，限制或者禁止而事实上所获利益"③。国内学者认为，行政机关依法实施旨在保护公共利益的公法规范，若"特定个人因此而受有某种利益时，此种受益，并非公法法规所保障的利益，而是个人以全体社会大众或者其他不特定多数人的一分子身份，因为法规执行而偶然受益"④。就行政许可而言，无论是申请人还是包括相邻权人在内的第三人，因许可或者不许可而获得的个人利益保护，均只是行政机关执行公法规范的反射利益。

一 相邻权益因反射利益获得保护

（一）相邻利益被包含在公共利益中受益

相邻利益与公共利益在本质上并不一定是冲突的。正如有学者分析的那样，"从共和主义视角看，公共利益与个人利益在逻辑上是根本一致的：公共利益和个人利益都是个人的，它们实际上只是个人自身构成中的不同维度"⑤。个人利益纯粹从自身需求出发，而个人维度的公共利益考虑了他者的需求。这个他者是广泛的，可以是具体的个人，也可以是某一群体；可以是当代人，还可以是后代人。

---

① 徐银华、肖进中：《行政法上之公权与反射利益理论的历史演变》，载中国法学会行政法学研究会主编《"中国行政法二十年"博鳌论坛暨中国法学会行政法学研究会2005年年会论文集：中国行政法之回顾与展望》，中国政法大学出版社2006年版，第849页。

② 徐银华、肖进中：《行政法上之公权与反射利益理论的历史演变》，载中国法学会行政法学研究会主编《"中国行政法二十年"博鳌论坛暨中国法学会行政法学研究会2005年年会论文集：中国行政法之回顾与展望》，中国政法大学出版社2006年版，第848页。

③ 徐银华、肖进中：《行政法上之公权与反射利益理论的历史演变》，载中国法学会行政法学研究会主编《"中国行政法二十年"博鳌论坛暨中国法学会行政法学研究会2005年年会论文集：中国行政法之回顾与展望》，中国政法大学出版社2006年版，第852页。

④ 杨小军：《行政机关作为职责与不作为行为法律研究》，国家行政学院出版社2013年版，第91页。

⑤ 转引自徐宗立《共和的法理：一项历史的研究》，社会科学文献出版社2012年版，第200页。

在行政许可制度中，立法者作出制度安排，首要考量的是公共利益。此公共利益可能立足于公共安全，也可能考虑公序良俗。比如，在建设领域，法律法规往往对城镇的建设密度、建筑物高度、建筑容积率、建筑物外形等作出规定，对防火通道、防火间距等作出安排。这些规定和安排，有的正好符合相邻权人利益，因此，相邻利益被包含在公共利益中获得保护。

（二）命令性、禁止性或者限制性法律规范的附随效果

立法者设计大量的命令性、禁止性或者限制性条款，以实现维护公共利益的立法目的。这些法律条款的实施，在保护公共利益、维护公共秩序的同时，某些具体的相邻权人附随获得利益。虽然这些附随利益并不是立法者主观追求的，也不是行政机关在执法过程中刻意考虑的，但相邻权人的权利事实上获得保护。

以建筑许可为例。比如我国台湾地区"建筑法"第34条规定，"起造人于申请建造执照前，得先列举建筑有关事项，并检附图样，缴纳费用，申请直辖市、县（市）主管建筑机关预为审查。审查时应特重建筑结构之安全"。行政机关在作出建筑许可决定的过程中，严格履行公法义务，对建筑结构是否安全进行审慎审查，保障新建建筑的结构安全，必然保障相邻权人的财产安全。还比如其他许可。《重庆市大气污染防治条例》第63条规定，禁止在居民住宅楼新建、改建、扩建产生油烟、异味、废气的餐饮服务、加工服务、服装干洗、机动车维修等项目。这一规定使得那些希望在居民住宅楼新建餐厅的申请者不能依法获得营业许可，该居民住宅楼所在区域的相邻权人的环境利益获得保障。

二 反射利益保护相邻利益的局限性

（一）偶然性

反射利益理论主张公法对个人利益的保护只是事实保护，只是保护公共利益附随产生的必然的客观结果。作为反射利益的相邻利益的实现完全依赖于行政机关依法履行法定职责。只有行政机关在严格执法的情况下，反射利益才会发生，相邻利益才会附随得以周全。但纵观中西行政法治实践，违法行政比比皆是，只是不同国家不同时代普遍程度、严

重程度不同而已。违法行政永远存在的原因在于执法者是具体的活生生的有个人私利的人，而立法者预设的执法者往往是一心追求立法者意图满怀公共利益没有个人利益，或者虽有个人利益但基于法律不利后果不得不摒弃个人利益只考虑公共利益的人。理想与现实的矛盾以致违法行政屡禁不止。并不必然追求公共利益的行政执法，并不必然维护公共利益，作为附随效果的反射利益并非必然。另外，裁量规定的广泛存在，也使得仅作为反射利益的相邻利益的保护不具有稳定性、可预期性。在行政机关享有选择权的情形下，行政机关的不同选择，对相邻权人而言，则可能产生反射利益或者反射不利益。在行政机关对间距、容积率等享有许可幅度选择权的情况下，对公共利益的保护程度不一样，使得作为反射利益的相邻利益获得保护的程度也不一样。总之，作为反射利益的相邻利益可能获得保护，但并不是必然的，具有偶然性。

（二）被动性

早期的反射利益理论认为，公民个人利益因行政机关实施法规范的反射效果获得保护。耶利内克、美浓部达吉等公法学者均倡导行政行为以维护和促进公共利益为目的，作为社会组成分子的个人从中受益源于行政行为的反射利益，而非法律对个人利益的特别保护。公法上奉行反射利益理论，使得行政法律规范不可能特别保护个人利益。行政机关没有依法履行公法规范规定的旨在保护公共利益的公法义务，附随于公共利益的个人利益即便受损，也并不能基于个人利益请求行政机关作为或者不作为，也不能请求法院裁判行政机关作为或者不作为。因公共利益而获反射保护的邻人同样因为没有请求权而只能被动地接受反射利益或者反射不利益。当然，从监督行政的角度而言，包括相邻权人在内的任何人都有权监督行政机关依法行政。但由于反射利益并不对应公法义务，或者旨在追求公共利益的公法规范并不作为行政机关的义务规范存在。在相邻权人没有获得反射利益的情况下，基于监督权，可以通过举报或者投诉督促行政机关依法行政，但由于那些可以获得反射相邻利益的法律条款规定的并不一定是行政机关的公法义务，举报或者投诉并不一定必然获得希望的救济。接受举报或者投诉的行政机关同样可能基于与原行政机关一样的理由作出同样的行为，作为或者不作为。

(三) 不完全性

反射利益理论最核心的要义就是没有获得反射利益的个人并不享有请求法院救济的权利。如德国《行政法院法》规定："除非法律另有规定，原告人只有在认为其自身权利被一个行政行为、拒绝行政行为或不作为侵害时，方可以提起诉讼。"与反射利益理论具有异曲同工之妙的英国公共义务原则也认为，"当受害人所受损害是由于行政管制作用所产生，不能和私法中的关系相比时，法院可能认为行政机关的这些义务只是对上级机关所负的义务"[①]。德国法院常常以法无明文规定及反射利益理论驳回相邻权人的请求权。我国《行政诉讼法》亦明令，"公民、法人或者其他组织认为行政机关和行政机关工作人员的行政行为侵犯其合法权益"才有权提起行政诉讼。《行政诉讼法》对行政诉讼原告资格限于自身合法权益的保护，实际上是不自觉地运用了私人公权利与反射利益的区分理论，把反射利益排除在国家私法保护之外。如果相邻权益仅作为反射利益存在，相邻权人并没有明确的法律依据保护其相邻利益，也就是说，相邻权人的利益在法律上并不存在，当然不能以其合法权益受损而提起行政诉讼。作为反射利益的相邻利益由于不能获得司法救济，从权利的存在样态而言，具有不完全性。

正是由于反射利益理论存在这样那样的局限，从其产生之时起，不同国家的学者均试图发展和完善它。日本行政法学界甚至对反射利益赖以存在的理论前提进行了质疑。他们认为，"法律上的利益和反射利益的二分论，是以公共利益和私人利益的二分论为前提的，而在民主国家中的所谓公益，最终不过是公众的利益的结合而已。因此，公共利益和私人利益的区分在原理上是难以成立的"[②]，从而从根本上否定反射利益理论。更多的学者则从第三人的角度对反射利益理论进行完善，赞同扩大承认诉之利益，使行政相对人以外的第三人，如果事实上蒙受不利益，

[①] 王名扬：《英国行政法》，中国政法大学出版社1987年版，第223页。

[②] [日] 原田尚彦：《行政法要论》，学阳书房1986年版，第103页；转引自徐银华、肖进中《行政法上之公权与反射利益理论的历史演变》，载中国法学会行政法学研究会主编《"中国行政法二十年"博鳌论坛暨中国法学会行政法学研究会2005年年会论文集：中国行政法之回顾与展望》，中国政法大学出版社2006年版，第852页。

在解释时应将之包含于法律上值得保护的利益而给予救济。不管如何，正如何海波教授感叹的那样，反射利益理论已显颓废之势①。

第二节 保护规范理论

一 保护规范理论的产生发展及内涵

（一）保护规范理论的产生及发展

保护规范理论的产生，肇始于对公民的公法权利与反射利益的区别，始于民法。"为减轻公务员个人责任负担，于其执行职务违背对第三人应执行之职务时，始成立国家赔偿责任。"② 人们通过分析公法规范的目的发现，并非仅保护公共利益。于是，"在学说上发展出'保护规范理论'，经由法律之解释，探求其保护目的，从而界定一项利益之为反射利益或权利"③。德国学者布勒创建保护规范理论，旨在克服行政的公益特质与取向。

19世纪后期，布勒指出，"客观的法规范仅于如下情形赋予臣民主观之公法上权利，法规之颁订，系有利于特定人或特定范围之人，以满足该等人民之个人利益，而非仅在公共利益"④。认为公法对个人利益的保护并非止于反射利益，认为某些客观法规范的目的就是直接保护个人利益。比如宪法规定的基本权利。此阶段，由于宪法并不具有直接效力，人们并不能直接享有宪法规定的基本权利，对法规意旨的探求，强调以立法者的主观意旨为主。第二次世界大战之后，巴霍夫（Bachof）等学者承继并发展其学说，认为在宪法已经具有直接规范效力的情形下，公法上权利的规范基础首先须从宪法以外的法规（主要是法律）探求。法律若没有明确规定，则须借助保护规范理论予以探求。探求法规是否旨在

---

① 何海波：《实质法治：寻求行政判决的合法性》，法律出版社2009年版，第217页。
② 董保城、湛中乐：《国家责任法：兼论大陆地区行政补偿与行政赔偿》，元照出版公司2005年版，第117页。
③ 陈敏：《行政法总论》，神州图书出版公司2003年版，第256页。
④ 李建良：《保护规范之思维与应用：行政法院若干裁判问题举隅》，载黄丞仪《2010行政管制与行政争论》，台北"中研院"法律研究所2011年版，第257页。

保护个人利益、公法上权利之存否，是法律解释（方法）问题。立法者的主观意志并不具优先地位，应从法规之规范体系及整体制度之框架条件探求保护意涵①。

保护规范理论经历了从旧说到新说的发展演变。旧保护规范理论从立法目的和立法原意出发解释法律是否具备保护个人权利的目的；新保护规范理论注重探求客观规范的目的，就规范结构、范围、适用对象的特定性及其他社会因素予以斟酌②。认为随着给付行政的发展，被法律所保护的个人利益逐渐扩大。在自由主义国家观中，公共利益的实现就在于保障公民的财产及自由。私益在一定情况下可以转化为公益③。"公共利益不是一个与个人利益相对立的术语，相反，公共利益是每个个人利益的总和。它是所有人的利益，因为它是每个人的利益；正如社会是每个个人的总和一样，公共利益也是这些个人利益的总和。"④ 后来，日本在规范保护理论中注入足够利益理论（值得保护利益理论），并且以正式法律的形式进行全新的包装，一方面增加了法院的能动性和裁量权，另一方面又明确了在进行法律解释时所应秉持的基本立场和基本方法⑤。

（二）保护规范理论的内涵

1. 公法特别保护个人利益

行政机关实施行政权的根本目的是维护公共利益，其职责应源于维护公共利益的需要。有学者认为，"公益旨在客观的法规范下，社会上各个成员事实上利益，互相影响衡量后之理想状态。某种状态是否属于社会成员利益衡量后的理想状态，在现代民主国家中，系先由立法者对社

---

① 李建良：《保护规范之思维与应用：行政法院若干裁判问题举隅》，载黄丞仪《2010行政管制与行政争论》，台北"中研院"法律研究所2011年版，第257页。

② 吴庚：《行政争诉法》，台北三民书局1999年版，第103页。

③ 廖珍珠：《利益衡量中的公众参与——以行政规划为例》，载胡建淼《公法研究》，浙江大学出版社2011年版，第101页。

④ 转引自胡玉鸿《法学方法论导论》，山东人民出版社2002年版，第284页；[英]史蒂文·卢斯克：《个人主义》，阎克文译，江苏人民出版社2001年版，第46页。

⑤ 高家伟：《公正高效权威视野下的行政司法制度研究》，中国人民公安大学出版社2013年版，第149页。

会成员间以及社会成员与国家权力间作抽象的衡量"①。也就是说，行政机关实施行政权维护公共利益的过程，就是行政机关衡量各个成员事实上之利益并作出达致理想状态的系列行为的过程。如果法律法规规定，"除保护公共利益之外，同时兼及保护个人利益，则受保护的个人即因该法规而享有公法上的权利"②。不同于反射利益理论的保护规范理论主张公民具有公法上的权利，只是这种权利应从法律规范的保障目的予以探求。如果法律规范的规范目的就是保障个人利益，行政机关在公法上就具有对公民个人的特别保护义务；虽然法律规范的规范目的是保障公共利益，但如果从法律的整体结构、适用对象以及可能产生的规范效果等进行判断，法律规范确实涵盖保障公民个人利益的目的时，公民亦享有公法上的基于保护个人利益的请求权。

2. 公法特别保护个人利益的要件

公法是否特别保护个人利益，学者们提出了不同的判断标准。"权威说完全以法的宗旨或目的为依据，区分法律保护利益和反射利益，并以此作为判断国民是否有排除违反行政请求权的根据，判例也基本采取了这种观点。"③ 我国"台湾地区保护规范理论主张四个要件，即存在保护规范、行政机关无裁量权（或者裁量缩减至零）、行政机关存在过错（故意或者过失）、特定人的自由或权利遭受损害"④。也有学者认为，区分公权利和反射利益的基本标准包括三个方面：法律法规的强行性规定，法律法规目的之私益保护性要素，法律法规直接赋予利益及对这种利益的保护。在私人所享有的利益中，符合这三个标准的私人利益应是其公权利，不符合这三条标准的私人利益才是反射利益。

---

① 李惠宗：《行政法要义》，五南图书出版公司2002年版，第5页。
② 李建良：《行政法基本十讲》，元照出版社2011年版，第198页。
③ 杨小军：《试论行政作为请求权》，《北方法学》2009年第1期；杨建顺：《日本行政法通论》，中国法制出版社1998年版，第198—199页。
④ 杜仪方：《从三鹿事件看我国行政不作为赔偿的法律空间》，载《中国法学会行政法学研究会2010年年会论文集：社会管理创新与行政法》，中国政法大学出版社2011年版，第1156页。

二 对行政许可保护公法相邻权的推动

如上分析，以反射利益理论为基础的公法并无特别保护公民个人利益之考虑。因此，长期以来，对相邻关系的调整仅限于民事领域。但随着社会的发展和科技的进步，仅仅依靠民法相邻关系制度远远不能解决相邻土地的空间利用和邻人利益保护问题。人们逐渐意识到，与不动产相关的许可不应仅限于保护公共利益，有必要保护必要的相邻利益。德国学者派纳认为："出于空间发展考虑的有计划的结构变更无论如何都不是民法所要求的，甚至可能还是民法所要阻止的，所以民法很难调控大空间的发展。正是由于这些原因，出现了公法相邻关系法。"[1] 公法相邻法律规范主要散见于作为一般法的行政程序法以及作为特别法的环境保护法、建筑（规划法）等公法。

保护规范理论兼有实体法与诉讼法的双重功能：一方面作为判断人们有无被客观法赋予或承认拥有主观公权利之基准；另一方面又是作为认定人们提起诉愿及行政诉讼时，是否具有诉愿及诉讼权能之操作工具[2]。

（一）行政许可制度中公法相邻规范的出现

公法对相邻权的保护逻辑大抵有两种：一是保护公共利益反射保护相邻权人利益；二是直接保护相邻权人利益最终保护公共利益。行政许可对相邻权的保护亦遵循此逻辑进路。保护规范理论强调从一般公法规范和公法相邻规范中探求法规范保护相邻权的目的。由于一般公法规范以保护公共利益为直接目的，难以真正有效保护个人利益。由此，公法相邻规范应时而生。公法相邻规范不同于私法相邻规范，也不同于一般公法规范。

由于相邻关系因不动产而发生，根据不动产是否涉及建筑物，分为无建筑物（土地）相邻关系和建筑物相邻关系。后者又可以分为建筑物之间彼此邻近而发生的关系和区分所有建筑物相邻关系。还有一种就是

---

[1] 金启洲：《德国公法相邻关系制度初论》，《环球法律评论》2006年第1期。
[2] 转引自柳砚涛等《行政诉讼法案例研习》，清华大学出版社2015年版，第124页。

建筑物与土地邻近而发生的相邻关系。行政许可制度中的公法相邻规范，既涉及建筑物相邻关系，也涉及土地相邻关系。一方面调整行政机关与申请人之间的关系；另一方面同时调整行政机关与相邻权人之间的关系。前者以实现公共利益为目的，后者主要是一种行政服务关系，以保护相邻权人利益为目的。公法相邻法同时以实现公共利益和保护相邻权人利益为目的，相邻权人享有公法相邻权。保护相邻权的典型法律规范是关于临界建筑的规定，以及关于特定狭小范围内的建筑功能用途的规定。有关居民区内建立设施的法律规范是为了保护居民利益。还比如，在行政许可程序中，规定相邻权人参与行政许可程序的目的旨在要求行政机关在行政许可的审查和决定过程中顾及和权衡与申请人利益可能相对立的相邻权人的利益，以保护相邻权人利益。公法赋予相邻权人公法上的权利，本质是赋予行政机关公法义务。比如，关于听证程序义务的规范，就是赋予邻人提出异议的权利以及预先规定邻人可获得（利用）的法律手段的规范。

以德国为例，基于防范危险、分配短缺资源以及规范市场结构等需要，先后出台行政许可制度，散见于《联邦德国行政程序法》《联邦德国行政法院法》《联邦德国行政执行法》中，以限制联邦宪法所保护的基本权利。其中涉及不动产的建设、开发以及使用等。比如建筑许可，其由公法建筑法具体规定。由于这些行政许可集授益行政行为与不利行政行为于一体，既对申请人授益也可能对利害关系人造成不利。立法者在维护公共利益保障申请人利益的同时，亦特别保护作为利害关系人的邻人的权益。"相邻权是一种私法权利，但具有明显的公法特征，是私法和公法所共同赋予的复合型形态。"[1] 于是，在行政许可制度中，出现旨在保护公法相邻权的公法相邻规范。德国各州颁发建筑秩序法要求建筑许可"不损害第三人的私权利"，相邻权人有权参与行政许可的审批程序，并规定防火间距、防火设施、停车位和车库不得扰民等，确定相邻相互顾及原则。德国《建筑法典》第 34 条第 1 款规定，"建筑工程计划要与周

---

[1] 彭诚信：《现代意义相邻权的理解》，《法制与社会发展》1999 年第 1 期。

边环境相协调"①。"如果相邻权人作为参与人参与到建筑许可程序中,行政机关必须向其告知拟对建筑许可申请作出的决定和理由。"②

随着服务行政理念在中国的崛起,我国的行政许可制度并非仅仅保护公共利益,有的规范以保护个人利益、公法相邻权为目的。我国台湾地区"建筑法"第69条规定,"建筑物在施工中,邻接其他建筑物施行挖土工程时,对该邻接建筑物应视需要作防护其倾斜或倒坏之措施。挖土深度在一公尺半以上者,其防护措施之设计图样及说明书,应于申请建造执照或杂项执照时一并送审"。这些规定被认为具有保护相邻权的法规范目的。

(二)保护规范理论对相邻权救济的影响

行政机关实施行政许可权,如相邻权人认为行政机关没有履行公法义务,致其相邻权受损,是否一定可以通过行政诉讼予以救济?以及法院是否支持以及如何支持其诉讼请求?法院往往以保护规范理论作为判断基础,或者说,保护规范理论深刻影响着法院的原告资格审查和合法性审查。

1. 对原告资格审查的影响

相邻权人认为行政许可侵犯相邻权,向法院提请救济。法院以什么标准判断原告资格呢?首要问题是解决诉请保护的相邻权是法规范保护的公法权利还是仅仅为反射利益?如果仅为反射利益,则无起诉资格。而要解决这个问题,必须判断是否存在某个公法相邻规范。如果存在某个公法相邻规范,相邻权人认为受损的相邻权才被认定为是法律所保护的合法权益。依据保护规范理论,"如果某一公法规范不仅仅以保护公共利益为目的,而且至少也具有保护(邻人)个人利益为目的,那么该规范就是一个具有保护第三人目的的规范,即公法相邻关系规范"③。目的解释是判断某一公法规范是不是公法相邻规范的法律解释方法。判断是

---

① 德国国际继续教育与发展协会、最高人民法院行政审判庭、国家法官学院编:《中德行政法与行政诉讼法实务指南:中国行政法官实践手册》,中国法制出版社2008年版,第426页。
② 德国国际继续教育与发展协会、最高人民法院行政审判庭、国家法官学院编:《中德行政法与行政诉讼法实务指南:中国行政法官实践手册》,中国法制出版社2008年版,第419页。
③ 金启洲:《德国公法相邻关系制度初论》,《环球法律评论》2006年第1期。

否存在公法规范是这一解释方法首先解决的问题。也有学者认为公法规范须为行政法律规范。如 H. H. 鲁普认为，行政对私人所应承担的义务的依据仅存于"行政法律"，"只有在一定的行政法律——不论是从其本身还是从宪法条文，应当被理解为保护私人利益的规范时，地位关系才可能存在"①。其次，该公法规范是否针对相邻权人。法律在执行中是针对作为权利人的特定人群，还是适用整个社会②。再次，相邻权人是否因规范获得主观公法上的相邻权。布洛伊尔（Breuer）认为具有主观公法相邻权者必须是：（一）为公法规定中得出，（二）且该条文规定了相邻利益冲突的归属及对利益的相互容忍及协调所形成的使用与作用之前提要件，（三）且能使彼此具衡平性者③。最后，对相邻人进行保护的公法规范，必须能够确定保护的相邻利益，既可以是程序利益，也可以是实体利益。

在法规范具有保护相邻权目的的前提下，到底何人为法规范保护的相邻权人，是解决原告资格的另一关键点。在德国，相邻权人包括"那些建筑工程涉及的邻接人，即与业主的土地接壤的土地所有人。根据具体的影响程度，相邻权人的范围可以明显扩大（比如企业排污时）"④。对相邻权人的司法保护范围包括土地所有人或者其他对该土地享有物上权利的人，但承租人和用益承租人在外⑤。德国联邦行政法院 1982 年裁决，一位渔民认为行政机关签发的、允许在海岸水域进行倾倒的许可证侵犯了他的生活，法院最终授予了他就该许可证的合法性进行起诉的资格⑥。据此，原告资格取决于规范目的，而规范目的"包含规范保护的主

---

① ［日］小早川光郎：《行政诉讼的构造分析》，王天华译，中国政法大学出版社 2014 年版，第 129 页。

② 德国国际继续教育与发展协会、最高人民法院行政审判庭、国家法官学院编：《中德行政法与行政诉讼法实务指南：中国行政法官实践手册》，中国法制出版社 2008 年版，第 426 页。

③ 陈慈阳：《环境法总论》，中国政法大学出版社 2003 年版，第 319 页。

④ 德国国际继续教育与发展协会、最高人民法院行政审判庭、国家法官学院编：《中德行政法与行政诉讼法实务指南：中国行政法官实践手册》，中国法制出版社 2008 年版，第 419 页。

⑤ 德国国际继续教育与发展协会、最高人民法院行政审判庭、国家法官学院编：《中德行政法与行政诉讼法实务指南：中国行政法官实践手册》，中国法制出版社 2008 年版，第 419 页。

⑥ 转引自张梓太主编《环境纠纷处理前沿问题研究：中日韩学者谈》，清华大学出版社 2007 年版，第 332 页。

体、规范保护的内容及规范所欲避免的损害方式三方面内容"[1]，规范保护的主体享有诉权。

具体的相邻权人认为行政许可侵犯相邻权，何时可以提起行政诉讼呢？一些国家的建筑法明确规定了建筑许可程序，赋予邻人参与该程序、对行政决定提出异议，以及在异议不成立时提起行政诉讼的权利[2]。另有观点认为，相邻权人对于国家许可程序有违反时可以提起救济，此时则依保护规范理论解释，必须当事人利益受到具体危害时才能提起救济[3]。

2. 对合法性审查的影响

法院受理行政诉讼后，是否支持以及如何支持诉请，直接决定相邻权是否能够切实获得法律保护。在相邻权人提起的行政许可之诉中，法院对行政许可合法性审查的范围和程度直接决定了司法对相邻权的保护范围和程度。

以德国为例，保护规范理论不仅影响法院的实体审查，也影响法院的程序审查。联邦德国《行政法院法》第113条第1款[4]要求，在相邻权人提起的行政许可侵害相邻权诉讼中，法院不仅要审查行政许可是否客观违法，还要审查提起诉讼的原告是否具有法律保护的相邻权并受到侵害。比如根据公法建筑法，如果某建筑物建在很靠近该相邻权人的土地的东侧，或者高出其建筑很多（但并不高于其西侧），违反了建筑法律规定，但原告的权利并未受到该建筑许可的侵害。这些规定房屋高度及间距的法律规范在本案中并不保护其权利，因为争议房屋并不位于该建筑土地的临界处。"法院应审查是否存在被违反的法律规范，并且该法律规范是否特别保护原告的权利。若行为虽违反法律规范，但该法律规范并非以保护原告的权利为目的，则应驳回诉讼请求，即使法院认定被诉许

---

[1] 徐建刚：《规范保护目的理论下的统一损害赔偿》，《政法论坛》2019年第4期。
[2] 侯宇：《行政法视野里的公物利用研究》，清华大学出版社2012年版，第154页。
[3] 陈慈阳：《环境法总论》，中国政法大学出版社2003年版，第319页。
[4] 联邦德国《行政法院法》第113条第1款规定，行政行为已因行政机关撤回或其他方式而得到处理的，根据请求，法院仍可在其判决中宣布该行政行为曾经违法，只要该原告人对该确认拥有正当利益。

可违反了某一（并非保护原告的）法律规范。"[1] 例如，相邻权人以空气环境质量未达标为由反对授予某工厂一项建设和运转许可证，而法院仅能认定该工厂违反了排放标准，但它不能撤销该许可证，因为排放标准是风险预防性质的，不是为了保护该特定的相邻权人[2]。建筑法上的邻人诉讼领域中的判例，在法规范的私益保护成为问题的时候，还是固执着保护目的的观念。例如，有判决强调，其他领域另当别论，在建筑法领域，不仅是近邻居民的保护，建筑人所蒙受的不利也必须在诉讼中得到考虑，所以，为了认定一定的建筑法规定有邻人保护性，"立法者为了其范围得到充分明确限定的人的利益而作出的明确决定"是必要的。但法规范的保护目的本身是否能够客观确定[3]则极大影响合法性审查的效果。

三 保护规范理论的局限

与反射利益理论相比，保护规范理论进一步加大了对个人利益的保护力度，一定程度上解决了反射利益保护个人利益的偶然性、被动性和不完全性问题。但从保护规范理论保护包括相邻权在内的个人利益的成效看，仍然存在保护不力的局限。这种局限源于保护规范理论本身的不完善以及法规目的解释的主观性。

（一）意旨探求的不确定性

无论是德国学者还是我国台湾学者均认为，保护规范理论发挥保护作用的前提是可以从法律规范推导出公民享有主观公权利。"公法上权利是人们提起行政诉讼的门槛要件，但问题根源并非在行政诉讼法上，而是如何从实体法规范探求并构建完整的公法上实体权利。保护规范理论的初衷如此，其续造与运用，也应植基于此。"[4] 保护规范存在，是行政

---

[1] 德国国际继续教育与发展协会、最高人民法院行政审判庭、国家法官学院编：《中德行政法与行政诉讼法实务指南：中国行政法官实践手册》，中国法制出版社2008年版，第363页。

[2] 张梓太主编：《环境纠纷处理前沿问题研究：中日韩学者谈》，清华大学出版社2007年版，第335页。

[3] [日] 小早川光郎：《行政诉讼的构造分析》，王天华译，中国政法大学出版社2014年版，第122页。

[4] 李建良：《保护规范之思维与应用：行政法院若干裁判举隅》，载黄丞仪《2010行政管制与行政争论》，台北"中研院"法律研究所2011年版，第316页。

机关保护相邻权的前提和基础。此保护规范是广义的，可以是法律法规，也可以是行政规范性文件，且应具有保护相邻权益的意旨。这种意旨源于法律法规赋予公法权利之规定，宪法基本权的规定，无瑕疵裁量请求权[1]。在法律规范明确规定的情况下，各方对主观公权利没有异议，不存在意旨探求难题。但如果法律规定不明确，规范目的需要法律解释才能够进一步探明，保护规范是否能够发挥保护作用依赖于法律适用过程中的解释。

有学者认为，"对立法机关和宪法解释机关而言，反射性权利和主观权利之间并没有严格的界限，立法可以使反射性权利转化为受救济的主观权利。对行政机关而言，同一行政行为在具体情况下可以是公民反射性权利亦可以为主观权利"[2]。法律解释本身的主观性、裁量性为公法规范是否包含个人利益保护目的增加了不确定性。比如日本学者为了解决反射利益理论对个人利益保护不足的问题，提倡通过目的解释扩大主观公权力的范围。我国台湾实务界提出结合体系解释推导法律规范对个人利益的保护目的。认为"如法律虽系为公共利益或一般国民福祉而设之规定，但就法律之整体结构、适用对象、所产生之规范效果及社会发展因素等综合判断，可得知亦有保障特定人之意旨时，则个人主张其权益因公务员怠于执行职务而受侵害者，则应允许其依法请求救济"[3]。虽然这些法律规范的意旨探求似乎朝有利于个人利益保护的方向发展。但这种阶段性的扩大解释正好说明了意旨探求的不确定性或者任意性。法律适用者在解释具体公法规范的过程中，可能基于不同的考量得出不同的结论。虽然一般认为，"法律设定个人权益保护目的的考量一般包括：事项本身的性质、权利的内在目的、国家目的、权利逻辑、目的解释"[4]。前述日本学界之所以对公法权利作扩大解释，最根本的原因在于国家目

---

[1] 李惠宗：《行政法要义》，五南图书出版公司2002年版，第65页。
[2] 汪进元、张扩振、汪新胜等：《〈国家人权行动计划〉的实施保障》，中国政法大学出版社2014年版，第235—236页。
[3] 吴庚：《行政法之理论与实用》，台北三民书局2005年版，第747—748页。
[4] 高家伟：《公正高效权威视野下的行政司法制度研究》，中国人民公安大学出版社2013年版，第136—137页。

的的演变和发展。有学者认为,"一个国家所奉行什么样的目的观,所制定的法律就具有什么样的保护目的。在国家目的的设定中,个人与国家的关系模式是其中的关键所在。对国家与公民之间关系的不同解读和设想形成了不同的政治哲学模式。一个国家的立法机关如何将某个法律规范定性为保护规范,进而设定其中的保护目的,在根本上取决于它所奉行的政治哲学"①。除了宏观的影响外,微观影响也会左右公法权利的判断。就我国当下而言,行政机关还易受地方阶段性行政目标的影响,司法机关可能考虑解释的社会效果。

意旨探求的不确定性,使得包括相邻权在内的主观权利的保护始终处于不确定状态。

(二) 预防保护的不完整性

相邻权与不动产相关,而不动产的建设、使用须公法先行介入。法律保护的途径有两种:一种是私法保护,一种是公法保护。公法保护相对于私法保护而言,偏重于预防保护。有的公法相邻规范通过赋予相邻权人程序权以实现对相邻关系的预防保护,弥补私法相邻规范多为抑制型保护或者事后救济型的不足。1976年《联邦德国行政程序法》第13条规定:"如果程序之开始将对第三人发生法律效力的,该第三人依申请应被命为程序当事人;官署如知悉该第三人者,应将程序的开始通知第三人。"② 这一规定为行使行政许可权的行政机关设定了公法义务,意旨在于预防对第三人的非法损害。预防保护个人利益受损应是保护规范的题中应有之义。但中外学界对保护规范理论的探讨旨趣,偏重于对公法权利的探讨、对个人是否具有诉权的探讨,注重保护规范的司法保护功能研究。而司法保护具有事后性。相邻权人有权通过行政诉讼救济的时间,是在行政许可作出之后。根据保护规范理论,一般认为"应以下列两项要素检证作为主观公法权利的相邻权是否存在的依据:该法律规范至少具有保护个人利益之意旨,该法律规范课予行政机关特定作为或不作为

---

① 高家伟:《公正高效权威视野下的行政司法制度研究》,中国人民公安大学出版社2013年版,第139—140页。

② 应松年:《比较行政程序法》,中国法制出版社1999年版,第103页。

义务。如果行政机关未完成或未于适当的时机完成法律上所课予的义务，即侵权"[1]。比如依据《德国行政法院法》第44条A的规定，相邻权人并不能通过提起履行之诉达到参与行政许可程序的目的。同样，针对行政机关不履行旨在保障相邻权人参与权的程序义务问题，我国也只能在行政机关颁发许可证之后才能够对此提起诉讼。预防保护不具有完整性。

（三）受损利益救济的不彻底性

根据保护规范理论，只要公法规范规定了主观公权利或者可以从公法规范推导出主观公权利，并赋予个人以主观公权利为基础的司法救济权，主观公权利才有可能实现，且只有撤销行政行为才可使法律关系恢复到作出之前的状态。但行政许可违法，并非必然撤销。相邻权与不动产的建设、使用有关，而不动产之所以称为不动产，是因为其具有不可移动性。即便法院认定行政许可违法，但由于不动产已经建成，基于公共利益或者社会利益考虑，只能作出确认判决，附带责令采取补救措施。此类救济对于采光权受到侵害的相邻权人而言，无论是经济补偿还是精神补偿，并不能实质救济被遮挡的自然采光。保护规范理论强调主观公权利及其救济，忽视如何在行政行为作出的过程中监督与主观公权利相对应的公法义务的履行，必然发生事后救济不能的结果。对于受损的相邻权而言，司法保护具有不彻底性。这一结果的发生，源于相邻权不同于其他权利，系其特征所致。基于相邻利益的不可恢复性或者难以恢复性，行政许可对相邻权保护更应该注重预防保护。

第三节　预防保护理论

反射利益理论和保护规范理论回答了公法可否保护包括相邻权在内的个人利益以及保护方式等问题。但就保护程度和保护效果而言，有待商榷。行政许可制度如何才能最大限度地保护相邻权呢？有必要回应相邻权保护及救济滞后引发的保护不力问题。为此，我们认为，在遵循反射利益理论、保护规范理论的同时，有必要加强预防保护。预防保护是

---

[1] 李惠宗：《行政法要义》，五南图书出版公司2002年版，第65页。

指行政机关在行使行政权的过程中依法采取措施预防利益冲突和不法损害，平衡保护多方利益。

20世纪70年代，为了应对环境问题，德国学界提出将预防原则作为国际环境法领域的基本原则，以预防损害和风险。预防原则"致力于高水平的保护"[1]，要义在于从源头阻止损害和风险的发生，其并不应仅限于环境领域。有学者认为，"人们不应当再去问，国家是否有权运用预防性手段，应该追问的是，为了什么目的、在什么限度内，以及在什么条件下，国家可以运用预防性手段"[2]。从预防性政府的角度而言，政府面对公共利益和私人利益的冲突，面对利益相关者相互冲突的利益，应当承担注意义务，预防不法损害和风险的发生。

一 预防保护相邻权的时间基础

理论的发展有赖于社会实践，实践的探索推动理论的演进。如何确定不同的行政行为对个人利益的保护方式、保护时间、保护途径，应当立足于行政行为的特征，也有必要考虑影响或者有可能侵害的个人利益的特点。

（一）行政许可决定的将来性

按照行政主体法律评价的行为对象是行政相对人已经作出的行为还是将来行为为标准，将行政行为划分为针对行政相对人已经发生的行为作出的行政行为和针对将来行为作出的行政行为。前者主要表现为行政处罚、行政确认、行政处分等，是行政主体对行政相对人已经发生的行为作出的行政法上的判断。后者主要表现为行政许可，是行政主体根据已有事实，对行政相对人的将来行为作出的行政法上的判断。由于行政主体对这两类行政行为进行法律评价的时间点不一样，也决定着行政主体对与之相关的第三人的个人利益的影响不一样。一个着眼过去，一个着眼将来。针对行政相对人已经发生的行为作出的行政行为，行政主体

---

[1] ［美］拉斯：《可持续性与设计伦理》，徐春美译，重庆大学出版社2016年版，第143页。

[2] 刘刚编译：《风险规制：德国的理论与实践》，法律出版社2012年版，第125页。

考虑的是对第三人是否已经产生影响、产生了哪些影响以及如何赔偿或者补偿的问题。针对行政相对人的将来行为作出行政许可，行政主体考虑的是对第三人利益，比如私法相邻权益是否会产生影响、将会产生哪些影响以及可能产生的影响是否合法与是否可以降低等问题。

(二) 私法相邻权实际致损主体是被许可人

与行政许可行为有关联的个人利益并不止一方，至少包括两方：行政相对人利益、第三人个人利益。其中，与不动产相关的行政许可或者行为地固定的行政许可关涉行政相对人和第三人的相邻利益。与行政许可相关的致损私法相邻权的情形无外乎以下两种：一是行政许可决定内容违法，行政相对人依行政许可决定的内容行为，侵犯私法相邻权。行政主体之所以作出违法许可，往往是申请人和行政主体连续违法所致，但私法相邻权益的损害实际发生于被许可人着手执行违法行政许可决定之后。二是行政主体依法作出行政许可决定而被许可人违法行为。其中能够实际致损第三人实体利益的主体更是行政相对人而不是作出行政许可决定的行政机关。但与行政机关疏于行政许可监督有关。

(三) 私法相邻权实际致损时间始于被许可人着手开展被许可活动

既然与行政许可相关的第三人的相邻利益的实际致损主体一定是行政相对人，且只有行政相对人从事许可活动后第三人相邻利益才可能实际受损，行政许可实际致损第三人私法相邻权益的时间点并不是行政许可作出当时，而是行政相对人着手开展被许可活动之后。从行政相对人申请行政许可到行政许可决定作出再到第三人相邻权益实际受损之间存在一定的时间差。三者之间的时间差为有权主体预防第三人相邻权益实际损害提供了判断时间，也为第三人预防自身相邻权益实际受损提供了救济时间。

二 预防保护相邻权的理论渊源

行政许可法预防保护包括相邻权人在内的公民的个人利益，是利益平衡的必然要义，也是服务政府的必然要求，更是行政许可有效保护公共利益的必然路径。

(一) 利益平衡理论

　　无论是功利主义法学派的边沁、耶林，还是社会法学派的庞德以及利益法学派的赫克、惹尼等人，他们都强调法的利益基础和利益对法的决定作用[①]。立法者有必要"认识所涉及的利益、评价这些利益各自的分量、在正义的天平上对它们进行衡量，以便根据某种社会标准去确保其间最为重要的利益的优先地位，最终达到最为可欲的平衡"[②]。作为规则的法律分配着利益，也影响并决定着利益的实现。随着社会的发展，利益分化日益加剧。传统行政法从预防公民权利受侵的角度，长期奉行控权理论。但为什么要控权呢？控权的目的是什么呢？控权是否一定能够实现维护公共利益、保护公民权利的目的呢？学者们逐渐意识到控权并不是目的，而是手段。尤其是在行政立法普遍盛行的新形势下，学界适时针对当代行政法的基本问题——行政立法过程中利益考虑不充分尤其不平衡的问题——提出新的行政法理论，即利益平衡论。"利益平衡论的主要目的不在于防止行政立法未经法律授权而限制个人权益，而在于保证所有受到行政立法影响的利益都能在行政立法权的行使过程中得到充分的反映和平衡。"[③]虽然利益平衡理论是回应行政立法这一抽象行政行为提出的，但它对其他行政行为同样具有理论价值。既然行政立法考虑了不同利益平衡的问题，行政主体在执法的过程中必然应当考虑利益平衡问题。平衡不同利益是法律、法规的天然使命。法律实施的过程，也是利益平衡的过程。

　　1. 行政许可涉及的多元利益

　　利益"是人们通过社会关系所表现出来的不同需要"[④]。在同一行政许可事项中，不同主体的需要并不一定相同。"利益多元化，是指社会主体为追求自身的生存和发展，在多元的社会结构中所呈现出来的多元的

[①] 尹奎杰：《利益平衡论》，载张文显《法学理论前沿论坛》（第二卷），科学出版社 2003 年版，第 101 页。

[②] 尹奎杰：《利益平衡论》，载张文显《法学理论前沿论坛》（第二卷），科学出版社 2003 年版，第 101 页。

[③] 周汉华：《现实主义法律运动与中国法制改革》，山东人民出版社 2002 年版，第 147 页。

[④] 《中国大百科全书·哲学卷》，中国大百科全书出版社 1982 年版，第 483 页。

利益需求和表现形式，即利益主体多元化、利益客体多元化以及由此带来的多样性的利益分化、利益冲突及利益整合。"[1]

行政许可事项涉及的利益主体并不仅只代表国家的行政机关和为了个人利益的许可申请人，常常还包括其他利害关系人：不动产权利人、相邻权人、竞争权人以及环境权人等。这些利害关系人，有的与申请人利益一致，有的不一致，均是行政许可中的利益主体。比如，开发商经建设工程规划许可、建筑施工许可等建设商品房，相邻权人认为不符合建筑法规关于建筑间距的强制性规定请求撤销行政许可。此建设工程规划许可事关已经购买商品房的不动产权利人、作为许可申请人的开发商以及相邻权人。购买商品房的不动产权利人的利益与开发商的利益相对一致，而相邻权人与开发商的利益则可能发生冲突。行政许可涉及的不同主体利益，可以划分为国家利益、社会利益和个人利益。申请人之所以向行政机关申请行政许可，必然涉及其个人利益。行政机关作出许可或者不予许可决定，必须考虑是否与公共利益、社会利益或者国家利益相符。同时，按照行政许可法的规定，涉及他人重大利益的，必须履行告知义务。也就是说，行政机关必须考虑其他利害关系人的个人利益。行政许可涉及的利益主体不是单一的，因主体的需要不同，必然因利益分化表现出利益多元化。

2. 多元利益的平衡保护

因相邻权产生的行政许可纠纷，存在两种情形：一种情形是行政机关因相邻权人异议，对申请人作出不予许可决定，申请人不服；另一种情形是相邻权人认为行政机关对申请人作出的许可决定侵犯其相邻权，相邻权人不服。这两种纠纷在本质上是相同的，提出异议者认为行政机关仅考虑了一方利益没有考虑另一方利益或者没有平等保护各方利益。利益是"对人类关系进行调整和对人们的行为加以安排时所必须考虑的东西"[2]。行政机关作出许可决定或者不予许可决定，必须依据法律对多

---

[1] 尹奎杰：《利益平衡论》，载张文显《法学理论前沿论坛》（第二卷），科学出版社2003年版，第95页。

[2] Roscoe Pound, Jurisprudence, West Publishing Company, 1959, Vol. 3, p. 16.

元利益进行平衡保护。"既要考虑到社会公共利益、被许可人、行政许可第三人之间的利益平衡,也要考虑到社会整体运作效率的提高的问题。"①"国家机关在作出任何决定时,应当进行通盘考量,不能片面追求公益或某一方的利益,必须同时尊重并考虑不同的利益,并依实际情况进行客观的衡量和取舍。"②

"利益平衡论认为,法对利益所起到的作用更主要地体现为一种平衡的作用。运用法律协调与平衡利益关系,主要靠的是制度化的规范指引。"③《行政许可法》第 36 条之所以规定行政机关应当听取申请人、利害关系人的意见,就在于充分尊重各方利益。行政机关在行使行政许可权对社会关系进行调整的过程中,必须依据法律对国家利益、行政许可申请人利益以及包括相邻利益在内的行政许可相关人利益等进行确认、维护与平衡,并调和这些利益之间的冲突,以保障各种利益主体的利益需求在行政许可过程中得以实现。具体地讲,行政机关必须平衡好公共利益与行政许可申请人利益之间的关系、公共利益与相邻权人利益之间的关系、行政许可申请人利益与相邻权人利益之间的关系。既要"禁止保护不足",还要"禁止过度侵害"④。

3. 平衡保护多元利益的方式

行政机关如何行使行政许可权才能够平衡保护不同利益主体之间分化或者对立的利益呢?"以公众参与为特征的利益平衡论在当代各国行政法的发展中受到了普遍的关注与回应,代表着当代行政法的最主要发展方向。"⑤ 在行政机关行使行政许可权的过程中,要平衡保护好多元主体的不同利益,最重要的就是应当让利益各方均参与到行政许可的过程中,

---

① 徐涛:《论我国行政许可第三人的范围确定》,《天津法学》2012 年第 1 期。

② 郭庆珠:《论行政强制法中的比例原则》,《南阳师范学院学报》(社会科学版) 2006 年第 8 期;马纬中:《应予衡量原则之研究:以行政计划为中心》,载城仲模主编《行政法之一般法律原则》(二),三民书局股份有限公司 1997 年版,第 501 页。

③ 尹奎杰:《利益平衡论》,载张文显《法学理论前沿论坛》(第二卷),科学出版社 2003 年版,第 96 页。

④ 陈慈阳:《环境法总论》,元照出版有限公司 2003 年版,第 272 页。

⑤ 周汉华:《行政立法与当代行政法——中国行政法的发展方向》,《法学研究》1997 年第 3 期。

充分表达各自的意见。

公众参与多元利益的平衡，不应局限于某个阶段，应当贯穿于立法到执法的全过程。首先，在立法环节，立法者应当充分听取并吸收不同利益主体对行政许可立法的意见和建议。立法者代表人民制定行政许可制度，当然要维护作为整体的人民的公共利益，同时也要代表不同利益主体维护具体的个人利益。在立法表决之前的审议环节，向社会广泛征求意见，允许不同利益主体充分发表意见，是实现利益平衡的首要方式。其次，在行政执法环节，行政机关行使行政许可权的过程也应当是与利益相关者进行沟通、对话的过程。尤其是行政机关的决定关涉他人重大利益的，应当为其提供发表意见的机会，为行政许可决定收集尽可能全面的事实依据。

（二）服务行政理论

西方学者在批判新公共管理理论的过程中，提出了新公共服务理论。认为政府的主要任务是服务而不是掌舵。1913年莱昂·狄骥提出"公共服务"概念。之后，德国行政法学家厄斯特·福斯多夫明确提出"服务行政"概念。随着研究的深入和行政本身的发展，服务行政概念的内涵也不断变迁和完善，不限于生存照顾，不限于给付行政，而是与统治行政相对应的新的行政范式。

1. 服务行政的核心价值是公共服务

服务行政的应然状态是将"服务"视为一种核心价值，使其成为一种理念、一种精神、一种目标，并进一步以此为原则去进行社会制度设计和制度安排[①]。公共行政的服务价值源于国家与社会、国家与公民关系的转变。在秩序行政理念下，国家与公民的关系是支配和服从关系。在服务行政理念下，国家与公民的关系还具有合作或者服务关系。行政许可法是维护公共利益的法，也是为公民、法人和其他组织提供服务或者与他们合作保护公民、法人和其他组织合法权益的法。行政机关行使许可权的目的是双重的，既是对公民、法人和其他组织的规制，又是为其提供服务或与其合作，以维护公共利益。

---

① 江必新、刘新少：《服务行政与自由法治之辩》，《理论与改革》2011年第1期。

2. 服务行政的服务对象广泛

作为理念的服务行政并不只是空中楼阁，而应通过一系列的制度予以体现和实现。或者说，服务行政需要具体的切实的服务活动实现公共服务的价值。行政主体行使行政权的过程，也是公共服务提供的过程。但公共行政为谁服务呢？或者说公共服务这一核心价值应通过为谁提供公共服务而达致呢？传统的公共行政理念将行政法视为控权之法，忽视了法律人本观念，公民自身在参与社会事务时如何对权利加以保护才应当是行政法立法主旨得以确立的因由①。服务行政的对象不仅是单一的行政相对人，还包括受行政行为影响的相关人。具体到行政许可而言，行政机关在行使行政许可权的过程中，既应当为申请人提供服务，还应当为那些与行政许可事项有利害关系的行政相关人提供服务，这样才能够实现《行政许可法》规定的"保护公民、法人和其他社会组织的合法权益"这一立法宗旨。在服务行政理念下，行政许可法设计的行政许可程序，既要考虑如何为申请人，还要考虑如何为包括相邻权人在内的利害关系人提供服务。

3. 服务行政的服务方式是双向行政

服务行政的核心要义是服务而不是统治、服从，其行为方式必然不同于传统的单向命令式行政。单向命令式行政强调以高权强制行政相对人服从并执行行政决定。这种单向行为方式可能出现与民众意愿不相符的情形，反而危及统治秩序和社会秩序。"服务行政"作为一种理念，其实质就是民主行政②，强调最大限度地尊重民众意愿，尤其是在作出可能对公民不利的行为时，应为公民提供发表意见的机会并充分考虑其辩驳意见。在此意义上，公民的主体性地位得到认可和尊重，政府治理模式逐渐由"管制型"向"公共服务型"转变，行政行为模式逐渐从服从行政到协作行政再演变到双向行政。行政主体通过主动式服务和被动式服务实现公共行政目的。

---

① 蒋银华：《政府角色型塑与公共法律服务体系构建——从"统治行政"到"服务行政"》，《法学评论》2016年第3期。

② 莫于川、郭庆珠：《论现代服务行政与服务行政法——以我国服务行政法律体系建构为重点》，《法学杂志》2007年第3期。

双向行政不同于单向行政，其程序轨迹是先征求民众意见，注重公民在行政过程中的民主参与，然后在综合考虑并兼顾各方意见的基础上作出行政决定。征求或者听取意见的过程就是为民众服务的过程，就是保护公民、法人或者其他社会组织合法权益的过程。行政机关行使行政许可权，如何贯彻或者落实服务行政理念呢？同样需要行政机关遵循双向行政的决定逻辑，即考虑申请人的申请意见，还应考虑利害关系人是否有不同意见，为行政相对人和行政相关人提供平等服务，然后在法律法规规定的范围内作出许可或者不予许可决定。

(三) 行政行为过程性理论

1. 作为行政行为的行政许可的过程性

行政行为的过程性，有广义说和狭义说。广义说认为行政行为的过程必然包含立法和执法。先立法，然后依法执法。狭义说认为行政行为的过程指的是法律具体适用的过程。正如有学者分析的那样，"每一个实际存在的行政行为，都呈现为一种时间上的持续过程；都包含若干的程序环节和发展阶段，因此都具有过程性"①。行政主体作出行政行为经历的一系列程序和环节，是行政行为的组成部分，这些程序和环节共同构成了行政行为。而且行政行为经历的程序环节具有先后顺序，后程序启动依赖前程序的完成。不同的行政行为，由于其承载的制度功能不同，法律安排的程序环节不完全一样。从法治行政的角度看，构成行政行为的每一程序和环节均有其法治意义。从行政效率的角度看，只有那些可以达致立法目的的程序和环节才应该作为法律程序。从经济成本的角度看，应当选择那些公共财政支出少、公民财产影响小、时间耗费少的程序作为过程行为。

行政许可是行政行为的一类，同样应经历一系列的程序和环节，而且那些具有规制治理价值的程序和环节应作为行政许可的强制程序。行政许可法要真正实现保护公民、法人和其他组织的合法权益的立法目的，必须设计与之相匹配的程序和环节。行政许可的阶段性行为的构成由行政许可法的立法目的决定。

---

① 朱维究、胡卫列：《行政行为过程性论纲》，《中国法学》1998年第4期。

2. 行政许可过程的类型

行政许可法的多元立法目的，需要相应的程序规范予以保障。行政许可的过程应由一系列具有不同程序价值的环节和阶段构成。

（1）以行政程序与行政许可决定的关系为据

以行政程序与行政许可决定的关系为依据，行政许可包括"了解取证的准备阶段、作出决定的阶段、最后宣告阶段"以及行政决定后的监督阶段[①]。这四个阶段的发生秩序必须遵循先取证后裁决的基本原理，应当依次进行。前者是后者的程序基础，只有经过了前程序才能够实施后程序，而只有后程序的继续才使得前程序能够实现其程序意义。

（2）以是否有参与人参与行政许可程序为据

行政许可过程是由一系列连续程序组成的。在这个连续过程中，行政机关对行政程序的推动具有主导权。但行政许可程序并不是行政机关的独角戏。按照行政程序是否有参与人为据，可以分为由行政机关独自完成的程序、申请人参与完成的程序、利害关系人参与完成的程序、公众参与完成的程序。不同的步骤，其参与人并不完全一样。法律规定由利害关系人参与完成的程序，其他人不能替代。同样，法律规定必须由其他人参与完成的程序，行政机关不能独自完成。行政机关独自完成的程序，不能委托不利于程序价值实现的其他主体行使。

（3）以行政机关是否具有裁量权为据

多样繁杂的行政许可事项，程序设计应具有针对性。不同类型的行政许可，法律规定的程序不应完全一致。即便是同一行政许可事项，由于具体情况不一样，法律法规也未必作"一刀切"规定。以行政机关是否具有裁量权为标准，可分为强制程序和任意程序。任意程序，法律为行政机关预留了选择的空间。强制程序，行政机关必须严格遵守。在行政许可实施的过程中，行政机关是否可以完全自由选择任意程序呢？行政机关只享有相对自由选择权。行政机关取舍任意程序的前提是行政机关可以通过其他程序实现任意程序的功能或者该任意程序的功能已经通过先前程序实现。任意程序的取舍不影响许可决定或者不予许可决定的

---

① 朱维究、胡卫列：《行政行为过程性论纲》，《中国法学》1998年第4期。

实体结果。

3. 行政许可程序的权利保护价值

不同的行政程序，其承载的功能不相同，具有的权利保护价值各异。正如日本学者分析的那样，"行政过程论是一种如何让掌握各种行政法律现象的'价值中立'的观察方法"[①]，其功能是为利害关系之调整提供场所[②]。行政许可过程旨在为所有与行政许可事项有关的人提供充分表达的机会。除行政机关之外的行政许可程序参与人参与行政许可程序，一是可以协助行政机关了解掌握客观情况，二是可以了解掌握利益相关方的预期，以预防保护各方利益。

（1）了解取证阶段

了解取证阶段的程序功能在于对申请人提交的申请材料进行核实，为行政许可决定提供事实依据。行政机关了解取证、核实申请材料的过程，既是维护公共利益的过程，也是保护公民权利的过程。从相邻权保护的角度讲，本阶段应弄清楚相邻关系的现状，为行政机关判断行政许可决定是否影响相邻权及影响程度提供证据支撑。这一阶段重在了解行政许可决定的现实基础，包括已经存在的事实和行政许可活动将要产生的未来事实。比如建设工程修建性详细规划设计的建筑间距。由于申请人、利害关系人本人的利益与行政许可申请事项直接关联，他们参与行政许可程序，可以协助行政机关收集行政许可决定的事实依据。行政许可程序在这一阶段相对具有开放性，并不能由行政机关独自完成，而应当视情况主动通知或者同意利益相关者参与到调查、审查程序中来，以实现行政许可程序对公权力的保护价值。

（2）作出决定阶段

作出决定阶段相对具有封闭性。行政机关立足于了解取证阶段收集的证据材料，在事实与法律之间来回穿梭，在平衡多元利益的基础上，作出许可决定或者不予许可。在这一阶段，行政机关重在行使判断权，依据法律法规从实体方面作出行政决定。从相邻权保护的角度讲，行政

---

① 江利红：《日本行政过程论的主要观点探析》，《国家检察官学院学报》2012年第3期。
② 赖恒盈：《行政法律关系论之研究》，元照出版有限公司2003年版，第82页。

机关作出许可决定或不予许可决定，必须受制于了解取证阶段收集的全部证据材料，并不限于申请人提交的申请材料，应当包括相邻权人在内的利害关系人的不同意见。行政机关基于事实和法律对申请人，包括相邻权人在内的利害关系人的意见进行综合判断，经利益平衡之后作出合理决定，既可以平等保护公民权利，还可以有效维护公共利益。

(3) 宣告阶段

行政机关作出许可决定或者不予许可决定之后，应向行政相对人、利益相关者和社会进行宣告。这一阶段具有开放性。宣告阶段的功能在于行政机关将行政许可决定告知申请人、利益相关者和社会，既是回应申请人的申请，也是回应利害关系人的意见，还在于主动接受社会的监督。行政许可决定一旦宣告，不能随意更改，既可以限制行政机关，还可以保护信赖利益。

(4) 监督阶段

行政许可制度的终极目的是督促被许可人依法开展许可活动。完整的行政许可行为并非止于行政许可决定的宣告，还应当包括监督被许可人是否按照许可决定开展许可活动。人天然具有逐利性，为了避免被许可人违法追求自身利益，行政机关有必要继续监督被许可人是否遵守许可决定。但又由于行政事务的繁杂性与行政人力资源的有限性，并不能对行政许可活动进行适时监督。为此，可以赋予行政机关裁量权，但对于那些事后难以恢复的、与不动产相关的行政许可事项，行政机关应当对事后难以改变的环节进行同步监督。比如《湖北省城乡规划条例》第37条第2款规定，"建设工程开工之前，由城乡规划主管部门组织定位、放线；其基础工程或者隐蔽工程完成后，由城乡规划主管部门组织验线，合格后方可继续施工"。

行政许可决定后的监督属于事中监督，主要功能是及时发现并制止被许可人违反行政许可决定的行为，对拒不纠正的，可以依法予以惩戒，直至撤销许可决定。既保护公益，也保护个人利益。

三 预防保护相邻权的法律逻辑

（一）在第一次法律适用中主动预防对相邻权的不法侵害

预防保护不同于反射利益保护，也不同于规范保护。反射利益保护理论强调通过保护公共利益附随保护个人利益。规范保护强调公法赋予公民主观公法权利以请求有权机关保护其个人利益。尤其强调公民通过主观公权力请求司法机关事后救济其认为业已受损的个人利益。预防保护则强调行政机关在行政执法环节主动预防保护个人利益，将预防保护个人利益作为行政机关的法定义务。这些法定义务的设定目的在于督促第一次法律适用应平衡好公民个人利益以及个人利益与公共利益之间的关系。行政机关在行使行政权的过程中应主动对包括相邻权在内的公民个人利益进行预防保护，防止行政决定不法损害公民现有的合法权益。这种预防保护不只是对公民主观公法权利的回应，还包括行政机关基于法律法规的主动作为。

（二）预防保护义务的设定目的在于阻止将来发生相邻权损害

1. 相邻权预防保护义务应由特别法予以规定

并不是所有的行政许可事项均涉及相邻权保护问题。与相邻权相关的行政许可事项只涉及两种类型：一是与不动产相关的行政许可事项；二是行为地固定的行政许可事项。行政机关对相邻权的预防保护义务，无须在作为一般法的行政许可法中设定，只需在有关的特别法中予以规定。按照损害是否可以通过事后救济恢复为标准，可以分为事后可以恢复型损害和事后难以恢复型损害。预防保护相邻权的价值在于阻止事后难以恢复型损害的发生。行政机关的预防保护相邻权义务应围绕事后难以恢复型损害的发生机理予以规定。

2. 行政机关预防保护相邻权的主要义务

预防的本质在于防患于未然。而防患于未然的要义在于事前的干预和调整。

（1）实质审查与不动产相关的或者行为地固定的行政许可事项

虽然行政许可法对行政机关的审查方式作了弹性规定，到底是形式审查还是实质审查，行政机关享有较大的自由裁量权。但与不动产相关或者行为地固定的行政许可事项，行政机关应当进行实质审查，减少因履行审查义务不到位而导致的相邻权受损。如果仅作形式审查，容易发生既成事实之后的恢复原状不能。

（2）主动告知并依法保障相邻权人参与行政许可程序

作为授益性行政行为的行政许可决定可能打破申请人与邻人之间既存的利益格局。行政机关在对行政许可申请材料进行审查的过程中，应该在法律框架之内建立新的平衡的利益关系。一是主动履行告知义务；二是根据相邻权人的请求保障其程序权的实现。要预防保护包括邻人在内的利害关系人的利益不因许可而非法受损，应赋予其在行政许可过程中享有请求权。请求权的内容包括：参与行政许可程序的权利、充分发表意见的权利、请求行政机关核实的权利。如德国《联邦行政程序法》第13条规定："如果程序之开始将对第三人发生法律效力的，该第三人依申请应被命名为程序当事人；官署如知悉该第三人者，应将程序的开始通知第三人。"① 德国赋予利害关系人参与行政许可程序的请求权，同意利害关系人成为行政程序的当事人，并保障利害关系人参加已经开始的程序，与申请人一样享有同等的充分表达自己意见的权利，可以让行政机关了解事实、了解各方意愿，有助于行政机关做好利益平衡。相邻权人作为利害关系人，与其他利害关系人的不同在于具有在场性，可以及时向行政机关反映与许可相关的事实。比如，建筑法对房屋的间距作了规定，若相邻权人发现与法律规定不符，相邻权人应有权请求行政机关采取行动。如德国联邦及各州建筑法规定，邻人可以对有违其利益的建筑计划和营业设施提出反对，在反对无效时，可到行政法院提起许可撤销之诉；对不需要许可的营业或设施，有请求行政主管机关予以干预的权利。

（3）监督申请人严格履行与相邻权相关的申请义务和执行义务

从以相邻权为由的行政许可诉讼情况看，申请人未依法履行公法义务而行政机关因形式审查疏于发现是相邻权致损的重要原因。申请人为什么不履行公法义务呢？违法成本低而非法获利高。因此，一方面，行

---

① 应松年：《比较行政程序法》，中国法制出版社1999年版，第103页。

政机关应该通过实质审查倒逼申请人履行申请义务；另一方面，与相邻权相关的行政许可决定作出后，行政机关应当适时监督被许可人是否按照许可决定开展许可活动，以及时制止不合许可决定的非法行为。

3. 履行预防保护义务的目的是阻止合法权益的非法减损

行政机关履行预防保护义务的目的不在于增加权益，而在于阻止权益的非法减损。行政机关在审查和决定的过程中，应始终立足于相邻关系的历史和现状，并结合相邻权人的法定容忍义务，判断被许可人的将来行为对相邻关系的可能改变是否超出法律法规的容忍界限，如未超限，则予许可。预防保护是为了阻止将来行为对相邻权产生非法减损。

（三）预防保护相邻权并不意味着弱化申请人利益

"所有的规制都是政治，因为政府的规制决定会产生一种群体，他们将会通过规制而获得利益；也会产生一种群体，通过规制他们将会丧失利益而导致损失。"[①] 预防保护相邻权，并不是强调只预防保护相邻权人的权益，而是希望在预防保护申请人利益和预防保护相邻权益之间达到和谐。预防保护相邻权和预防保护申请人利益是行政许可过程中的一体两面。"许可本身并不与权利、特权或自由等同，许可是创设自由（特权）或权利的构成性事实。"[②]

行政机关基于当事人的申请，经过判断审查，对符合法定条件或者不符合法定条件的申请予以批准或者拒绝[③]，实际上是对一部分人解禁，对一部分人限制。行政机关审查许可申请，必须直接回应申请人的请求。行政许可决定与申请人个人利益息息相关。行政机关审查申请材料、判断是否符合许可条件的过程，实际就是决定是否授予申请人某种权利资格或者可以做出某种行为的过程，也是审查申请人是否遵守公法规范履行公法义务的过程。一方面，申请人遵守公法规范、符合许可条件，行政机关并不能因为相邻权人的无理反对而不予许可；另一方面，如果申请人为了追求个人利益最大化，提供虚假申请材料损害相邻权人利益，

---

① Richard J. Pierce, Sidney A. Shapiro, Paul R. Verkuil. *Administrative Law and Process*, The Foundation Press, 1985, p. 17.

② 王智斌：《行政特许的私法分析》，北京大学出版社 2008 年版，第 109 页。

③ 杨解君：《整合视野下的行政许可定位分析》，《江海学刊》2001 年第 4 期。

行政机关必须予以甄别，否则申请人凭借虚假材料获得行政许可将实际损害相邻权。从申请人的角度看，依靠有损相邻权益的虚假材料获得行政许可似乎获得了新的利益，但这种利益的本质是非法利益。如最终因证据不足予以撤销，个人利益终将受损。行政机关严格审查申请材料的真实性、合法性，必将预防保护申请人的个人利益。

行政机关审查申请材料真实性、合法性的过程，也是预防保护利害关系人利益的过程。如果申请人不履行公法义务不遵守公法规范，而行政机关在审查的过程中，又不核实申请材料的真实性、合法性，其他利益相关人利益可能致损。如果行政机关在审查许可申请的过程中，不平等考虑申请人以及其他利害关系人的利益，不给予利害关系人参与行政许可的机会，利害关系人利益亦可能受损。行政机关基于平等保护的服务行政理念，在行政许可的过程中，同等考虑利害关系人利益；在许可作出后，对与不动产使用相关的行政许可活动进行在场监督，既可以预防申请人违反公法规范，又可以预防行政机关违法行政，还可以预防利害关系人利益受损。预防保护利害关系人利益是行政机关合理许可的必然结果。

（四）终极目的是预防保护公共利益

国家设立行政许可制度的目的是对申请人的将来行为事先加以严格控制。如果允许不符合许可条件者从事法律一般禁止事项，限制符合许可条件者从事一般禁止事项均不利于公共利益。行政机关审查申请人是否符合许可条件并监督被许可人依法行为，其根本目的是预防公共利益受损，或者说是通过预防保护申请人利益和包括相邻权人在内的利害关系人利益以最终预防保护公共利益。有学者认为行政许可法的有效与否，关键在于是否能够实现行政许可法律关系中各方利益安排的最大化，即能否实现帕累托最优[①]。行政许可法律关系主体利益的最大化，同时包含个人利益和公共利益的最大化。与不动产使用相关的行政许可对公共利

[①] 刘莘、张玉卿：《外部性与辅助性原则——经济学给行政法学认识行政许可的两个视角》，载《中国行政法之回顾与展望："中国行政法二十年"博鳌论坛暨中国法学会行政法学研究会 2005 年年会论文集》，中国政法大学出版社 2006 年版，第 598 页。

益的预防保护,其本质就是要求不动产所有人合理行使财产权。随着财产权的社会属性被广泛认同,"以保护私人自由为中心的传统财产权理念,开始让位于将财产权的社会关联性予以同等强调的理念"[①]。与不动产相关的行政许可,也可以说是行政机关确认不动产所有人或者使用人的社会义务实现公共利益的过程。"财产权的内容应符合公共福利。"[②]"财产权的行使应当同时服务于公共福利。"[③] 行政机关审查许可申请的过程,也可以说是预防被许可人不合理行使财产权以维护公共福利的过程。

[①] 张翔:《财产权的社会义务》,《中国社会科学》2012年第9期。
[②] 日本宪法第29条。转引自吴次芳等著《国有住宅用地使用权续期问题研究》,浙江人民出版社2017年版,第127页。
[③] 德国基本法第14条第2款。转引自吴次芳等著《国有住宅用地使用权续期问题研究》,浙江人民出版社2017年版,第127页。

第 六 章

行政许可保护相邻权的路径

与不动产相关的行政许可和行为地固定的行政许可均与相邻权相关。针对这两类行政许可，既要制度预防，也要执法保障，还要司法监督，以全面保护相邻权。

第一节 立法保护

行政许可制度是行政机关行使许可权和司法机关监督、裁判行政机关作出的行政许可决定是否合法的法律依据。要切实保护相邻权，立法者必须回应当下行政许可纠纷中的制度争议，解决行政许可制度中存在的不完备、不明确以及不合理问题。

一 完善立法目的和许可原则推进行政许可理念现代化

（一）完善行政许可法的立法目的

我国的《行政许可法》在世界上独树一帜。这部法律从 1996 年着手调研，征求意见稿、初稿、草案，直至审议通过，历时 7 年。其立法过程与遏制行政审批腐败、推动行政审批改革、整顿与规范市场经济秩序、加入世界贸易组织、全面推进依法行政等重大事项的改革开放进程同步。在特定历史背景下制定的行政许可制度，其功能定位必然烙上那个时期的烙印。"为了规范行政许可的设定和实施……保障和监督行政机关有效实施行政管理"①，行政许可制度应时而生。对处于转型期的当时中国而言，行政许可制度的这些功能定位是合乎时宜的。

但《行政许可法》的功能定位并不全面。在《行政许可法》颁布前后，学界对行政许可制度的功能多有讨论，提出了三功能说、五功能说以及六功能说。三功能说认为，行政许可制度应当发挥"控制危险、配置资源、提供社会公信"②，或者"控制危险、配置资源、证明或者提供某种信誉和信息"③ 的制度功能。还有学者总结为"维护社会秩序、防止潜在危险，分配社会利益、配置有限资源，实行行业准入、保障个体权益"三大功能④。五功能说认为，行政许可制度的功能应当包括五个方面：预防和控制危险、控制资源合理配置、设定市场准入规则、限制权利任意行使以及提供政府公信支持⑤。六功能说认为，行政许可制度应当具备对社会经济生活实施宏观调控、调整主体与社会之间关系、维护经济秩序、维护社会秩序、促使主体提高自身素质、调整行政主体与行政主体之间以及行政主体与相对人之间关系等六大基本功能⑥。这些学说对行政许可制度功能的认识有共识，比如控制危险。甚至有个别学者认为行政许可制度最主要、最基本的功能应当是控制危险⑦。

行政许可制度是由金字塔式的一系列规范构成的复杂的制度体系。要保障规范体系的和谐统一，应在作为行政许可基本法的《行政许可法》中，确立好行政许可制度的目的，以指引下位阶制度的制定。行政许可制度与其他行政法律制度的最大区别在于，其调整的法律关系具有未来性。核心是行政机关代表国家对申请人将要作出的行为进行法律评价，

---

① 《行政许可法》第1条。
② 孙琬钟、江必新主编：《行政管理相对人的权益保护》，人民法院出版社2003年版，第85页。
③ 汪永清主编：《中华人民共和国行政许可法教程》，中国法制出版社2003年版，第6页。
④ 应松年主编：《当代中国行政法》，人民出版社2018年版，第1084页。
⑤ 顾爱平：《行政许可制度解读》，《徐州师范大学学报》（哲学社会科学版）2008年第9期。
⑥ 贡世康：《试论行政可法律制度中的两个重要问题》，《安康师专学报》2004年第4期。
⑦ 汪永清主编：《中华人民共和国行政许可法教程》，中国法制出版社2003年版，第6页。

比如拟建建筑与已建建筑的间距,被许可人进行许可活动产生的不可量物的漂浮距离等,并不仅是对已经发生的法律事实的判断。由于一般禁止事项涉及公共利益,法律规定须申请人先申请待行政机关作出许可决定之后才能够开展许可活动。行政机关必须对申请人的将来行为进行评估:是否破坏现行的公共秩序和现存的公共利益。从这个意义上讲,行政许可制度的目的还在于预防申请人的将来行为损害现存的公共利益。由于公共利益与个人利益具有不可分割性,预防保护公民、法人的合法权益应是行政许可制度的必然目的。

虽然现行行政许可法将"保护公民、法人和其他组织的合法权益、维护公共利益和社会秩序"作为行政许可制度的立法目的,但这种规定并没有完全反映出行政机关是针对申请人的将来行为进行规制这一特点,也没有准确体现行政许可制度应当发挥的制度价值——预防"保护公民、法人权益,维护公共利益和社会秩序"。法律法规赋予利益相关者程序权,为行政机关设定审查义务、告知义务、听证义务、公示公告义务,均是为了阻止正在审查的将来行为不法减损现有利益以及预期利益,预防保护公共利益和个人利益不受损害。行政许可制度是面向未来的制度,有必要立足行政许可的特殊性,将行政许可制度的立法目的完善为"预防保护公民、法人和其他组织的合法权益、维护公共利益和社会秩序",以指引行政许可活动建构新的利益平衡关系,真正发挥行政许可制度的应有价值。

(二)确立在先权益保护原则

从前述可知,行政机关没有预防保护先于申请人已经存在的相邻权益是相邻权人提出异议的主要理由。但行政许可法如何保护在先权益呢?有必要确立在先权益保护原则。

行政机关行使许可权的核心程序就是判断申请人的申请材料是否齐全、技术标准是否符合相关规定。如果材料齐全且技术标准符合相关规定,认为符合许可条件,遂作出许可决定。行政机关在行使许可权的整个过程中,并不用刻意考虑在先利益。在行政机关看来,这是立法问题。立法者规定的技术标准、申请材料,必然考虑在先权利保护问题。作为执法者的行政机关只要判断申请人是否符合相关标准即可。如果符合相关标准，就必然保护了在先权利。但由于《行政许可法》并没有确定在先权益保护原则，现行的有关技术标准并不一定全面考虑了在先权利的保护问题，以致出现行政机关根据相关技术标准作出的行政许可决定合法却不合理的问题。行政许可是复效行为，非单效行为，明确规定在先权益保护原则，有利于多元立法主体在制定制度的过程中，统筹考虑申请人利益、利害关系人利益和公共利益。这是行政许可制度预防保护公民、法人合法权益以及维护公共利益和社会秩序的必然要求。

在先权益保护原则是指行政许可决定应当保护先于行政许可决定已经存在的合法权益。行政机关保护的在先权益并不是一切客观存在的权益，必须符合以下要件。一是不具有违法性。依据法理学界的观点，与合法对应的是不合法，与违法对应的是不违法。《行政许可法》第1条虽然没有强调保护合法权益，但众所周知，法律不应当保护违法所得利益，在先保护的权益必须不具有违法性。二是在先权益生成的时间先于行政许可决定的时间。在先权益这一概念暗含不止存在一个权益，行政机关作出行政许可决定，事关多个主体的相互冲突的权益。在先权益保护原则要求行政机关不应只关注因行政许可决定即将产生的新的权益，还要注意保护行政许可决定作出之前就已经存在的不违法的权益。三是与被许可事项具有直接关联关系。行政机关需要兼顾的在先权益，并不是所有在行政许可决定作出之前就已经存在的权益，而是那些与行政许可事项有直接关联的权益。比如，相邻建筑在新建建筑动工建设之前就已经存在，相邻建筑享有的通风、采光、通行等权利就属于在先权利。保护在先权益原则要求行政机关充分考虑相邻方的利益，应在尊重和保留第三人权利的基础上[1]作出行政许可决定。

在先权益保护原则可以具体落实行政法学界已经形成的共识——行使行政许可权的行政机关在"裁量权衡时不仅要考虑公共利益和受益人的利益，也要结合考虑承受负担的第三人的利益"[2]。

---

[1] 杨山林：《〈行政许可法〉视野下的采光权保护》，《韶关学院学报》2008年第4期。
[2] [德] 毛雷尔：《行政法学总论》，高家伟译，法律出版社2000年版，第209页。

二 优化许可条件与标准推进行政许可条件和标准现代化

（一）多视角设计与相邻权相关的行政许可条件

行政许可条件是行政机关决定是否许可的关键依据。立法者设计的行政许可条件，直接决定行政机关的审查内容。与不动产相关以及行为地固定的行政许可，因其固定性，有可能涉及相邻方利益。立法者在设计这类许可事项的许可条件时，应当从申请人、不动产相邻权人或者行为地点相邻权人、公共利益或者国家利益或者社会利益这些视角设计具体条件。只有行政许可条件本身考虑相邻权人的问题，行政机关在作出行政许可决定的过程中，才会对相邻权问题进行审查。行政机关预防保护相邻权益的前提是公法规范本身考虑了相邻权人利益。

以不动产建设相关许可规范为例。2005年建设部发布的《民用建筑设计通则》对相邻基地的关系进行了规定，要求民用建筑的设计须考虑相邻关系（参见表6—1）。通则关于相邻关系的规定有利于预防保护相邻权人的采光权、相邻环境权。但由于没有规定具体的日照标准和采光标准，保护力度不强。2006年《住宅建筑规范》从相邻关系视角对住宅间距、住宅日照标准、住宅至道路边缘的最小距离、住宅周边的各类管线的禁止性事项进行了明确规定，弥补了住宅建设技术标准缺乏的不足。但按照老年人住宅和非老年人住宅规定日照时间，并不利于相邻权的保护。申请人提交的申请材料并不包括相邻住宅居住人员的年龄情况，而且新建住宅的居住人员待定，并不确定是否老年人，高层民用建筑的居住人员结构复杂，包含老年人和非老年人。不动产所有权人或者使用权人的通风、采光是否受到毗邻建筑的影响，不仅要看毗邻建筑的高度，还要看与毗邻建筑的间距，毗邻建筑的具体退让、朝向等多种因素[①]。相邻权的内涵不只包括采光、日照，还包括通风、通行等，通风与建筑物所在地的风向以及建筑物的朝向等都有关系，建筑设计规范并没有作出规定。

[①] 俞朝凤：《宁波科力陶瓷密封件有限公司诉宁波市规划局规划行政许可案——用地规划许可中相邻关系人的原告资格》，载浙江省高级人民法院主编《案例指导（2012—2013年卷）》，中国法制出版社2014年版，第381页。

表6—1 2005年《民用建筑设计通则》与2006年《住宅建筑规范》对照

2005年《民用建筑设计通则》	2006年《住宅建筑规范》
4.1.4 相邻基地的关系应符合下列规定： （1）建筑物与相邻基地之间应按建筑防火等要求留出空地和道路。当建筑前后各自留有空地或道路，并符合防火规范有关规定时，则相邻基地边界两边的建筑可毗连建造； （2）本基地内建筑物和构筑物均不得影响本基地或其他用地内建筑物的日照标准和采光标准； （3）除城市规划确定的永久性空地外，紧贴基地用地红线建造的建筑物不得向相邻基地方向设洞口、门、外平开窗、阳台、挑檐、空调室外机、废气排出口及排泄雨水	4.1 相邻关系 4.1.1 住宅间距，应以满足日照要求为基础，综合考虑采光、通风、消防、防灾、管线埋设、视觉卫生等要求确定。住宅日照标准应符合规定；对于特定情况还应符合下列规定： （1）老年人住宅不应低于冬至日日照2小时的标准； （2）旧区改建的项目内新建住宅日照标准可酌情降低，但不应低于大寒日日照1小时的标准。 4.1.2 住宅至道路边缘的最小距离，应符合规定。 4.1.3 住宅周边设置的各类管线不应影响住宅的安全，并应防止管线腐蚀、沉陷、振动及受重压

（二）统筹设计相邻关系最低状态标准

从相邻关系视角设计与不动产相关的或者行为地固定的许可标准，应当以被许可行为实施后相邻不动产应达到的最低通风状态、最低日照状态、最低采光状态等现实结果为依据。这些参数是对不动产使用后、建筑物建成后、被许可行为实施后的自然状态的描述，也是相邻权人的最高容忍限度。《民法典》第293条明确规定："建造建筑物，不得违反国家有关工程建设标准，不得妨害相邻建筑物的通风、采光和日照。"国家工程标准是行政机关判断是否符合许可条件以及司法机关判断是否侵权的标准，如果标准模糊或者冲突，既不便于执行，更影响法律权威。由于行政许可法以及其他与行政许可相关的法律法规本身的抽象性和原则性，行政许可标准往往由各部门通过部门规章方式规定。有的地方还结合本地情况，出台地方规章或者行政规范性文件，发布地方标准。国务院不同部门发布的国家标准之间，地方人民政府发布的地方标准与国家标准之间，有必要统筹协调，避免矛盾冲突。

1. 统筹协调不同功能的技术标准

国家对不动产建设质量的规制，主要通过一系列技术标准予以实现。从另一角度分析，建筑物的不同功能由不同的技术标准保障。基于防火目的，规定防火间距；基于采光目的，规定日照间距。由此，建筑间距包括防火间距、日照间距、采光间距、防噪间距、卫生间距、安全间距等若干方面。不同部门从自身职责出发，各自对建筑物间距作出不同规定，构建了较为复杂的建筑间距技术标准参数体系。比如，《民用建筑设计通则》第3.1.2条对建筑物之间的防火间距和日照间距作了要求。《建筑设计防火规范》按照建筑类别对防火间距进行了分类规定。比如规定一、二级高层民用建筑的防火间距不低于13米等。这些间距规定，一定程度上起到了规制建设行为的作用，但也存在瑕疵。由于这些间距并非在同一法规、规章或者行政规范性文件中规定，存在互相矛盾的问题。以安全间距为例，现行的铁路与矿山安全距离与安监部门制定的矿山与其他相邻建筑安全距离不统一①。不同主体在制定规章规定许可标准的过程中，有必要关注其他部门先前已经发布的规章，主动统一技术要求。上级人民政府以及有关人大常委会也应发挥备案审查功能，及时发现并纠正制度冲突。

2. 依据发展的相邻权内容不断优化完善技术规范

要保障相邻权益能够切实实现，有必要从发展的相邻权的权利内容完善技术规范，以最大程度兼顾各方利益。虽然2016年版《城市居住区规划设计规范 GB50180-93》对城市居民区的设计提出了原则性要求，应"适应居民的活动规律，综合考虑日照、采光、通风、防灾、配建设施及管理，创造安全、卫生、方便、舒适和优美的居住生活环境"，但现行的各项技术规范并不能有效保护相邻权的实现。以医疗机构通风标准为例，该通风标准重点考虑医疗机构不同病室的通风，以营造病室的保

---

① 谭德明：《相邻高危企业安全距离行政许可亟待规范——对丁氏刀行行政许可诉讼案的思考》，《湖南安全与防灾》2012年第4期。

护性环境，并没有从相邻建筑物的角度考虑通风效果，保障相邻建筑物的空气环境。而且对于一般建筑物的通风问题，并没有规定具体的判断参数。建筑物的自然通风效果，受制于窗户开设情况、室内布置情况、建筑结构情况、建筑平面规划情况、其他机械通风设备以及气象条件等诸多因素的影响。所以通风设计必须与建筑及工艺设计互相配合、综合考虑、统筹安排。但如何综合考虑，如何统筹安排，或者统筹安排后应达到什么样的效果，应当有相对具化的技术参数。再如安全距离。当前关于安全距离的规定过于笼统，对危险程度考虑不够，有必要对不同的危险予以细化。还如环境相邻权问题。被许可人实施被许可行为，有可能产生不可量物。以建筑施工许可为例，建筑行为有可能产生灰尘、噪声等，餐饮许可有可能产生油烟等。行政许可法律规范还应为被许可行为实施后产生的蒸汽、臭气、烟气、热气、灰屑、喧嚣、振动及其他与此相类者设定排放标准。将不可量物排放标准纳入行为地确定的行政许可审查，可以预防不可量物侵害。

三 强化参与治理和合作治理推进行政许可程序现代化

只有行政机关在行政许可审查的过程中切实考虑了相邻权人的利益，相邻权才可能获得预防保护。行政机关如何切实考虑相邻权人利益呢？向相邻权人核实与其相关的申请材料、听取相邻权人的意见是预防以侵犯相邻权为由的行政许可纠纷的有效途径。但相邻权人何以有效参与呢？

（一）尽量保障相邻权人的程序权利

1. 事前赋予相邻权人参与权

从前述争议焦点看，相邻权人认为行政许可决定程序不合法是行政许可争议的主因。认为行政机关事前没有通知或者告知其作为利害关系人参与行政许可过程、没有征求意见侵权。争议许可决定涉及危房改造许可、村镇规划选址意见、宅基地使用许可、输变电工程建设许可、村镇工程建设许可、殡葬服务站建设许可、渔业行政许可、环境影响评价许可、店招店牌设置许可、医疗机构设置许可、采石许可、餐饮服务许可，等等。但目前有关法律法规甚少明确规定这些许可事项的相邻权人享有作为利害关系人的程序权利。比如《城乡规划法》对选址意见书、建设用地规划许可、建设工程规划许可、乡村建设规划许可的申请程序和核发程序作了规定。但核发程序的规定较为粗略。其中第 41 条授权省、自治区、直辖市制定"在乡、村庄规划区内使用原有宅基地进行农村村民住宅建设的规划管理办法"。在行政许可法实施过程中,越来越多的行政机关意识到,相邻权人确有必要作为利害关系人参与行政许可。于是不断以部门规章、地方性法规或者地方政府规章以及行政规范性文件的方式,对相邻权人的参与权作创制性规定。《杭州市城镇居民私房修建翻建规划管理暂行规定》第 11 条要求,"施工图设计完成后,私房产权所有者向规划行政主管部门窗口申领建设工程规划许可证:填报《建设工程规划许可证申请表》,规划设计条件和附图(勘设红线)的复印件,1:500总平图、建施图,社区、居委会(街道)的书面意见或相邻居民的签字及公示照片,以及需要提供的其他资料"[①]。

2. 赋予行政机关程序义务

相邻权人的参与权,须以行政机关的程序义务作为保障。行政许可法对许可程序作了一般性规定——受理、告知、审查、听证等,有些特别法对特定领域的许可程序作了特别规定,但都较为笼统抽象。为了增强各类行政许可制度的可操作性,地方以法规、规章以及行政规范性文件的方式对行政许可程序进行了具化。但各地对行政机关的程序义务规定不一。

以建设工程规划许可为例。《城乡规划法》规定,"城市、县人民政府城乡规划主管部门或者省、自治区、直辖市人民政府确定的镇人民政府应当依法将经审定的修建性详细规划、建设工程设计方案的总平面图予以公布"。仅对公布的内容概括规定。但地方性法规不仅进一步规定了公布的内容,还规定了公布的方式和期限。《内蒙古自治区城乡规划条例》第 40 条规定,"通过展馆、公示栏或者网站、报刊等予以公布"。《湖北省城乡规划条例》第 44 条规定,"城乡规划主管部门应当在规划许可后 5 日内向社会公布规划许可结果。建设单位在建设工程放线前,应

[①] 资料来源:中国杭州网站,网址链接:http://www.hangzhou.gov.cn/art/2005/12/21/art_808818_2648.html,2019 年 3 月 8 日访问。

当在建设施工场地醒目位置公示建设工程规划许可内容及附图,并在建设工程竣工经规划条件核实合格后予以撤除"。《郑州市城乡规划管理条例》第 53 条规定,"建筑类建设工程规划许可证核发后,建设工程放线前,城乡规划主管部门应在施工现场醒目位置设置公告牌,公告建设工程规划许可证及附图,直至建设工程规划核实完成"[①]。除此之外,各地还规定了批前批后公示制度。《湖北省城乡规划条例》第 50 条要求,"城乡规划主管部门应当建立健全公示制度,实行城乡规划批前批后公示,并提供监督检查处理结果的信息资料,依法接受社会监督"[②]。《郑州市城乡规划管理条例》作了更详细规定[③]。这些细化规定进一步落实了行政许可公开原则。但正是由于地方法规规定了批前批后公示程序,行政机关在实施行政许可的过程中,将批前程序视为告知程序,导致《行政许可法》第 36 条告知程序被虚化。

(1) 赋予行政机关普遍告知义务

《行政许可法》第 36 条虽然规定了行政机关在发现行政许可事项直接关系他人重大利益时,负有告知该利害关系人的法定义务。但这一规定本身的不确定性,使得相邻权人难以参与行政许可程序。原因在于,他人重大利益的"他人"形形色色,何谓形形色色的"他人"的"重大"利益,行政机关实则难以判断。从预防保护的视角看,应当赋予行政机关普遍的告知义务。只要直接关涉他人利益的行政许可事项,行政机关均应事前告知,虽然可能影响行政效率,但如果追求行政效率是以弱化预防保护公民权利为代价,则有违预防性政府的要义,有违国家治理体系和治理能力现代化的要求。从这个角度讲,应当删除"重大"二字。只有行政机关负有普遍的告知义务,相邻权人才能够适时参与到行政许可

---

① 《郑州市城乡规划管理条例》,载《郑州日报》2015 年 12 月 22 日第 6 版。
② 《湖北省城乡规划条例》,载《湖北日报》2011 年 8 月 16 日第 11 版。
③ 《郑州市城乡规划管理条例》第五十二条要求,"依照国家、省有关规定应当公示的建设工程,城乡规划主管部门核发建设工程规划许可证前,应当将总平面图、主要立面图或者效果图、各项经济技术指标、建筑后退道路红线和用地地界以及与周边建筑的距离等内容向社会公示"。其中,建筑类建设工程应当在建设现场醒目位置公示。公示期不少于十日。参见《郑州市城乡规划管理条例》,载《郑州日报》2015 年 12 月 22 日第 6 版。

程序中，也才能够在行政许可决定作出前陈述自己的意见，以协助行政机关作出合法也合理的行政许可决定。只是告知的方式可以根据不同的情况作多样化的规定，既便于被告知对象获取信息，也兼顾行政成本。

（2）完善行政机关听取义务

相邻权人参与行政许可程序的方式有两种，一种是主动参与，一种是被动参与。相邻权人向行政机关提交申辩申请即为主动参与。而应行政机关的要求，对申请材料的内容进行说明，即为被动参与。无论相邻权人是主动参与还是被动参与，既可以实质核实申请材料的真实性，还可以综合考虑利害关系人的意见，为自由裁量权的行使寻找到预防保护申请人、利害关系人以及公共利益的平衡点。

包括相邻权人在内的利害关系人在获悉行政许可事项事关自身利益后，有权向行政机关陈述或申辩，但行政机关如何对待陈述或者申辩呢？行政许可法只作了非常抽象的规定——应当听取，对听取的方式、听取的时限、听取的限制等均未规定。行政机关的听取义务是由其强制告知义务决定的，只有有效履行听取义务，法律规定的强制告知义务才能够真正发挥核实申请人申请材料的价值。另外，行政机关受理申辩申请义务和听取义务不同于第 47 条规定的组织听证义务。听证是对拟作出的决定听取利害关系人的意见，而受理利害关系人的申辩申请及听取陈述和申辩旨在协助行政机关核实申请材料的真实性。前者包括法律适用问题，后者更注重事实问题。

（3）尊重不违反强制性规则和公共利益的相邻协议

相邻权人参与行政许可程序的时间节点有两种：一种是申请人启动行政许可程序后，一种是申请人启动行政许可程序前。后者主要表现为申请人为了获得行政许可，事前与相邻权人进行沟通，就行政许可事项即将改变的相邻状态达成一致意见。比如，美国休斯敦将根据法律与周边邻居签订协议作为土地开发的前置条件[①]。申请人与相邻权人之间签订相邻协议的行为，其本质是事前参与行政许可程序，或者说是申请人行

---

① 何明俊：《国土空间规划体系中城市规划行政许可制度的转型》，《规划师》2019 年第 13 期。

为的组成部分。基于我国的土地制度以及服务行政理念，不必将事前相邻协议作为强制性许可条件。但如果申请人与相邻权人达成协议，在相邻协议不违反强制性规则和公共利益的前提下，行政机关应当核实相邻协议的真实性，视为相邻权人参与行政许可程序发表意见，应在裁量环节予以尊重。

（二）事前实质审查相邻权人利益

《宪法》第51条规定："中华人民共和国公民在行使自由和权利的时候，不得损害国家的、社会的、集体的利益和其他公民的合法的自由和权利。"行政机关通过行政许可赋予申请人某种权利或者资格，有必要审查申请人是否遵守相关义务，是否损害社会的、集体的利益和其他公民的合法的自由和权利，其中包括相邻权益，以实现行政许可审查的根本目的——保护公共利益或者国家利益。

虽然《行政许可法》第36条要求"行政机关对行政许可申请进行审查时，发现行政许可事项直接关系他人重大利益的，应当告知该利害关系人"，但行政机关并不一定认为相邻利益系他人重大利益，行政机关若事前忽视审查相邻权人利益减损是否在法律规定的范围之内，必然加大行政争议的发生率。受传统行政法学理论影响，人们往往过分关注行政过程中对直接相对人权益有影响的"行政行为"，割裂各种行为形式之间的联系，忽视对直接相对人之外的利害关系人权益的保护[①]。从福建省福州市、北京市以及山东省济南市公示的建设工程规划许可申请材料看，行政机关疏于审查相邻权人利益。只有部分地方将相邻权纳入审查范围。杭州市2005年发布《杭州市城镇居民私房修建翻建规划管理暂行规定》，其中第6条要求，"城镇居民私房的修建、翻建须协调好与相邻住房或单位的关系，不得影响相邻房屋的结构安全，不得降低相邻房屋原有的采光、通风条件"[②]。

与传统行政法学理论不同，着眼于行政手段多样化而提出的行政过

[①] 肖泽晟：《多阶段行政许可中的违法性继承——以一起不予工商登记案为例》，《国家行政学院学报》2010年第3期。

[②] 资料来源：中国杭州网站，网址链接：http://www.hangzhou.gov.cn/art/2005/12/21/art_808818_2648.html，2019年3月8日访问。

程论,主张将行政过程中的各种行为形式都纳入行政法学的研究范围,将行政过程作为复数行为的结合和连锁加以考察,并将直接相对人以外的利害关系人也纳入行政法学视野,强调行政过程中私人能动的地位与行为①。实质审查要求行政机关在行政许可的过程中将相邻权人的利益纳入考虑范围。只有将那些事关私法相邻权的事项纳入审查范围,相邻权的事前保护才能够落到实处。

四 完善行政许可违法责任推进行政许可责任现代化

虽然《行政许可法》第76条规定:"行政机关违法实施行政许可,给当事人的合法权益造成损害的,应当依照国家赔偿法的规定给予赔偿。"《土地管理法》第78条规定:"非法批准征收、使用土地,对当事人造成损失的,依法应当承担赔偿责任。"但如果相邻权人的相邻权益因为行政机关违法实施行政许可而致损,难以获得行政赔偿。原因在于,行政许可法以及国家赔偿法对可以赔偿的违法情形作了限制。行政机关工作人员滥用职权、玩忽职守作出准予许可决定后,行政许可被撤销造成被许可人合法权益损害等情形才属于行政赔偿范围。相邻权人受损的合法权益并不能通过行政赔偿获得救济。鉴于损害是被许可人根据许可决定直接作出的,人民法院只能建议相邻权人争取民事赔偿。一方面,因为行政许可决定已经被确认违法,被许可人最重要的抗辩理由——经行政机关合法许可已经被否定,相邻权人向被许可人主张民事赔偿可能会获得救济。被许可人因为行政许可与邻人形成了新的利益关系,且其在客观上获得了新的利益,由获得利益方对利益减损方赔偿有其合理性。但另一方面,相邻权人的损失并不是被许可人"侵权造成,而是一方民事主体基于一定依据,即经审批核准的行政许可而作出的,故行政许可权利人亦不应承担民事侵权赔偿责任,而是基于公平原则承担实际损失的补偿责任"②。据此,相邻权人的利益在一定程度上也可以获得补救。但这种责任追究存在漏洞。从另一角度看,违法的行政机关并没有就违

---

① 江利红:《日本行政法学基础理论》,知识产权出版社2008年版,第329—330页。
② 湛中乐主编:《行政许可法实用解答》,中国检察出版社2003年版,第44页。

法行为承担法律责任。长此以往，并不能倒逼行政机关在行政许可审查的过程中预防保护相邻权人利益。再者，忽视被许可人与违法许可结果的不同关系，一律追究补偿责任也不符合过责相当原则。

（一）作出违法许可的行政机关的法律责任

世界各国一般都遵循行政机关合法行使权力时的"不可避免的损害"不负赔偿责任原则。如果行政机关根据国家标准允许被许可人从事不动产建设，即使减损其通风、采光以及日照等相邻权益，由于属于相邻权人容忍范围内的损害，行政机关不承担责任。但如果行政机关没有严格遵守许可条件，没有严格履行审查责任，致相邻权损害实际发生，行政机关依然不承担违法责任，则与依法行政的基本原理不相符。不追究行政机关责任，可能会加剧下列情形出现：被许可人为了获取更大利益，提供虚假申请材料，由于行政机关只负责形式审查，故，在申请材料齐备的情况下，获得行政许可。即便获得许可后因申请材料虚假而被认定违法，被许可人也仅承担补偿责任，但其获得的利益远远大于其补偿责任，而相邻权人即便获得补偿但丧失实际弥补不能的相邻权益。周而复始，行政许可变相促成被许可人非法牟取相邻利益，显然不利于法治政府和法治社会的建设。"国家赔偿责任中的因果关系，是以国家机关及公务员的公职义务为基础，以受到法律保护的受害人权益为依托，以违反公职义务与权益遭到损害之间的关系为内容，用客观、恰当、符合正常社会经验的方式衡量和确定的逻辑关系。"[1] 既然相邻权人的损失是由行政机关违法允许被许可人行为所致，损失与违法许可之间存在因果关系。行政机关应当承担法律责任。一种是对外的赔偿责任，一种是对内的行政责任。只是由于损害事实毕竟由被许可人直接造成，可以赋予受害人选择权。

（二）申请人（被许可人）的法律责任

行政许可违法，相邻权人权益受损，被许可人到底应当承担何种法律责任呢？应当不同情况不同对待。应当以被许可人是否履行行政许可法规定的有关义务为依据分别规定。一是被许可人没有履行申请材料的真实提供义务等法定义务，以致行政机关违法许可，被许可人因其过错，

---

[1] 马怀德：《行政法与行政诉讼法》，中国法制出版社2000年版，第497页。

应承担行政处罚责任。行政许可法应赋予行政机关处罚权,以惩罚申请人没有履行行政许可法规定的法定义务。同时,被许可人因其违法获得许可并实施,对相邻权人的损失承担民事赔偿责任。二是被许可人因行政机关的违法行为获得非法利益,此非法利益若不构成信赖利益,从民法的角度,属于不当得利,应返还给受损的相邻权人。从这个角度讲,被许可人承担补偿责任。

五 适当限缩行政许可自由裁量权推进行政许可制度现代化

(一)将相邻关系预防保护情况列举为实质审查范围

由于行政许可事项的多样性,行政机关对申请材料的真实性以及合法性判断的难易程度不同,现行行政许可法对实质审查的范围作了较为模糊的规定,赋予行政机关较大的自由裁量权。行政机关是否实质核查申请材料,一是取决于法定许可条件和法定许可程序是否规定;二是行政机关自由判断是否需要核查。如果法定许可条件和法定许可程序作裁量规定,行政机关在裁量的基础上再判断是否需要核查,自由裁量空间较大。如果法定许可条件和法定许可程序没有规定,行政机关几乎享有完全自由的裁量权。实质审查范围具有极大的不确定性。这种笼统规定,不利于确定行政机关的义务,最终不利于公共利益以及包括相邻权人在内的第三人权益的保护。以湖北省武汉市新建建筑建设工程规划许可为例。现行法律、法规并没有将相邻关系预防保护情况列为建设工程规划许可实质审查的内容,只是将其纳入变更许可的实质审查范畴。城乡规划法规定的许可条件为"符合控制性详细规划和规划条件"。《湖北省城乡规划条例》仅规定"需要征求有关部门意见的,受理申请的机关应当及时征求意见"。《武汉市城乡规划条例》要求,"申请变更的内容涉及利害关系人利益的,受理申请的部门应当采取公示、听证等方式听取利害关系人的意见",并没有规定审核建设工程规划许可的过程中必须听取利害关系人意见。据此,行政机关并不一定对《住宅建筑规范》等规定的有关相邻关系的技术规范是否如图纸所示进行实地勘验,也并不一定必须向相邻权人核实有关情况,而是只要材料齐全,即信赖申请人以及设计者所提交的申请材料不仅真实而且严格履行了法定义务。正是这一裁量性规定，降低了行政许可审查应当具有的预防保护功能。

为了解决预防保护不足的问题，武汉市下发一系列规范性文件明确建设工程规划许可的审查责任。比如，《武汉市建设工程规划管理技术规定》《武汉市服务业领域审批流程优化方案（试行）》《武汉市建设工程项目审批流程优化方案（试行）》的通知等。根据这些文件，行政机关的实质审查方式和内容具化为：第一步要求现场踏勘。行政机关应对已申报地块的自身及其周边现状情况进行勘验，为后期方案审查提供依据。第二步是技术初审。要求对方案指标是否符合规划设计条件进行审查，对方案的退线、间距是否满足《武汉市建设工程规划管理技术规定》进行审查，对方案的空间形态和外立面色彩是否符合相关专项规划进行审查。第三步是会议审查。对于需要会议审查的规划方案提交《市、分局规划方案会审会》进行研究并形成会议纪要。第四步是对于获原则同意的规划方案开具业务联系单，请园林、消防、人防等部门同步开展并联审批。第五步是将主、协审部门均认可同意的规划方案依法进行批前公示[1]。既然行政规范性文件在进一步明确行政机关的建设工程规划许可审查责任，表明立法规定不明，需要细化。虽然行政规范性文件的规定似乎已经解决了法律规定不明的问题，但从职权法定、责任法定的基本原理看，有必要在针对特定行政许可事项的特别法中，根据不同许可事项的特殊性，规定实质审查的范围和方式问题。

（二）尽量使用确定性法律概念

在以侵犯相邻权为由的行政许可诉讼中，双方当事人的法律争议多为对不确定法律概念内涵的争议。无论是程序性规范，还是技术性规范，都存在大量的不确定法律概念。比如，《输油管道工程设计规范》（GB50253-2003）4.1.5规定，"成品油管道距民房不宜小于15米的安全距离"。作为被告的行政机关认为"不宜"不具有强制性，只具有建议性、指导性，而作为原告的相邻权人则认为"不宜"虽不具有强制性，但具有约束性。双方当事人立场不同理解不同，又由于这种类型的

---

[1] 资料来源：武汉市国土资源和规划局网站，网址链接：http://gtghj.wuhan.gov.cn/pc-292-86687.html，2018年11月30日访问。

裁量空间不同于有幅度和范围限制的裁量，虽有法律原则予以拘束，但由于拘束力不强，容易产生理解分歧。但这种分歧可否尽量减少或者避免呢？

立法者之所以选择使用"不宜"这一法律概念而不使用"不应"这一法律概念，应有其特别的考量。比如，拟建建筑地理位置千差万别，必须为行政机关因地制宜许可预留法律空间。虽然这种考量为行政机关因地制宜许可提供了制度依据，但大大减弱了相邻权的法律保护力度。从行政许可应保护公民、法人以及其他社会组织的合法权益这一立法目的来看，有必要对各种情形进行细化，为不同的情形设定最低标准，将"不宜"改为"不应"。

（三）适时解释不确定法律概念

一方面，基于灵活性、情势等多重考虑，行政许可制度不可避免使用不确定法律概念；另一方面，不确定法律概念的存在极易引发争议。为了减少冲突，有必要适时对不确定法律概念进行解释。

以何为重大利益关系为例。由于行政许可法没有界定何为重大利益，各方对重大利益关系的判断存在异议。有观点认为，"对于申请人和利害关系人本人来说，'个人利益无小事'。对'重大利益'不能依申请人和利害关系人本人的认定"[1]，应将认定权授予行政机关。也有观点认为，应由司法机关最终认定。但不管谁认定，最重要的是判断标准问题。就判断标准而言，也是各说各话。有观点认为，"一般应由行政机关根据有关技术规范，以可预见可能直接造成严重损害、妨碍等作为标准进行判断，如果存在重大损害或妨碍的情形，就应认定为有重大利益关系"[2]。有观点认为，"物权法第89条有关'建造建筑物，不得违反国家有关工程建设标准，妨碍相邻建筑物的通风、采光和日照'的规定，使用了'不得'的词语，表明了该规定是禁止性条款，说明条款内的事项涉及重大利益关系"[3]。还有观点认为，"根据通常理解，对相邻利害关系人的生

---

[1] 乔晓阳：《中华人民共和国行政许可法释义》，中国物价出版社2003年版，第156页。
[2] 万靖、胡俊辉：《行政许可中重大利益关系的认定》，《人民司法》2013年第24期。
[3] 黎某诉兰州市规划局规划行政许可案，（2018）甘行终75号。

产、生活造成严重损害、妨碍,且违反法律禁止性规定或超过利害关系人必要容忍限度的,应当认定为具有重大利益关系"①。正是因为各方对重大利益关系的判断标准不一,而法律本身又未对"重大利益关系"释明,以致执行过程中理解不一,影响法律的实施,有必要对其内涵予以必要的解释。对"重大利益关系"等不确定法律概念的解释,可以通过以下方式进行。一是行政许可特别制度。行政许可法关于重大利益关系的规定,只是一般规定。越来越多的特别法比如《城乡规划法》等对行政许可事项进行特别规定。针对不同类型的行政许可事项,立法者可以通过列举的方式对何为该行政许可事项的"他人重大利益关系"进行解释,以释明不同行政许可事项中"他人重大利益关系"的判断标准或者具体内容。二是行政立法。国务院可以通过行政法规的方式,对行政许可法规定的"他人重大利益关系"进行解释。三是地方立法。在上位法缺位的情况下,各个地方可以在有关行政许可事项的地方立法中对不确定法律概念进行解释。

六 民事法律规范和行政许可法律规范共同保护相邻权

对相邻权的立法保护,需要民法和行政许可法合力保护。一方面,民法要有效调节私法相邻关系,并且为相邻权人的公法权利提供权利基础;另一方面,行政许可法要有效调节公法相邻关系,发挥行政许可法的相邻权保护功能。

(一) 民事法律规范为相邻权人提供公法权利基础

民事法律规范的相邻权保护价值,不仅在于调整私法相邻关系,还在于为相邻权人请求行政机关保护其相邻权提供公法权利基础。《民法典》第七章共9条规定相邻关系,第288条、第290条、第291条、第292条、第294条、第295条、第296条的义务主体均为"不动产权利人"或者"不动产的相邻权利人"。仅第293条没有规定具体的义务人,直接规定,"建造建筑物,不得违反国家有关工程建设标准,不得妨碍相

---

① 徐军、李星星:《重大环评行政许可未告知听证权利属程序违法》,《人民司法》2015年第6期。

邻建筑物的通风、采光和日照"，为推定公法权利提供了生成空间。民法典有关相邻关系的规定，大多数情形下并没有将行政机关和"不动产权利人""不动产的相邻权利人"并列作为相邻关系的义务主体，实际上不符合不动产的实际使用规则。不动产的使用并非仅仅是"不动产权利人""不动产的相邻权利人"的意志，往往涉及行政机关的规制治理，行政机关应当并列作为义务人。或者按照第293条的立法模式，不规定具体的义务人，而是作开放规定，为行政许可法律规范进一步规定行政机关的保护义务奠定基础。

（二）行政许可法律规范发挥相邻权保护作用

有学者认为，"从民法学的视角观察，行政机关基于行政许可准予公民、法人或者其他组织从事的特定活动，以民事法律事实的类型区分和体系建构为背景，有的属于准予实施事实行为；有的属于准予实施民事法律行为；有的则需要区分情形，有时属于准予实施事实行为，有时属于准予实施民事法律行为"[1]。行政许可对于被许可人而言，的确具有为被许可人和利害关系人设定民事权利和民事义务的意义。行政许可对于被许可人和利害关系人而言，既有公法功能，也有私法效果。行政许可法律规范应当进一步具化行政机关与"不动产权利人""不动产的相邻权利人"都应当履行的相邻权保护义务。将《民法典》中"建造建筑物，不得违反国家有关工程建设标准，不得妨碍相邻建筑物的通风、采光和日照"的禁止性规定转化成行政机关在行使行政许可权过程中必须遵守的法定义务。立法者在制定具体的行政许可法律规范的过程中，应当考虑具体规则对私法相邻权的影响，并在利益平衡的基础上作出合乎比例原则的制度安排。

第二节 执法保护

一 解决行政许可执法中的预防保护不力问题

纵观因相邻权发生的行政许可争议案件，我们有必要追问，为什么

---

[1] 王轶：《行政许可的民法意义》，《中国社会科学》2020年第5期。

发生争议？仅仅是起诉人"认为"侵权而起诉，还是申请人违法申请、行政机关不法许可相邻权实际受损所致？从一审 390 件案件的裁判情况看，148 件案件驳回起诉，4 件案件不予受理或者不予立案，154 件案件认定行政许可合法驳回诉讼请求，确实存在起诉人"认为"侵权起诉的一面。但 79 件案件的判决类型为撤销或者确认违法或者责令履行，又表明因相邻权发生的行政许可争议并非空穴来风。对相邻权预防保护不力是引发因相邻权诉讼的行政许可争议的主要原因。行政机关应当解决行政许可执法中的预防保护不力问题。

(一) 申请人依法履行申请材料提供义务

行政许可属于依申请行政行为，行政许可程序的启动须申请人提出申请并提交申请材料。《城乡规划法》第 40 条规定，申请办理建设工程规划许可证"应当提交使用土地的有关证明文件、建设工程设计方案等材料。需要建设单位编制修建性详细规划的建设项目，还应当提交修建性详细规划"。该条第 2 款还规定，"申请办理建设工程规划许可证，应当提交使用土地的有关证明文件、建设工程设计方案等材料"。湖南省进一步规定，建设单位或者个人申请办理建设工程规划许可证，须先对建设工程设计方案提出申请，只有建设工程设计方案审定之后，才能够申请建设工程规划许可[①]。这些法律法规对于申请人需要提交的申请材料并没有详尽列举。为了增强可操作性，各地通过地方政府规章或者行政规范性文件等作了进一步细化，有的还发布了申请材料清单（见表 6—2）。在申请人需要提交的申请材料中，有的地方明令需要相邻权人签字，或者要求提交与相邻权人的协议。如北京市建设项目规划条件（城镇居民建房）要求，建设工程涉及相邻产权人利益的，须提交相邻产权人同意建设的书面意见[②]。又如湖北省恩施土家族苗族自治州规划局网上办事大厅发布的"核发建设工程规划许可证办事指南"要求，建设单位"根据

---

① 资料来源：湖南省长沙市人民代表大会常务委员会网站，网址链接：http://www.csrd.gov.cn/Info.aspx?Id=17086&ModelId=1，2018 年 12 月 10 日访问。

② 何文思：《北京市旧城私房翻建行政审批制度改革研究》，首都经济贸易大学，硕士学位论文，2016 年。资料来源：北京市规划和国土资源管理委员会网站，网址链接：http://www.bjgtw.gov.cn/apps/zqxx/bj14004.jsp，2018 年 5 月 26 日访问。

项目实际，提供协商相邻关系的协议"①。这些清单明确了申请人的材料提供义务。但有的申请人并未遵从《行政许可法》第31条的规定，并未严格履行申请材料的真实提供义务。比如，相邻权人签字不属实、日照分析报告不属实等。申请材料不真实，行政许可决定的事实依据必然不足。

表6—2　　　　各地建设工程规划许可申请材料清单对照

内容	福建福州	北京市	山东济南	湖北恩施
	1.《建设工程规划许可证》申请表原件，加盖申报单位公章、设计单位公章、人防部门印章，原件1份	1. 建设申请委托他人代为申报的，提交申请人出具的经公证机关公证的申报委托书	1. 建设工程规划许可证申请表	1. 建设单位书面申请及建设工程规划许可审批表
	2.《建设用地批准书》《建设用地规划许可证及附图》及用地红线图，或用地单位的《土地使用权证》，复印件1份；国家投资项目应提供立项批复文件，复印件1份；经国土部门招标、拍卖、挂牌方式取得土地使用权的项目，提交《国有土地使用权出让合同》复印件1份	2.《建设项目规划许可及其他事项申报表》（申请人完整填写并亲笔签名或者盖章）（需核对申请人身份证件原件，留存复印件）	2. 建设项目批准、核准或者备案文件	2. 项目批准、核准、备案文件（发改部门核发的原件或复印件）

――――――――――
①　资料来源：恩施州人民政府政务服务中心网站，网址链接：http://bsdt.zgb.en-shi.gov.cn:33808/guideIndex.action? districtId = 422800&serviceBase.serviceId = 2c908183542e1e8301543c7c08021398，2018年5月26日访问。

续表

内容	福建福州	北京市	山东济南	湖北恩施
	3.《建设工程规划监测报告》原件1份；人防部门审核意见单原件1份	3.《规划条件》复印件（按规定可直接办理《建设工程规划许可证》的除外）	3. 国有土地使用权证	3. 项目用地及周边现状情况实测地形图（比例一般为1∶500或1∶1000，加盖测量单位鲜章）
	4. 我局审批的总平图复印件1份；建筑施工图（含绿地系统平面图、交通系统平面图）原件3份；施工图阶段电子图形文件（含效果图）光盘1份	4.《规划条件》注明申报《建设工程规划许可证》时需要提交的相关文件（按规定可直接办理《建设工程规划许可证》的除外）	4. 土地使用权出让（转让）合同及补充协议	4. 土地权属证明文件（土地使用权证或用地批准书或划拨批准书）、建设用地规划许可证及勘界图（比例一般为1∶500或1∶1000，加盖测量单位及国土资源局鲜章）
	5. 设计单位提供盖章的建筑分层面积表、功能分类面积核算表原件及电子报批审核意见书，套型面积比例核算表（对于住宅项目），原件1份	5. 使用国有土地的有关证明文件（土地、房产）	5. 划拨决定书	5. 申请人相关证明材料：法定代表人或负责人证明复印件1份；组织机构代码证、工商营业执照或统一社会信用代码证书复印件1份；单位或个人授权他人代理的，提供授权委托书原件及委托代理人身份复印件（审核原件）各1份

续表

内容	福建福州	北京市	山东济南	湖北恩施
	6.《建设工程规划许可公示牌制作合同》，复印件1份，公示牌小样，原件1份	6. 拟翻建房屋的测绘数据、产权房屋登记时的长、宽、高度信息	6. 土地勘测定界图	6. 审定的修建性详细规划或建筑设计方案三套，以及规划（建筑）方案工程规划咨询报告（包括面积指标校核、日照分析等）
	7. 委托书原件、委托代理人身份证复印件	7. 涉及相关利害关系人的，需提交相关利害关系人的书面同意意见	7. 符合国家标准和制图规范的建设工程设计方案成果	7. 属房地产开发项目的，还需提供房地产开发资质证书；属住宅开发项目的，还需提供建设业主与项目所在地街道办事处、乡镇人民政府签订的《无偿提供社区服务用房协议书》
	8. 施工图审查机构出具的审查合格书，原件1份	8. 涉及只能进行翻建的地区，需要提交房屋解危通知书或者有资质单位出具的房屋安全鉴定	8. 日照分析报告	8. 申请房屋加层扩建的项目，申请人还需提供原房屋产权证明及具备相应建筑设计资质的单位出具的可以加层扩建以及加层扩建规模的技术文件
	9. 福州市规划建筑设计方案规划审查意见书，复印件1份	9. 加建地下室的，需提交地质勘察报告	9. 专家评审会议纪要①	9. 属未批先建的项目，还需提供恩施市规划局对其未批先建行为处理的相关资料

---

① 资料来源：山东政务服务网，网址链接：http://jnzwfw.sd.gov.cn/sdzw/dept/items/detail.do?xzqh=370100&itemcode=3701000102203-001&rowguid=032F5F563BD947B2BF07903634E43E78，2018年4月26日访问。

续表

内容	福建福州	北京市	山东济南	湖北恩施
	10. 对于已建补办项目还需提供的文件：建设单位申请报告原件、设计单位出具的是否存在安全隐患的说明、消防部门审查意见书原件、有关部门出具的结构安全证明、我局对违法建设处理情况通知单，原件各1份；《建设用地规划许可证》、总平面规划方案、管线总平等，原件1份	10. 拟建方案图1份，标注用地范围，拟建房屋位置，建设二层及二层以上楼房或者跨度超过6米的平房，提交具有资质的设计单位按相关要求绘制的建设工程施工图中的主要部分1套，另再附相同设计总平面图5份		10. 根据项目实际，提供协商相邻关系的协议①
	11. 建设单位会同设计单位应我局审定的建筑设计修改意见作出的回复	11. 其他法律、法规、规章规定要求提供的相关材料②		
	12. 绿色建筑项目应提供设计单位关于绿色建筑设计的说明			

---

① 资料来源：恩施州人民政府政务服务中心网站，网址链接：http：//bsdt.zgb.enshi.gov.cn：33808/guideIndex.action?districtId=422800&serviceBase.serviceId=2c908183542e1e8301543c7c08021398，2018年5月26日访问。

② 资料来源：北京市规划和国土资源管理委员会网站，网址链接：http：//www.bjgtw.gov.cn/apps/zqxx/bj14004.jsp，2018年5月26日访问。

续表

内容	福建福州	北京市	山东济南	湖北恩施
	13. 特殊项目需提供：（1）涉及应征求相关部门意见（包括环保、园林、文物、水利、地铁等）的项目，应提交部门（单位）的审查意见；（2）涉及影响有日照要求的各类新建设项目，应提供《建设项目日照分析审核意见书》（须日照分析审查机构出具），原件1份；营业执照复印件，无营业执照请提供法人代码证，复印件1份①			
	营业执照复印件，无营业执照请提供法人代码证，复印件1份			

（二）行政机关依法履行程序义务

从前述案件的争议焦点以及人民法院的裁判看，行政机关未履行程序义务是发生行政争议的重要原因。争议的程序义务包括：是否依法告知、是否依法公示、是否依法公告、是否组织听证等。行政机关未依法履行程序义务存在以下情形：一是完全不履行程序义务；二是不依照法律法规规定的方式、步骤等履行程序义务。前者相对较少，后者相对

---

① 资料来源：福建省网上办事大厅，网址链接：http://fz.fjbs.gov.cn/service.action?fn=detail&unid=D82ECD6EE272E746FC050C668AB921C9，2018年5月26日访问。

较多。

不同类型的行政许可须遵守一般行政程序义务和特别行政程序义务。一般行政程序义务由行政许可法规定，特别行政程序义务由特定领域的特别法规定。行政机关在实施行政许可的过程中既应遵守特别程序，也应遵守一般程序，但行政机关往往忽视一般程序。《行政许可法》第36条规定了告知义务。告知主体为行政机关，告知对象为与行政许可事项有重大利益关系的直接利害关系人。告知步骤为：首先，行政机关应当判断行政许可事项是否直接关系他人重大利益；其次，直接关系哪些人的重大利益；最后，行政机关向直接利害关系人告知行政许可事项。但行政机关在具体实施的过程中，常常以批前公示程序或者公示程序代替告知程序，以告示方式履行告知义务。具体做法如下：行政机关向社会普遍发布告示，并为利害关系人设定申请义务。利害关系人不依告示规定的期限履行申请义务，利害关系人丧失程序权利。行政机关把原本应当由自身履行的告知义务转化为告示义务（或者公示义务）和利害关系人的申请义务。这种转化从表面上看，行政机关已经向包括利害关系人在内的不特定的人公布了正在审查或者即将审查完毕的行政许可事项，但这种普遍的没有针对性的公示，实际上为利害关系人设定了注意义务。如果利害关系人恰好在公示期限之内没有注意到公示，利害关系人因为自己的疏忽承担不利后果。这种后果并不是法律设定的，而是行使行政许可权的行政机关设定的。如广东省汕头市城乡规划局金平分局2018年5月3日发布的"建设工程规划许可申请事项批前征询意见公示"[1]。这一公示直接规定，"逾期未提出的，视为放弃上述权利"。显然与《行政许可法》第36条规定的告知义务的履行方式不符。

---

[1] 公示内容：近日，我局将受理位于海滨路9号市海滨大院立体钢结构停车楼和配套改造项目建设工程规划许可事项。按照《中华人民共和国城乡规划法》《广东省城乡规划条例》《汕头经济特区城乡规划条例》的有关规定，我局将该申请事项进行公示。凡与此申请事项之间有重大利益关系的项目利害关系人，可在项目公示期间（2018年5月3—12日），凭身份证或单位证明等有效件件向本局提出申述（申述材料采用书面形式）。逾期未提出的，视为放弃上述权利。资料来源：汕头市城乡规划局：《建设工程规划许可申请事项批前征询意见公示》，凤凰网房产汕头站，http://st.house.ifeng.com/detail/2018_05_04/51453762_0.shtml，2018年5月8日访问。

行政机关采取公示的方式履行告知义务，有可能存在两种执法心理：一是避免自己的判断挂一漏万，是否直接关涉重大利益，由利害关系人自己先行判断；二是机械履行义务，避免点对点地告知引发原本尚未意识到与行政许可存在利害关系的相关人员参与到许可程序，影响行政许可效率。

（三）行政机关依法履行审查义务

受理许可申请之后，行政机关应先审查再决定。行政机关对申请材料进行条件性审查，要审查什么，怎么审查才算尽到审查义务？到底应当是形式审查还是实质审查？行政机关和第三人争议颇多。行政机关未依法履行审查义务引发的行政争议包括：一是认为行政机关未审查出申请材料记载事实的真伪；二是认为行政机关的审查方式等不符合法定要求。有关行政机关是否尽到审查义务的争议，与法律规定及争议双方对法律规定的理解不一相关。

行政机关在行政许可过程中的审查义务由法律规定。审查义务是否依法履行涉及法律法规对下列事项的具体规定：审查主体、审查方式、审查时限、审查对象、审查程序、审查程度等。现行法律法规对行政机关审查义务的规定较为粗糙，主要有三种方式。一种是弹性规定。比如弹性规定审查方式、弹性规定审查对象等。行政机关是选择书面审查还是实地审查、是否询问以及询问哪些事项取决于自己的裁量，法律没有规定必须使用哪种审查方式，必须核实哪些材料的真实性。另一种是笼统规定。法律法规规定了行政机关的审查义务，但如何审查，却没有进一步规定。如《城乡规划法》第40条，"对符合控制性详细规划和规划条件的，由城市、县人民政府城乡规划主管部门或者省、自治区、直辖市人民政府确定的镇人民政府核发建设工程规划许可证"。第45条，"县级以上地方人民政府城乡规划主管部门按照国务院规定对建设工程是否符合规划条件予以核实"。这些部门如何"核发"，如何"核实"，法律没有明示，而是授权国务院作出相关规定。到目前为止，国务院没有统一规定。但有的地方通过"责任清单"的方式作出了细化①。还有一种是羁束规定。但并不是规定全部审查义务，只是部分。如《山东省建筑工程施工许可管理办法》第7条，"在颁发施工许可证前，发证机关或委托有关单位，应当到工程现场进行踏勘"②。此规定明确了建筑工程施工许可的审查方式。

现行法律法规对审查义务的概括式规定，赋予了审查机关广泛的自由裁量权，为行政机关预留了自行决定的空间。行政机关普遍认为，既然法律法规已经明确规定申请人对申请材料的真实性负责，行政机关没有义务也没有必要一一核实申请材料的真实性。湖南省长沙县人民政府公告的《长沙县城乡规划建设局责任清单》列明：负责建设项目的各项规划技术指标审核③。该清单表明行政机关在审查建设工程规划许可的过程中，审查义务限于各项规划技术指标。行政机关认为自己有权选择形式审查，只需审查申请材料是否齐全，有没有，不需对申请材料的真实性进行审查。申请人侥幸提供虚假材料，行政机关只进行形式审查，申请材料记载的内容失实，必然引发是否尽到审查义务的行政争议。

另外，认为未按法定方式履行审查义务，也是产生此类争议的重要原因。虽然法律法规没有明确规定审查方式，但部门规章、地方政府规章或者行政规范性文件对审查方式进行了具体规定。有的行政机关自行限缩了部分自由裁量权。如恩施土家族苗族自治州规划局规定核发建设

---

① 比如广州市国土资源和规划委员会权责清单明示，广州市国土资源和规划委员会核发建设工程（含临时建设）规划许可证的审查责任：（1）进行现场踏勘，是否涉嫌违法建设，现场情况与图纸和放线册情况是否相符。（2）核查各项经济指标、间距退让及建筑方案设计是否符合控制性详细规划、城市设计导则、规划条件及上层次规划审批的有关要求。（3）审查重要景观地段及重要建筑的外立面景观设计是否符合城市设计导则和相关专题会议的有关要求。（4）核查是否符合《广州市城乡规划程序规定》《广州市城乡规划技术规定》等法律法规规章的有关规定。（5）涉及利害关系人利益的，根据相关规定告知申请人、利害相关人享有听证权利；涉及公共利益的重大许可，向社会公告，并举行听证。资料来源：广州市国土资源和规划委员会网站，网址链接：http：//wsbs.gz.gov.cn/gz/zwgk/qzqdxq.jsp？id=305670，2018年6月8日访问。

② 资料来源：山东省人民政府网站，网址链接：http：//www.shandong.gov.cn/art/2015/9/6/art_2268_13626.html，2018年6月8日访问。

③ 《长沙县城乡规划建设局责任清单》，资料来源：湖南省长沙县人民政府网站，网络链接：http：//www.csx.gov.cn/csx/rdzt/zsxbmzrqd/xgjj/1323206/index.html，2018年5月29日访问。

工程规划许可证明确要求"现场勘察"①。如果行政机关在审查的过程中，没有到现场勘察，起诉人认为行政机关未尽到审查义务，从而产生争议。

（四）严格执行法定许可条件或者标准

行政机关核发许可证必须符合许可条件或者标准。不同类型的行政许可，法定许可条件或者标准不一。且行政许可条件或标准散见于不同的法律法规中。有的地方人民政府为了规范行政许可，对许可条件进行了总结。如北京市规划和国土资源委员会公告建设工程规划许可标准如下：申请人提交的材料齐全、规范、有效、符合法定形式；符合经批准的城乡规划的要求；符合规划管理有关技术规定的要求；符合《北京市城乡规划条例》《城乡规划法》及相关法律、法规、规章的规定；符合国家和本市有关规划工作的相关政策要求；前期规划文件中提出的其他审查要求②。在诸多许可条件争议中，焦点包括三个方面：一是认为不符合最低技术指标；二是认为大大降低了原有技术指标；三是认为不符合其他许可条件或标准。

相邻权人以不符合许可条件或许可标准为由起诉，并不一定是行政许可决定违反行政许可条件或标准。有的认为行政机关没有对日照分析报告、建筑间距等申请材料进行实质审查。有的认为法律法规没有规定或者法律法规的规定与人民日益增长的美好生活愿望之间存在矛盾。以城市居住区住宅间距规定为例。2002年和2016年的《城市居住区规划设计规范》均对条式住宅和高层塔式住宅的间距分别进行了规定③。由于规章使用"不宜小于"术语，被许可人往往从自身利益出发认为"不宜"并非绝对不能小于，而相邻权人认为不宜可以理解为不应，行政机关认为可以小于，产生争议。从此类争议看，争议发生的直接原因是法律法

---

① 资料来源：恩施州人民政府政务服务中心网站，网址链接：http：//bsdt.zgb.enshi.gov.cn：33808/guideIndex.action？districtId=422800&serviceBase.serviceId=2c908183542e1e8301543c7c08021398，2018年4月15日访问。

② 资料来源：北京市规划和国土资源委员会网站，网址链接：http://www.bjgtw.gov.cn/apps/zqxx/bj14004.jsp，2018年5月19日访问。

③ （1）条式住宅侧面间距，多层之间不宜小于6米，高层与各种层数住宅之间不宜小于13米；（2）高层塔式住宅、多层和中高层点式住宅与侧面有窗的各种层数住宅之间应考虑视觉卫生因素，适当加大间距。

规的弹性规定，而根本原因还是利益平衡不够的问题。

二 保障多元主体参与行政许可执法

规制治理要求与行政许可事项相关的人均有权参与行政许可过程。同时，也应保障社会公众的监督权。

(一) 保障相邻权人参与权

1. 保障行政许可决定前的参与权

只有相邻权人有效参与行政许可决定过程，其相邻权益才有可能获得预防保护。行政机关在行使行政许可决定权的过程中，应切实保障相邻权人的参与权。

相邻权人参与权的保障主体，应是行政机关。保障方式可以是自己行为，也可以是委托行为。比如，行政机关核查申请材料的真实性，到底是自己核查，还是委托核查？除非法律明确禁止，行政机关可以委托。另外，法律赋予行政机关告知义务的目的是更有效地审查申请材料和合法、合理作出行政许可决定。告知义务是否由行政机关亲自履行，并不重要。重要的是利害关系人知晓与自己相关的行政许可事项的相关内容，并可以在审查期间发表自己的意见。比如苏格兰规定申请人在提出规划申请时，需要向规划部门证明邻里以及相关利益人已经被告知。《民法典》第279条规定："业主将住宅改变为经营性用房的，除遵守法律、法规以及管理规约外，应当经有利害关系的业主一致同意。"这一规定实际上把告知义务、征求意见的义务分配给申请人。这种安排，只是影响行政机关的真伪核实方式。行政相关人在申请受理之前就已经知晓行政许可事项，基于自己的利益，有可能积极主动向行政机关反映相关情况，行政机关可以在处理行政相关人意见的过程中，对申请材料的真实性一并审查。

行政许可法规定了相邻权人参与权的保障途径。比如，告知利害关系人，听取利害关系人意见。在实务中，最大的争议是作为意见征求对象、聆听对象的相邻权人到底包括哪些？这直接影响参与权的实现程度。当下，行政机关判断相邻权人范围的标准不一。有的采用传统的比邻标准，有的采用实质影响标准。比如，认为"在规划领域，如果一个重大工程，比如度假村（CE1983年4月5日，Commune De Menet案）的建筑许可可能遭受相邻物主或者更大范围内受其影响的物主的挑战（CE1988年9月30日，Societe Nationale De Television En Couleurs 'Antenne'案）。但是这并不表明每一位公民都有充足的环境利益"[①]。虽然实际影响标准优于传统的不动产比邻标准，但仍然无法划定相邻权人的范围。有必要对"实际影响"进一步解读。从语义上讲，"实际"不是想象的，是根据科学判断、理性判断推论出的必然发生的事实。从中心词"影响"来看，这种影响不是虚拟的，是实在的，且对影响的程度并无要求，只要产生影响即可。另外，有无实际影响，应当从相邻权人的生产、生活状况出发判断有无实际影响。因为"影响"的对象不是行使行政许可权的行政机关，而是相邻权人。从这个角度讲，行政机关履行告知义务、征求意见义务的对象是那些可能受行政许可实际影响的不动产的所有人或者使用人，即相邻权人。到底是哪些人，行政机关可以以"合理人"的角度予以判断，根据"合理人"标准确定告知对象。另外，为了避免挂一漏万，行政机关同时应当广泛告知，比如通过公告，让与行政许可事项有近邻关系、可能受实际影响的不动产使用的所有人或者使用人知道拟许可事项并自行判断是否需要表达意见。但如果相邻权人需要表达意见，行政机关必须保障其听证权的实现。

2. 保障行政许可决定后的参与权

行政许可决定本身没有侵犯邻人的相邻权，并不意味着后续的行政许可活动不侵犯。如果行政相对人不严格执行行政许可决定，不按行政许可决定的要求行为，则可能侵犯邻人的相邻权。行政相对人违反行政许可决定侵犯相邻权，从表面上看，与作出行政许可决定的行政机关无关。但是，就行政行为的执行力而言，不仅要求行政相对人严格执行行政许可决定，而且要求行政机关督促、监督行政相对人履行行政许可决定为其设定的义务。行政机关积极履行监督义务，可以预防并制止被许可人违法行为，从而保护他人权益不受侵犯。与不动产相关的行政许可，

[①] [英] L. 赖维乐·布朗、约翰·S. 贝尔：《法国行政法》，高秦伟、王锴译，中国人民大学出版社2006年版，第160页。

比如建设工程规划许可，其最重要的行政法价值在于具化了被许可人的公法权利和义务，被许可人可以进行建设行为，但必须按照许可决定确定的建设标准等进行建设行为。如果被许可人不按照建设标准建设，建设工程规划许可的行政法价值就难以实现。

一般来说，基于行政机关的职责以及维护公共利益的需要，作出行政许可决定的行政机关应当亲自监督被许可事项的执行情况。但在法律允许的情况下，行政机关也可以委托其他行政机关，甚至有利害关系的个人，对被许可人获得许可的建设行为等进行监督。从相邻权人的角度而言，其并没有监督被许可人实施行政许可的公法权利，但如果作出行政许可决定的行政机关委托其对被许可人的建设行为进行同步监督，相邻权人为了维护自身权利，不仅愿意而且会十分尽责地履行有关监督职责。行政机关可以依法委托其他组织和个人对被许可事项开展适时监督。

3. 行政许可决定应受相邻权人意见拘束

（1）以利害关系人的陈述和申辩核实的事实为据

就如"法律赋予警察干涉的权力并不仅仅是为了普遍的公众利益，同时也是为了每个人的利益"[①]。"在处理行政法上各种问题时，要求行政机关同时考虑到公共利益和个人利益，不得对任何一方有所偏袒。"[②] 就如"根据城乡规划而发放建立工厂的计划许可，绝对没有给予妨害公民或侵犯私人权利的权力"[③]。行使审核权的行政机关在对行政许可申请材料进行进一步审查时，应将利害关系人的陈述和申辩与申请人提交的申请材料进行比对，如果二者不存在矛盾，则采信申请人的申请材料。如果二者存在矛盾，行政机关须进一步调查并判断孰真孰假，再决定是以申请材料还是以利害关系人的陈述和申辩或者其他事实作为行政许可决定依据。

---

① ［印］M. P. 赛夫：《德国行政法——普通法的分析》，周伟译，山东人民出版社2006年版，第255页。

② ［日］南博方：《日本行政法》，杨建顺、周作彩译，中国人民大学出版社1988年版，第2页。

③ 莫于川：《行政强制立法应坚持平衡理念与兼顾原则》，《法学家》2006年第3期；［英］威廉·韦德：《行政法》，徐炳等译，中国大百科全书出版社1997年版，第468页。

(2) 以听证核实的事实为据

行政机关听取申请人、利害关系人的意见，并不只是程序义务，还具有实体性。行政许可决定要受申请人、利害关系人意见的约束。行政机关在作出许可或者不许可决定时，应当将听证过程中收集的材料与申请人提交的申请材料进行比对，并进一步判断是否采信申请人的申请材料并判断其是否符合许可条件。行政机关的许可决定，应当说明采纳或者不采纳行政许可申请人、听证申请人意见的理由。这种说明，有学者认为要以"法律法规"为客观标准，辅之以"合理人"标准，综合考量各种因素①。其中，合理人标准是指从一个理性的正常人的理解出发进行利益衡量，并以地方习惯以及不动产的用途予以评价。这种考虑，包括地点、时间以及个人感受。我们认为，这种说明是必要的。比如日本"在土地利用规制领域，较早采用了尊重有关方面意思的机制"②。但到底是辅以"合理人"标准还是辅以"公务员"标准，可以进一步论证。行政机关的判断，当然应当遵守法律法规的客观规定，但在自由裁量范围内，在存在主观判断的情况下，是不是止于"合理人"的判断呢？可以进一步发展为"公务员"标准，不只从"合理人"的角度考量，还要从为公民服务、维护公共利益、保护公民权利的角度予以考量。

（二）保障社会公众监督权

落实行政公开原则，是保障社会公众行使监督权的前提和基础。虽然行政许可法没有规定行政许可决定前的社会公示程序，但越来越多的地方性法规设定了公示程序。比如《湖北省城乡规划条例》明确要求，"实行城乡规划批前批后公示"。《武汉市城乡规划条例》第46条明令，在核发建设工程规划许可证前，城乡规划主管部门应当对拟批准的内容进行公示，接受社会公众的监督。行政机关在公示期间如果收到异议，异议反映的事实与申请人提交的申请材料记载的事实不一致，行政机关应当予以核实，以经过核实的事实为依据作出许可或者不许可决定。

---

① 焦富民：《容忍义务相邻权扩张与限制的基点——以不可量物侵扰制度为中心》，《政法论坛》2013年第4期。

② 杨建顺：《日本行政法通论》，中国法制出版社1998年版，第450页。

三 强化行政许可执法中的预防保护措施

法定权利不能自动实现，须有关各方切实履行义务，才有可能成为现实权利。相邻权益的实现，有赖于行政许可申请人依法申请、行政机关依法许可以及被许可人遵守许可决定。而行政许可申请人的守法程度取决于行政机关的审查程度，取决于行政机关依法许可的程度。行政机关的审查方式、审查措施、履行相关义务的时间等事关相邻权益的实现。行政机关如何实施行政许可，才能够达致申请人利益、他人利益以及公共利益或者社会利益或者国家利益的相对平衡呢？行政机关应当从规范行政许可权的内部运行机制、细化行政机关的审查内容和方式、督促被许可人遵守许可决定等入手遏制违法行为。又由于作为过程的行政许可，并非止于行政许可决定，还包括对被许可人获得许可之后的行为监督，因此，行政机关的执法保护包括两个环节，行政许可决定前的保护和行政许可决定后的保护。

（一）行政许可决定前保护

行政许可决定前保护是指从申请人递交行政许可申请材料到作出行政许可决定期间对相邻权的保护。这一时期的保护主要涵盖两方面的内容：一是依据实体规范审核是否符合许可标准和许可条件以直接保护私法相邻权；二是依据程序规范履行公法义务，通过保护公法相邻权以最终保护私法相邻权。

1. 受理环节

受理环节是行政机关启动行政许可行为的第一步。行政机关依据受理条件决定是否受理申请人的许可申请。受理条件的设定与申请人的申请义务相关，也与行政机关的审核义务相关。而遵守受理条件是行政机关应当履行的公法义务。

（1）依法公示受理条件

根据法律法规规定，有关行政机关"应当将法律、法规、规章规定的有关行政许可的事项、依据、条件、数量、程序、期限以及需要提交的全部材料的目录和申请书示范文本等在办公场所公示"。据此，行政机关公示的"需要提交的全部材料的目录"实际就是申请人应当履行的材料提供义务和行政机关受理申请人的许可申请需要满足的最低受理条件。申请人提交的申请材料只有符合受理条件，才能够实质启动行政许可的审查程序。

行政机关公示的受理条件理应来源于法律法规的规定，其内容本不应该因地域不同而有差异。但在行政实务中，同一行政许可事项，各地行政机关公示的受理条件差异较大。比如，针对建设工程规划许可，武汉市、广州市、厦门市和杭州市的受理条件并不相同（见表6—3）。

表6—3　　　　　各地建设工程规划许可受理条件对照

城市	建设工程规划许可受理条件
武汉	1. 申请人身份合法； 2. 建设项目投资批准、核准、备案文件； 3. 建设项目土地使用的有关证明文件； 4. 建设项目建设用地规划许可证； 5. 符合规划条件并经规划部门审定的工程项目规划建筑设计方案； 6. 建设项目涉及水利、交通、气象、机场等部门的批复文件； 7. 建设项目涉及他人重大利益关系且利害关系人提出听证申请的，或者涉及公共利益的，应由规划主管部门组织听证①
广州	1. 按办事指南，备齐所有材料。立案申请表，申请人身份证明，法人法定代表人或组织主要负责人证明文件，法人法定代表人或组织主要负责人有效身份证明，授权委托书，代理人身份证明，设计单位的资质证书，总平面、设计方案，建筑设计电子报批文件，《建设用地规划许可证》等有效的用地证明材料、规划条件和历次规划审批文件（含修建性规划条件及历次规划批复文件中要求取得的专业管理部门的意见），具有相应资质的技术审查机构出具的图纸技术审查通过意见书，具有相应资质的技术审查机构出具的《建筑工程放线测量记录册》，建筑景观效果专家评审通过意见书或会议纪要，发改部门立项投资批文（仅限政府投资类项目报审时提供），调整前后对比图（仅限申报调整时提供），调整的依据文件（仅限申报调整时提供），原《建设工程规划许可证》及其附图、附件（仅限申报调整时提供），历次规划批复文件要求提交的资料，调整涉及的产权人的书面同意

---

① 资料来源：湖北政务服务网，网址链接：http：//zwfw.hubei.gov.cn/lawguide/ykypt/4228000000074768427900100411003.jspx，2018年12月26日访问。

续表

城市	建设工程规划许可受理条件
广州	意见（仅限申报调整时提供），批前公示情况说明（申报调整和加、改、扩建时必须提供），与相邻建筑毗连涉及共墙等关系的，申请人应取得毗连或共墙关系利益人的书面同意意见。 2. 请在办理相关业务前提前 1 个工作日以上到"广东省投资项目在线审批监管平台"（http://www.gdtz.gov.cn/）申请项目代码，经审核通过后提出业务申请。对未获取项目代码的在建项目，按上述方式进行历史项目赋码①
厦门	1. 申请报告，《工程审查阶段——工程规划许可审批申请表》（原件 1 份，Word 格式电子材料 1 份）； 2. 企业法人（自然人）《授权委托书》原件（纸质材料 1 份，PDF 或 JPG 格式电子材料 1 份）； 3. 设计方案文本四套（文本需提供各单体建筑规划指标一览表，需包含建筑高度、建筑层数、各层层高及建筑功能）及电子版 1 份（CAD、PPT、PDF、JPG 格式）（列入景观艺术评审负面清单之内的项目，还应提供建筑景观艺术专审材料 PPT 一份）（图纸及电子 CAD 文件需添加绿建水印标签）； 4. 三维模型（osg 格式电子版 1 份）、具体建模方法详见《三维模型制作标准》（景观艺术评审负面清单之外的项目，在建设项目开工前的规划验线之前提交即可）； 5. 建设基地最新实测地形图（比例 1:500）；由具有测绘资质单位对现状建筑邻近一侧的建筑角点坐标、室外地坪标高（黄海高程）、建筑高度（至女儿墙或檐口）的实测成果（原件 1 份，PDF 或 JPG 格式电子材料 1 份）； 6. 对列入日照分析负面清单之内的项目，还应提供《日照分析报告》（原件 2 份、Word 格式电子材料 1 份）、日照分析计算模型（CAD 格式电子版 1 份）、日照分析所需的现势地形图（原件 1 份、CAD 格式电子版 1 份）、纳入分析范围的已批建筑的资料（原件 1 份、CAD 格式电子版 1 份）（日照分析报告编制方法详见《厦门市建筑工程日照分析技术管理规则》）。负面清单之外的项目实行申请人承诺负责制，提供日照分析承诺书（原件 1 份，Word 格式电子材料 1 份）； 7. 中国（福建）自由贸易试验区厦门片区工程建设项目规划管理告知书、建设工程规划许可第三人承诺书、建设工程规划许可申请人承诺书（原件各 1 份，Word 格式电子材料 1 份）

---

① 资料来源：广东政务服务网，网址链接：http://www.gdzwfw.gov.cn/portal/guide/11440100355743196030114009001，2018 年 12 月 29 日访问。

续表

城市	建设工程规划许可受理条件
厦门	8. 项目报建表，方案设计需进行公开招投标的项目应提供中标通知书、专家评审意见及中标方案文本；属邀请招标的项目则提供招标办的邀标备案函（复印件）①
杭州	《建设工程规划许可证》申请表（建筑类项目），使用土地的有关证明文件，建设项目批准、核准、备案文件（临时建设项目除外），建设工程设计方案（包括电子文件）；需要建设单位编制修建性详细规划的建设项目，还应当提交修建性详细规划；个人申请的：本人身份证复印件，经办人身份证复印件，授权委托书，日照补偿协议和经公证的建筑所有权人放弃权利主张的有效证明（杭州辖区范围内达不到日照标准要求的国家、省、市重点建设项目以及其他公共设施建设项目还应提供），补缴土地出让金证明（杭州辖区范围内变更规划条件涉及补缴土地出让金的建设项目还应提供）②

从以上这些城市公示的建设工程规划许可受理条件看，差异较大。主要体现在：是否提交日照分析报告，是否提交最新地形实测图，是否提交利害关系人征求意见材料或者协议，等等。而这些材料与相邻权息息相关，有必要设为必要的受理条件。

（2）形式审查申请材料

行政机关在受理环节仅判断申请材料是否齐全或者是否符合法定形式，并不需要对申请材料的内容进行审查。因此，行政机关只需依据规定检查申请人提交的申请材料中是否有征求相邻权人意见等相关方面的材料。

2. 审核环节

行政机关受理行政许可申请后，应对申请人提交的申请材料进行审核。无论是形式审查，还是实质审查，其目的是判断申请材料的真实性、合法性以及合理性。真实性以及合法性是依法行政原则的必然要求。合

---

① 资料来源：厦门市审批服务事项办事指南，网址链接：http://qzqd.xm.gov.cn/bszn/20170526/8479.htm，2018年12月29日访问。

② 资料来源：浙江政务服务网，网址链接：http://hz.zjzwfw.gov.cn/art/2016/8/24/art_48624_138663.html，2018年12月29日访问。

理性是行政机关行使行政自由裁量权的必要考量。虽然行政许可法规定，申请人对申请材料的真实性负责，但这一规定只能豁免行政机关的部分审查责任，并不是全部。那些直接关系到他人利益的许可事项，行政机关并不能够以申请人对申请材料的真实性负责而免于审查申请材料的真实性。从服务行政的角度讲，行政机关并不能一味推定申请材料真实，人的自利性特征反而要求行政机关应一一核实与他人相关的申请材料。与他人具有直接关系的行政许可事项，行政机关应当对申请材料进行真实性、合法性以及合理性审查。

行政机关有关不动产所有人或者使用人如何支配、使用不动产的许可必然涉及相邻权人的相邻权。行政机关的行政许可决定不能侵犯他人的相邻权，同时也要保护行政许可申请人的相邻权。其中，对他人相邻权的保护义务源于行政许可申请人的相邻义务，法律、法规规定的相关技术规范，以及行政主体的一般公法义务——不得侵犯公民、法人或者其他社会组织的合法权益。行政许可须遵守的相邻权的保护义务是多方位的。

（1）真实性审查

真实性是指申请材料符合客观事实不是虚假捏造的。行政机关对申请材料的真实性进行审查，主要审查以下方面：一是涉及其他行政机关签署意见的；二是涉及其他利害关系人签署意见的；三是涉及专门机构的鉴定意见、咨询意见的。如果行政相对人与邻人就相邻相关事宜达成一致意见，行政相对人可以向行政机关递交相关材料，行政机关对协议的真实性进行核实。

行政机关核实申请材料内容真实性的方式途径多样，一是被动型，二是主动型。当行政机关决定受理许可申请后，其他利害关系人有可能主动质疑申请材料的真实性，行政机关在解决质疑的过程中核实。另外，依据《行政许可法》第36条规定，行政机关在审查行政许可申请材料期间，对于行政许可相关人负有告知义务和听取意见的义务。其中，告知义务要求通过法定的方式告知行政相关人，听取意见的义务要求行政机关聆听行政相关人的意见并根据行政相关人的意见判断申请材料的真实性。审查过程中利害关系人的参与对确保审查的适当和公正具有特别的意义。

(2) 合法性审查

合法性审查是指行政机关以国家及所在行政区域的有关标准和条件为依据，对申请材料所记载的内容是否符合法律规范进行的合法性审查。实质就是审查申请人提交的申请材料是否遵守相关法律规范，申请人是否履行了相关法律义务。

申请人申请与不动产相关的和行为地固定的行政许可事项，由于涉及不动产的使用问题，实际上既要遵守私法规范，也要遵守公法规范。不动产所有人、使用者支配、使用不动产，须尊重邻人的相邻权，不得侵犯邻人的相邻权。但如何尊重呢？一方面，遵守民法典规定的"有利生产、方便生活、团结互助、公平合理"等民事原则。"建造建筑物，不得违反国家有关工程建设标准，不得妨碍相邻建筑物的通风、采光和日照。"[1] "不动产权利不得违反国家规定弃置固体废物，排放大气污染物、水污染物、土壤污染物、噪声、光辐射、电磁辐射等有害物质。"[2] 另一方面，遵守国家相关技术规范。国家有关城市规划和建筑设计等方面的技术规范，就是确定相邻权界限的依据。"国家有关工程建设标准""国家规定"不仅体现了行政法对相邻关系的调整，更为尊重相邻权确定了公法标准。它们"实际上是行政法性质的行为禁止规范，更确切而言，它们是调整公共利益与个人利益之间关系的管理性禁止规范"[3]。这些规定为行政机关判断申请人是否合法提供了法律标准。其中，强制性技术规范是申请人必须遵守的法定义务。行政机关对申请材料进行合法性审查，就是审查申请人是否遵守强制性技术规范以及是否在任意规范的法定幅度范围内。而申请人提交申请材料的目的就是要证明没有违反国家的强制性规范，而行政机关只是依法予以判断。为此，行政许可的申请人应当证明其没有违背强制性技术规范，没有侵犯相邻权，而不是行政机关证明，行政机关只是负责核实。

---

[1]《民法典》第293条。
[2]《民法典》第294条。
[3] 王轶：《论物权法的规范配置》，《中国法学》2007年第6期。

(3) 合理性审查

大量任意性规范的存在，使得行政机关的合理性审查成为必要。合理性审查是指行政机关对申请人提交的申请材料是否合理平衡了相关利益进行的审查。具体地讲，就是行政机关在合法性审查的基础上，根据利益平衡原则、合理性原则等进一步判断申请人的申请材料是否超越了利害关系人合理的容忍限度，是否同样观照了利害关系人的利益。法国理论界认为许可在许多情况下都是考虑受侵害以外的人的利益而发给的。该国判例也支持这一理由，进一步认为：许可是在保留第三者权利的基础上发给的[1]。德国州法也规定许可仅在保留第三人的私权的前提下才能授予[2]。

3. 决定环节

行政机关的许可决定或者不许可决定，与申请人、利害关系人直接相关，也影响着公共利益或者社会利益的维护。行政机关对申请人的申请材料进行审核后，须依据事实和法律作出决定，准予或者不准予申请人的申请。

(1) 以核实的事实为事实依据

一般认为，行政机关作出许可或者不许可决定的事实依据以申请人提交的申请材料为据。这种认识其实是错误的。如果行政机关只以申请人提交的申请材料作为事实依据，法律就不必规定行政机关应对申请材料进行审查。既然法律规定行政机关对申请人提交的申请材料进行审查，就应当根据审查核实的事实为依据作出行政许可决定。行政机关作出行政许可决定或者不予许可决定的事实基础，须包括正式决定前收集到的全部材料，即受理环节和审查环节收集的申请人的申请材料和其他人提供的材料（比如相邻权人提供的材料），甚至还包括拟作出决定公示期间接受的有关材料。

并且并不一定以先前行政行为确定的事实为据。同一不动产，涉及

---

[1] 陈华彬：《法国近邻妨害问题研究——兼论中国的近邻妨害制度及其完善》，载梁慧星《民商法论丛》（第5卷），法律出版社1996年版，第316—317页。

[2] 杨泽：《规划许可建筑侵害邻人采光权之相关法律问题研究》，《学理论》2013年第31期，金启洲：《德国公法相邻关系制度初论》，《环球法律评论》2006年第1期。

多项行政许可事项。有的情况下,前行政许可决定是后行政许可决定的前提。后行政许可决定应受先前行政许可决定的拘束。规划许可中存在行政行为的"跨程序拘束力",即前面的许可对后面的许可具有约束力,但其中亦有可不受拘束的空间①。如果受理行政许可申请的行政机关审查核实的事实与先前据以作出行政许可决定的事实明显不符,后面行使行政许可权的行政机关应以自己核实的事实作为行政许可决定的事实依据。虽然后行政行为要尊重、服从前行政行为,但从依法行政的角度讲,后行政机关不能无视客观事实。如某行政机关在建设工程规划许可证中明确标注:"鉴于你单位已依据日照分析报告与周边不满足日照要求的利害关系人进行协商且利害关系人均已同意接受补偿,你单位必须按照承诺履行相关义务并确保利害关系人无异议。如上述问题没有妥善处理,本《建设工程规划许可证》自行作废。"② 在此建设工程规划许可之后的许可行为,如以建设工程规划许可的决定为事实依据,则可能产生依据不足的问题,可以根据自己审查核实的事实作为事实依据。

(2) 以合法有效的法律规范为据

行政机关对申请材料的真实性、合法性和合理性进行审核后,须根据合法有效的法律规范,作出行政许可决定。行政机关的法律适用,事关行政许可决定的合法性,更关切申请人、利害关系人的合法权益。由于行政许可法律体系本身的复杂性和行政许可法律规范的裁量性,行政机关正确适用法律必须处理好以下关系。

第一,处理好不同位阶法律规范的关系。行政许可法律规范具有体系性,由法律、行政法规、地方性法规、地方政府规章、单行条例以及大量行政规范性文件构成。在金字塔似的法律规范中,行政机关须处理好不同位阶法律规范的关系。在以侵犯相邻权为由的餐饮许可争议中,最集中的争议就是居民楼能否经营餐馆的问题。以重庆市为例,到底如何适用法律规范,必须处理好部门规章和地方政府规章的关系、法律与

---

① 蒋朝镖:《城市规划行政许可中若干疑难问题浅析——兼评若干典型的规划许可案例》,载唐国华主编《律师实务研究》,浙江大学出版社2012年版,第26页。

② 金某与沈阳市规划和国土资源局行政许可一审行政裁定书,(2017)辽0103行初203号。

部门规章以及地方政府规章的关系。卫生部2010年《餐饮服务许可管理办法》并没有将"具有合法的经营场所"作为许可条件，但同年发布的《重庆市餐饮服务许可管理办法实施细则》却将其列为许可条件。餐饮经营场所选址是否合法成为重庆市餐饮许可的许可条件。重庆市的餐饮服务许可必须依据这一规定。何为"合法的经营场所"，居民住宅楼是不是合法的经营场所，重庆市并无明确解释。直到2015年《大气污染防治法》第81条明确禁止在居民住宅楼新建、改建、扩建产生油烟、异味、废气的餐饮服务项目，重庆市有关部门可以依据《大气污染防治法》判断居民住宅楼并非餐饮服务的合法经营场所。可见，行政机关的法律适用过程，其实是来回穿梭于不同位阶法律规范之间的过程。在这个过程中，基于下位法的可操作性、具体性，常常是先根据下位法作出判断。又由于上位法优于下位法的法律适用原则，行政机关不能仅直接根据下位法作出判断，而是应从下到上进行合法性判断，如果下位法与上位法冲突，则最终直接适用上位法。

第二，处理好特别法与一般法的关系。就某一具体许可事项而言，除了要遵守具体领域的行政许可法律规范之外，还应接受《行政许可法》的规制。具体地讲，行政机关应处理好以下关系：一是一般法有规定，而特别法没有规定的，适用一般法；二是一般法没有规定，特别法有规定的，适用特别法；三是一般法和特别法都有规定的，优先适用特别法。以建设工程规划许可为例，特别法有规定的，应当遵守特别法；特别法没有规定的，必须遵守一般法。比如，许可程序。

第三，处理好裁量规则与原则的关系。行政机关作出行政许可决定，必须遵守国家的强制性规范。在没有强制性技术规范，只存在任意性技术规范的情形下，可以要求相邻关系双方协商确定。如果不能协商一致，则由行政机关在充分考虑双方相邻权的基础上作出裁量。行政机关要切实保障相邻权，必须考虑行政许可法的基本原则，在遵守一般行政法义务的基础上作出公正、合理的决定。实质主义法治原则要求行政许可决定不仅符合实在法的形式要求，还要求合乎目的，即行政合理性。

（二）行政许可决定后保护

行政许可制度的问题面向在于预防不符合行政许可条件、达不到行政许可标准的人取得行为资格或者从事某种行为，其根本目的是拘束许可活动保护他人合法权益以维护公共利益。如果作出行政许可决定的行政机关不监督被许可人是否依法、依决定行为，如果被许可人不遵守申请承诺、不自觉按照许可决定开展许可活动，行政许可制度的立法目的就难以彻底实现。完整的行政许可行为不应止于行政许可决定。只有被许可人切实执行行政许可决定、遵守申请承诺，公共利益和他人合法权益才能够得到切实保护。要有效保护相邻权益，行政机关既要发挥自身的能动性，又要借助社会的力量，督促被许可人有效履行行政许可决定为其规定的具体的来自公法的相关义务。

1. 公开行政许可决定及内容

申请人获得行政许可后，是否依法实施行政许可，取决于两方面的力量。一是内部自觉；二是外部监督。为防止被许可人违法实施行政许可决定，有必要加强外部监督。外部监督力量具有多元性，除了作出行政许可决定的行政机关之外，其他社会组织尤其利害关系人也是外部监督的主要力量。行政机关的人力资源具有有限性，有必要利用社会力量参与行政许可决定实施监督。但监督的前提是知情，而知情取决于公开的方式、范围、对象以及内容。

行政机关作出行政许可决定送达申请人之后，行政许可决定发生法律效力。依据行政行为的效力理论，行政许可决定不仅对申请人，还对相邻权人等其他人产生公定力、确定力、拘束力以及执行力。如果行政机关不以广泛的尽可能方便大众知晓的方式公布行政许可决定的内容，社会如何遵守行政许可决定呢？另外，社会又如何监督被许可人是否严格执行行政许可决定呢？尤其是与不动产相关的行政许可决定和行为地固定的行政许可决定，由于具有确定的利害关系人，更应该在送达行政许可决定的同时，对外公布行政许可决定的具体内容。在利害关系人参与了行政许可审核程序的情况下，行政许可的决定内容当然应当对利害关系人公开。对利害关系人公开的意义还在于回应意见。无论是行政公开原则，还是行政公正原则，及时向社会公开行政许可决定及其内容均是题中应有之义。虽然有关行政许可决定的公开内容，法律、法规规定粗略，但限制的只是行政机关主动公开的范围。如建设工程规划许可，

《城乡规划法》只规定，"城市、县人民政府城乡规划主管部门或者省、自治区、直辖市人民政府确定的镇人民政府应当依法将经审定的修建性详细规划、建设工程设计方案的总平面图予以公布"。当行政机关公告了行政许可决定之后，社会公众包括利害关系人可以申请行政机关告知其行政许可决定的其他具体内容。比如许可建筑的四至位置、楼层总高、方位角度、建筑间距、房屋性质等信息。

2. 依法变更行政许可决定

因相邻权发生的行政许可争议案件，以行政机关违法变更许可决定作为诉由的案件数量占比较高。表明行政机关变更行政许可决定内容的情形时有发生。行政机关作出行政许可决定后，如果随意变更决定内容，不仅有损公共利益和他人合法权益，更有损行政机关的公信力。被许可人申请变更行政许可决定，行政机关应当依法审慎进行。

(1) 审核变更申请材料

就与不动产相关或者行为地固定的行政许可事项而言，行政机关作出行政许可决定后，被许可人申请变更决定内容，其前提必须是法律法规没有禁止变更且法律对该许可事项的规定有裁量空间。如果申请变更的行政许可事项，法律本身只做羁束规定，申请人基于成本和结果考虑不会徒劳申请。申请人之所以提交变更申请，要么因为客观事实发生变化，要么事实依据没有变化但期望行政机关在可裁量范围之内重新予以考量。

针对这两种情形，行政机关均应予以重新审查。虽然行政许可法以及相关特别法对行政许可变更申请没有规定具体的审查义务，但从《行政许可法》第49条推论，行政机关认为"符合法定条件、标准的"，才依法办理变更手续。变更申请是否符合法定条件和标准，当然需要行政机关予以判断。如何判断呢？行政机关必须审查变更申请材料是否真实、变更内容是否符合法律法规规定。针对裁量性规则，还应结合行政许可法的基本原则予以判断。

(2) 履行告知和组织听证义务

行政机关在审查被许可人提交的变更许可申请材料的过程中，如果认为变更申请事关他人重大利益关系的，应当依法履行有关程序义务。

比如《湖北省城乡规划条例》第34条规定，如果被许可人申请变更"城乡规划主管部门提出的容积率、用地性质等规划条件"，"经论证确需变更的，应当进行公示，征求利害关系人的意见，有听证申请的应当组织听证"。变更过程中的告知和组织听证义务之所以必要，是因为一旦决定变更，有可能改变原行政许可决定业已形成的利益关系，应赋予利益相关者参与变更程序的权利。

（3）公开行政许可变更决定及内容

行政机关同意被许可人的申请，作出变更决定，意味着改变了先前已经生效的行政许可决定的部分内容，被改变的许可内容不再具有法律效力。行政机关在送达行政许可变更决定的同时应对外公布行政许可变更决定。

3. 行政机关监督行政许可实施

作出行政许可决定的行政机关应当对被许可人实施行政许可决定的情况进行监督。监督的方式，可以是自身监督，也可以是委托监督。行政机关自身监督是指行政机关自己对被许可人开展的许可活动进行监督。监督的依据就是自己作出的行政许可决定，监督的途径可以是在场监督和其他途径。比如，城乡规划主管部门应对建设工程是否符合规划条件予以核实。未经核实或者经核实不符合规划条件的，建设单位不得组织竣工验收。《湖北省城乡规划条例》第37条规定，"建设工程开工之前，由城乡规划主管部门组织定位、放线；其基础工程或者隐蔽工程完成后，由城乡规划主管部门组织验线，合格后方可继续施工"。监督的重点是建设工程的四至界址、方位等与他人利益、公共利益密切相关的建设行为。

第三节　司法保护

从前述与相邻权相关的行政裁判情况看，人民法院对行政许可案件的审理和裁判不一。这种差异让我们反思在行政许可案件中司法权到底应该如何保护相邻权呢？

一　统一原告资格裁判标准

"原告资格的实质是起诉人与被诉行政行为之间的利益关系。"[①] 人民法院审查行政诉讼原告资格的目的是判断原告有无通过行政诉讼可以救济的私人利益,有无获得实体裁判的诉权,避免原告滥诉,也避免超越司法权限。审查内容"包含审判对象之适格（行政纠纷可诉性）、当事人适格（特指原告适格）与狭义诉的利益三部分"[②]。具体到因相邻权诉讼的行政许可案件,对这三部分的审查,应聚焦原告提起行政诉讼的核心诉求——相邻权展开。司法解释指明相邻权利害关系,实际是为原告资格确定裁判标准。

（一）对现行裁判标准的检讨

如前述,人民法院针对以相邻权受损为由起诉的原告是否具有原告资格的判断标准极为混乱。有阴影论、直接紧邻论、地理位置论、距离论、时间在先论、许可期限论、实际受损论、可能受损论、相对论、相关论、未经审批建筑无权论、实际存在论等。这些不同的裁判标准,一方面表明法律对相邻关系的规定不够明确,对何为相邻的裁判预留了足够的空间;另一方面也表明不同的人民法院对相邻关系的产生、变更以及消灭的认知是不一的。从现有的裁判标准看,有的认为合法行为产生相邻关系,有的认为客观事实产生相邻关系,有的认为地理位置直接紧邻产生相邻关系,有的认为可能影响合法权利即产生相邻关系。这些不同的相邻关系理论,直接关乎《行政诉讼法》第25条的实施,也直接关乎司法解释"被诉的行政行为涉及其相邻权或者公平竞争权"的适用。人民法院认为起诉人与案涉不动产的权利人之间不存在私法相邻关系,当然认为被诉的行政许可不涉及相邻权,必然作出驳回起诉裁定。据此,相邻关系的裁判标准,直接影响个案的审判,但这种影响并不止于审判的个案。更为重要的是人民法院对相邻关系的认知,必然会实际影响所

[①] 贺奇兵:《行政诉讼原告资格审查机制的正当化改造》,《法学》2017年第4期。

[②] 梁君瑜:《行政诉权本质之辨:学术史梳理、观念重构与逻辑证成》,《政治与法律》2017年第11期。

在行政区域的行政机关对相邻关系的判断，进一步影响行政机关在行政许可过程中实际保护相邻利益的范围。如何认定相邻关系，相邻权的权利内容到底包括哪些，相邻义务的义务内容到底包括哪些，这些问题是保护相邻权必须回答的前提问题。因此，统一相邻关系的判断标准极为重要。

1. 私法相邻关系标准并不能涵盖公法相邻关系内容

由于相邻法的变化，相邻关系并不限于私法调整，公法也规范相邻关系。相邻权成为"私法和公法共同赋予的复合性权利形态"[①]。相邻权在现代社会已经形成由公法、私法和自律法共同调整的事实。相邻权的权源已不仅是所有权，而且还有使用权，包括物权性的使用权和债权性的使用权[②]，更涵盖公法上的主观公权利。而公法相邻权并非私法相邻关系的权利内容。私法相邻关系标准并不能统揽行政许可决定可能涉及的相邻权。

2. 利害关系子标准各有缺陷

直接利害关系标准还停留在行政相对人阶段，显然已不符合发展了的原告资格理论和实务。实际利害关系标准以事实相邻关系作为裁判依据而不论原告不动产的非法状态，看似最大化保护了原告的诉权，但有违原行政诉讼目的——保护合法权益。审查义务决定利害关系标准，将原告资格的审查与行政许可决定的合法性审查混为一谈，实际上超越了原告资格审查的内容。

从行政诉讼的救济功能看，公法利害关系（主观公权利）标准有其合理性。原告诉请保护的权益确实不应超出行政实体法保护的权益，但具体到涉及相邻权的行政许可案件，即便将利害关系标准发展为主观公权利标准，亦有其局限。在主观公权利裁判标准下，行政诉讼"利害关系"的裁判结构包括公法规范要件、法定权益要件和个别保护要件[③]。"公法上权利是人们提起行政诉讼的门槛要件，但其问题根源并非在行政

[①] 彭诚信：《现代意义相邻权的理解》，《法制与社会发展》1999 年第 1 期。

[②] 孙良国、周团结：《相邻权问题三论》，《当代法学》2002 年第 1 期。

[③] 章剑生：《行政诉讼原告资格中"利害关系"的判断结构》，《中国法学》2019 年第 4 期。

诉讼法上，而是如何从实体法规范探求并构建完整的公法上实体权利。"①无论是德国学者还是我国台湾学者均认为，保护规范理论发挥保护作用的前提是可以从法律规范推导出公民享有主观公权力的。但保护规范本身的不完善以及法规目的解释的主观性极大制约了公法利害关系（主观公权利）标准的适用。

（二）回归司法解释确定的涉及相邻权标准

《行政诉讼法》第25条规定，"与行政行为有利害关系的公民、法人或者其他组织，有权提起诉讼"。司法解释将"被诉的行政行为涉及其相邻权"解释为与"行政行为有利害关系"，认为只要"涉及"了起诉人的相邻权，起诉人即与被诉行政行为具有利害关系。是否"涉及"相邻权是人民法院判断起诉人是否具有原告资格的法定标准。

1. 涉及非影响或者实际侵害相邻权

只要行政许可涉及原告相邻权，即有原告资格。但何为"涉及"？意为"关联到""牵涉到"，表达的是一种相关状态。"关联到"或者"牵涉到"相邻权，意为与相邻权益具有相关性。这种相关性并不强调对相邻权即将或者已经产生改变，并不强调是否已经"影响"或者是否"实际侵害"相邻权，只是要求原告具有相邻权，符合主观诉讼的基本要件，享有不同于他人的个人利益。

基于行政许可与相邻权的特殊性，邻人提起行政许可诉讼的最佳时间点是行政许可作出后私法相邻权实际受损前。邻人在此期间提起行政许可诉讼，有可能制止损害的实际发生。待私法相邻权实际受损后再提起行政许可诉讼，建成后的不动产可能关涉新的更多的利益，受损的相邻权难以获得彻底救济。在行政许可诉讼中，由于行政许可内容的将来性，对原告资格的审查，应重在审查其有无相邻权，而不是起诉时相邻权的状态。

2. 涉及的相邻权既包括私法相邻权也包括公法相邻权

为了避免保护规范理论的局限，恪守主观公权利标准的德国通过扩

---

① 李建良：《保护规范之思维与应用——行政法院若干裁判举隅》，载黄丞仪《2010行政管制与行政争论》，台北"中研院"法律研究所2011年版，第316页。

大解释的方式，解决那些事实上相邻而按狭义的解释难以探求主观公权利案件的原告资格问题。"邻人与建筑物的事实关联或是事实上的利害关系，就能够成为其利益应从一般大众中区隔出来予以保护的确据。即使实体法规范没有明确要求对邻人的利益予以考虑，邻人与建筑规划之间只要存在事实关联，对第三人的权益予以照顾和考虑就是建筑法规范的应有之义。"① 这种扩大解释实际上已经脱离了主观公权利标准的适用前提。既然需要突破公法规范扩大并非来源于公法规范的主观公权利，在相邻权案件中没有必要固守主观公权利标准。从利益平衡的视角看，基于平等保护公民权利的基本原理，行政机关必然要对行政许可申请人及其邻人的所有权和相邻权进行平衡，这是不动产所有权使用权必然伴随的相邻义务决定的。由于行政机关在进行行政许可审查的过程中，实际平衡的利益并不限于公法利益，必然包含私法利益，即通风、采光、通行等具体的相邻权益。行政许可诉讼涉及的相邻权并不局限于公法相邻权，还包括私法相邻权。另外，公法相邻权是否只是行政实体权利呢？如果仅限于行政实体权利，则实际上罔顾了公法上的程序相邻权。《行政许可法》第 36 条规定行政机关的行政许可决定涉及利害关系人的重大利益时，应当告知利害关系人并且听取其意见。据此，涉及的相邻权既不只私法相邻权，也不只公法相邻权，而是既包括私法相邻权也包括公法相邻权。司法解释所指涉的相邻权应包括法律法规规定的所有相邻权。

3. 涉及的是行政许可决定作出时已经存在的私法相邻权或者作出过程中附随产生的公法相邻权

申请人向行政机关申请与不动产相关的或者行为地固定的行政许可事项，必然涉及土地、建筑物、场所等问题。行政机关对申请材料涉及的土地、建筑物、场所等进行审查时，其考虑预防保护的私法相邻权范围只能是审查时已经确定的或者已经存在的私法相邻权。原因在于如若不动产尚不存在，行政机关并无审查是否影响相邻权的可能；如若不动产存在，但原告尚未获得其所有权或者使用权，行政机关须保护的应是

---

① 赵宏：《原告资格从"不利影响"到"主观公权利"的转向与影响——刘广明诉张家港市人民政府行政复议案评析》，《交大法学》2019 年第 2 期。

行政许可决定作出时不动产所有人或者使用人的私法相邻权而不是原告的私法相邻权。"参加行政程序是获得司法审查权利真正有效的必要条件。"[1] 同理，如果原告直至行政许可决定作出时尚未对争议行政许可涉及的不动产相邻的不动产享有所有权或者使用权或者实际占有，行政许可事项也就不可能直接关系其重大利益，其亦不享有公法相邻权。故，如原告认为行政许可决定涉及的是在行政许可决定作出时就已经客观存在的或者业已形成的相邻权，具有原告资格。否则，因在行政许可决定时并不存在法律保护的利益从而不具有原告资格。但原告在行政许可决定时是否必须已经取得产权证明呢？并不一定。即使原告取得相邻物权证明的时间后于被诉行政许可的生效时间，但只要被诉行政许可决定作出期间相邻事实客观存在，起诉人在行政许可生成期间已经具有相邻利益，不影响其利害关系和诉权。

随着时代的发展，相邻权的内涵必然随之变迁。邻人行政许可诉讼原告资格随相邻权内涵的变迁而不断变迁。

（三）"涉及相邻权"的举证责任由起诉人承担

相邻权人行政诉讼案件原告资格标准并没有统一之规。有的法律条文明确规定了相邻权人的行政诉讼原告资格，有的法律规范并未直接确定相邻权人提起行政诉讼的原告主体地位，而是要先审查行政行为对相邻权人的影响程度，如果行政机关认为行政行为并未对相邻权人产生重大影响，则会否认相邻权人提起行政诉讼的权利[2]。将已经产生损害的举证责任归于起诉人。这有违行政许可诉讼的特殊性。如果起诉人在行政许可决定作出后立即提起行政诉讼，被许可人还未着手开展被许可活动或者未完成被许可事项，不利结果尚未成为现实，起诉人无法举证其已实际受害，但此时诉讼最有利于权利救济。待被许可活动实施完毕，实际损害已经发生，起诉人有证据证明业已受害之时再提起行政诉讼，即便人民法院裁判违法，但基于公共利益、社会利益等多重考量，相邻权

---

[1] ［美］理查德·B. 斯图尔特：《美国行政法的重构》，沈岿译，商务印书馆2002年版，第114页。

[2] 马龙、罗佳：《民事、行政交叉案件中相邻关系纠纷解决机制和原告资格认定探析》，载胡云腾主编《法院改革与民商事审判问题研究》，人民法院出版社2018年版，第744页。

人的诉请并不能够获得完全支持。因相邻权提起的行政许可诉讼，原告证明其起诉资格的举证责任应不同于其他类型的行政诉讼，源于行政许可行为的现实影响并非与行政许可决定同步发生。

由于主观诉讼以原告权利救济请求之成立要件事实为本案审理对象，故不论被告是否对原告资格有争辩，法官都会对原告资格问题作审查，原告对此也要承担相应的举证责任[①]。如果某公法规范同时以保护公共利益和邻人个人利益为目的，则该规范属于保护第三人利益的规范。公法的法律规定是否有保护邻人利益的意思，是判断邻人是否享有公法相邻权的标准[②]。因相邻权提起的行政许可诉讼，起诉人应承担行政许可决定涉及其相邻权的举证责任而不是受到影响、减损或者侵害的责任。原告应证明其享有使用权或者所有权的不动产与行政许可决定涉及的不动产相邻，按照有关规定享有公法相邻权或者私法相邻权。原告并不需要承担其相邻权已经或者即将受到行政许可决定影响、减损或者侵害的举证责任。相邻权是否受到影响、减损或者侵害反而应由被告承担举证责任，是被告证明行政许可决定是否合法的必要内容。

二 理顺行政许可诉讼的审理逻辑

人民法院认定起诉人具有原告资格后，围绕行政诉讼的三重立法目的对行政争议进行实质审查。一般的审查路径为：在全面审查被诉行政行为合法性基础上，注重对当事人合法权益的保护，从而实现实质化解行政争议的诉讼目的[③]。具体到因相邻权起诉的行政许可案件，人民法院应如何审查呢？在新行政诉讼法背景下，人民法院是否只审查合法性问题？是否在某些案件中还应审查合理性问题或者行政法律关系问题？是否只要审查相邻权没有非法减损，行政许可决定就合法呢？有必要专门分析。

---

① 贺奇兵：《行政诉讼原告资格审查机制的正当化改造》，《法学》2017年第4期。

② Robert-Josef Haag, Offentliches und Privates Nachbarrecht, Verlag V Florentz Gmbh, 1996, s. 28.

③ 郭修江：《行政诉讼判决方式的类型化——行政诉讼判决方式内在关系及适用条件分析》，《法律适用》2018年第11期。

(一) 审理对象

长期以来，学界和实务界均认为行政诉讼案件的审理对象为纯粹的行政行为。但随着对行政诉讼研究的深入，人们对行政诉讼案件的审理对象的认识逐渐发生改变。比如，19世纪末期的意大利认为行政诉讼的目的是恢复被行政机关违法行为侵犯的公共利益，原告的合法利益仅从对行政行为撤销中间接得到保护[①]。按此审理逻辑，原告提起行政诉讼的动力有可能不足。从诉的本质来说，起诉人诉讼的首要目的应是救济自身的合法权益。基于此，意大利行政诉讼的目的逐渐"从过去对行政行为合法性监督为目的到现在对私主体的有效司法保护为目的，行政诉讼的审理对象从过去纯粹对行政行为进行审理转变为对行政法律关系的审理"[②]。既然我国的新行政诉讼法已将解决行政争议明确作为行政诉讼的目的之一，行政诉讼的审理对象必须回应这一新的变化，不能脱离原告的诉讼请求进行审理。人民法院应"围绕当事人的请求展开，其请求是否成立及如何救济应当成为行政诉讼的核心"[③]。就因相邻权提起的行政许可诉讼而言，人民法院应审查原告与被告之间的行政法律关系，而行政许可决定本身是引起原被告发生行政法律关系的原因，当然包含在行政法律关系审理中。从前述此类行政许可争议案件的争议焦点看，双方的争议焦点也是主要集中于被告是否履行相邻权的保护义务，即是否遵守实体规范保护私法相邻权和是否遵守程序规范保护公法相邻权。在此类行政许可案件中，对原告与被告行政法律关系的审查，主要是审查原告的公法相邻权和私法相邻权的范围，被告在作出行政许可决定的过程中是否履行相邻权保护义务。

(二) 实质审理

人民法院认定起诉人具有原告资格且认为符合其他诉讼要件后，即围绕原告的诉讼请求及其依据的事实和理由进行实质审理。实质审理的

[①] Merusi, Il Codice del Giusto Processo amministrativo, in Dir. proc. amm., 2011, p. 1; M. Torchia, Il Nuovo Codice del Processo Amministra‐tivo. I Principi Generali, in Giornale dir. amm., 2010, p. 1117.

[②] 罗智敏：《意大利行政诉讼制度的发展变化及启示》，《行政法学研究》2018年第3期。

[③] 杨伟东：《行政诉讼制度和理论的新发展》，《国家检察官学院学报》2015年第1期。

范围不限于原告的诉讼请求及其依据的事实和理由,但又不能脱离原告的诉讼请求及其依据的事实和理由。主要包括两个方面内容:事实问题和法律问题。"诉讼中的事实问题是指对案件有关事实的判断、认定等所发生的争议。诉讼中的法律问题是指在一定程度上不存在对案件事实发生争议的情况下,就有关事实适用法律而产生的争议。"①

1. 事实问题

人民法院审查行政许可案件的事实问题,主要是审查行政许可决定的事实依据是否存在以及是否充分、被告是否履行有关公法相邻权义务、原告主张的相邻权受侵事实是否存在等,并不是审查与行政许可申请人的行政法上的义务有关的事实问题。在某一具体案件中,人民法院是否应对这些事实进行审查以及采取什么样的审查方式,主要取决于原被告双方及第三人是否对这些事实产生了争议。

(1)行政许可决定作出的事实依据是否存在是否充分

被告作出行政许可决定或者不予许可决定,必须以一定的事实为基础。这些事实是证明许可申请是否符合许可条件、是否达到许可标准的客观基础。只有全部必要条件均具备的情况下,被告作出的行政许可决定才是合法的。相反,只要某一或者某些必要条件不具备,被告作出的不予许可决定就是合法的。行政许可案件的事实问题,主要表现为两个方面:一是真实性问题;二是充分性问题。人民法院对事实问题进行审查的目的,是为了判断行政许可决定或者不予许可决定是否存在主要证据不足的情形。反过来,人民法院要认定行政许可决定或者不予许可决定是否存在主要证据不足的情形,必须对事实问题进行审查。比如,是否有日照分析报告,日照分析报告的依据是否真实;相邻权人是否签字,相邻权人的签字是否真实;争议不动产之间的位置关系、距离;等等。

(2)被告是否履行以及如何履行有关公法相邻义务

被告作出行政许可决定,必须依法履行强制性法定义务。如果没有履行,则不合法。强制性法定义务包括两个方面:一是实体义务;二是程序义务。其中,被告是否履行以及如何履行强制性法定义务的争议属

---

① 林莉红:《行政诉讼中的事实、法律问题》,《现代法学》1998 年第 5 期。

于事实问题。如果原告对被告是否履行程序、程序履行地点、程序履行时间等有异议，人民法院必须审查被告履行程序义务的事实是否存在、履行地点在哪里以及实际的履行时间，被告的举证是否能够证明被告实际履行了强制性法定义务、提供的有关证据材料是否真实等。如果原告主张建筑间距不符合法律规定，但被告举证证明被许可人实际建设的建筑间距非其许可的建筑间距，这也属于事实问题。人民法院应审查被许可人实际建设的建筑间距是不是被告许可的建筑间距。

（3）被许可人从事许可活动后的相邻状态

原告主张行政许可决定侵害相邻权，人民法院应审查其相邻权是否受害以及受害程度。但如何确定原告的私法相邻权受侵呢？必须以被许可人实施行政许可决定之后形成的新的相邻状态为事实基础。行政许可决定使得相邻状态发生了怎样的改变，被许可人根据行政许可决定实施被许可活动后形成的新相邻状态是怎样的，日照时间是多少，建筑间距是多少，建筑高度是多少，等等。

2. 法律问题

人民法院审查因相邻权引发的行政许可案件的法律问题，主要是审查被告法律适用是否错误的问题。比如，是否属于被告的公法相邻义务指向的对象问题，被告是否遵守公法实体规范以及履行公法相邻义务的方式是否合法的问题，被告行使自由裁量权是否合理等问题以及是否尽到审查义务的问题。通过对这些法律问题的判断，最终裁判行政许可决定是否侵害原告的相邻权，是否合法。

（1）是否属于被告公法相邻义务指向的对象问题

原告的不动产与争议行政许可涉及的不动产之间存在私法相邻关系，是否意味着一定是公法相邻权的主体呢？《行政许可法》第36条以及第47条均规定，只有直接关系到邻人重大利益的，被告才负有告知义务。反过来说，只有直接与行政许可有重大利益关系的邻人才享有参与权、听证权等公法相邻权。是否涉及重大利益成为被告是否具有此项公法程序义务的判断标准。从服务行政和预防性政府的角度看，重大利益的判断标准应从普通人的视角予以考量，以普通人的利益关注点判断何谓重大利益。从国人的财产构成及其价值看，不动产对于普通人而言，并不是一般的财产。只要涉及不动产的行政许可事项，均应视为关系邻人重大利益。在涉及不动产的行政许可事项方面，人民法院只需判断与邻人不动产是直接关系还是间接关系。如果是直接关系，属于公法程序义务指向的对象。

（2）履行公法相邻义务的方式是否合法

有关法律法规规定，被告作出行政许可决定，必须履行相关的公法程序义务。只有被告合法履行了相关程序义务，其作出的行政许可决定才是合法的。被告履行相关程序义务的合法方式有哪些，将是判断行政许可决定是否合法的关键。履行方式问题往往成为案件争议的法律问题。比如，告知书到底是直接送达还是公告送达，虽然法律法规没有直接规定，但从告知义务的本质看，实际就是为提醒利害关系人注意某个许可事项而专门设置的法定程序，其目的在于保障利害关系人的知情权、参与权。判断告知方式是否合法的标准应当考虑以下几个方面：一是直接性；二是便利性；三是不额外增加利害关系人负担。在有多种方式可以选择的情况下，应当优先选择最有利于利害关系人知晓的方式，而不是优先选择最有利于被告履行义务的方式。

（3）被告是否遵守公法实体相邻规范

公法实体相邻规范为被告审查行政许可申请材料提供了法律依据。反过来说，被告审查申请人提交的申请材料必须遵守相关规定。被告预防保护相邻权的途径就是审查申请人的将来行为是否符合相关实体法规范，是否超出法律规定的邻人的容忍限度。而这些实体规范既约束申请人的申请行为，也约束被告的审查行为。人民法院裁判行政许可决定是否实体合法，主要是审查争议行政许可决定是否符合相关实体规范，符合则合法，反之则违法。

公法规范存在大量的自由裁量空间。在新行政诉讼法背景下，人民法院对于行政许可案件的审查，还应当包含合理性问题的审查。有关行政裁量的审查方式，日本学者先后提出了替代判断可能说、替代判断不能说以及判断过程审查方式等学说。日本最高法院判决认为判断过程审查"不是对全部的判断过程进行审查，而是'限于对调查审议及判断的过程中难以发现的错误、缺陷是否存在的审查'"①。认定行政许可决定是否明显不当，到底是通过审查行政许可决定的客观结果的方式还是判断过程的方式予以判断呢？应取决于行政许可明显不当可能产生的原因，还取决于行政诉讼保护公民、法人或者其他社会组织合法权益以及监督行政的立法目的。

第一，判断过程审查方式的再讨论。日本学者认为，"对行政决定进行统制，不能仅仅着眼于其最终结果，还应当着眼于其到达结果的过程"②。从这个意义讲，他们提出对行政裁量的司法审查不限于结果判断，更应基于行政许可的过程理论，对被告作出行政许可采取的一系列行动、工作进行审查。"法院根据行政机关的陈述，对行政机关以何种方式考虑何种事项作出行政行为进行重构，并在此基础上对裁量过程的妥当性进行评价。"③ "判断过程审查方式是着眼于行政裁量判断过程的合理性的审查方式。"④ 法院通过对被告作出行政许可的过程进行重构，审查被告在裁量过程中收集了哪些证据材料，作出了哪些事实结论，考虑了哪些因素，适用了哪些法律法规的规定，然后再根据明显不当的审查标准判断是否存在要件裁量或者行为裁量明显不当。判断过程审查方式不同于程序审查方式，前者包含了对实体内容的审查。因此，有学者将判断过程审查方式总结为程序实体性审查，弥补了程序性审查不关涉实体内容的不足。

判断过程审查方式释明了法院通过何种方式审查裁量的合法性问题。但是否法院应当对被告作出行政许可的全部过程都要进行审查呢？是否应当对行政机关作出行政许可过程中的每一次判断都予以审查呢？从合法性审查原则的要求看，法院对行政裁量的审查应当是有限性审查。

第二，以客观结果为中心的判断过程审查方式。当事人认为行政许可明显不当请求撤销具体行政行为，终究是以行政许可的客观结果侵犯自身的合法权益为由。法院对行政裁量的合法性审查应当以行政许可行

---

① ［日］南博方：《行政法》，杨建顺译，中国人民大学出版社2009年版，第43页。
② 转引自王天华《行政裁量与判断过程审查方式》，《清华法学》2009年第3期。
③ 转引自王天华《行政裁量与判断过程审查方式》，《清华法学》2009年第3期。
④ 江利红：《日本行政诉讼法》，知识产权出版社2008年版，第100页。

为的客观结果为中心展开事实结论和行政许可决定的适当性判断。法院对被告判断过程的审查不是无中心的，应当围绕行政许可行为的客观结果展开，应当采取以客观结果为中心的判断过程审查方式。以客观结果为中心的判断过程审查方式可以让法院调查清楚行为裁量的客观结果是否逾越法律的授权范围，更重要的是利于法院查明被告在没有法律明确规定的情况下，是否履行了有关衡量义务，还利于法院事后审查被告在作出行政许可时的理由是否妥当。

(4) 公法相邻义务的范围问题

原告认为被告没有依法履行公法相邻义务侵犯相邻权，但被告并不认为自身负有原告所主张的公法相邻义务。被告公法相邻义务的范围成为原被告争议的法律问题。比如，在建设领域，是否各个环节的行政许可活动都应当审查对相邻权的影响。人民法院对公法相邻义务范围的审查，应以法律法规规章以及有关行政规范性文件为据。职权法定原则要求行政机关必须在法律规定的范围内行使权力、履行职责。行政机关公法相邻义务的来源并不仅限于法律法规，还应当包括规章以及不违背上位法的行政规范性文件。

(三) 裁判逻辑

是不是原告的相邻权有受损的事实，就能够认定行政许可决定违法呢？或者就能够认定相邻权受损害系行政许可违法所致呢？因相邻权减损裁判行政许可违法必须符合行政行为违法的要件。比如，在法国，有学者就认为，行政责任不同于私法，并不是建立在侵害的概念之上，而是基于《人权宣言》第13条所说的公共负担上的平等[①]。

1. 存在相邻权已经或者将要受损的事实

前述相邻权有私法意义上的和公法意义上的。违法行政许可决定致损的相邻权，应当包含两方面的含义。如果被告在行使行政许可决定权的过程中不保障原告基于相邻权的主观公法权利，公法相邻权必然受害。但仅仅尊重、保障原告的主观公法权利，实际损害私法意义上的相邻权，

---

① [英] L. 赖维乐·布朗、约翰·S. 贝尔：《法国行政法》，高秦伟、王错译，中国人民大学出版社2006年版，第175页。

是否可以认为行政许可没有侵犯相邻权呢？从实质法治主义出发，可以认定为相邻权受损。虽然私法意义上的相邻权是否受损，具有不同的判断标准。比如，英美法系法官强调"合理性""非实质性""普通人的客观立场"①。在日本则考虑遭受侵害的利益的性质和程度、地域性、土地利用的先后关系、受害人方面的特殊情况、是否遵守了特定的规章等②。但无论哪一种判断标准，都可以从不同的层面对相邻权予以实质保护。

2. 行政许可或者经行政许可的行为侵犯相邻权

徒有相邻权受损的事实，并不能认定行政许可违法。相邻权受损的事实须行政许可或者经行政许可的行为所为。一方面，作为主观公权力的相邻权受损的事实由实施行政许可的被告造成；另一方面，私法意义上的相邻权受损的事实系被许可人实施的经行政许可的行为所致。行政许可本身并不直接侵犯私法意义上的相邻权。行政许可对私法意义上的相邻权的侵害实际上源于被许可人着手开展了被许可活动。如被许可人实施的行为超出行政许可范围，则不能认定行政许可违法。

3. 被告没有履行相邻权的保护义务

（1）没有遵守强制性技术规范

以建筑规划许可为例。如果被告没有遵守强制性技术规范，比如关于间距、日照时间的具体规定，以致通风、采光等受到实际影响，必然侵犯相邻权。因为强制性技术规范本身即是对相邻权最有力的保障措施。如果被告遵守了强制性技术规范，即使依据规划许可建设的建筑缩减了相邻权人的权利，即使相邻权人能够证明相邻权因行政许可行为减损，规划许可并不侵权。作为私法权利的相邻权因其主体本身应当履行的相邻义务必须承受权利缩减。严格地讲，这种缩减，除非违背意定相邻关系中的约定义务，在私法上也不构成侵权。

（2）没有征求相邻权人的意见或者没有考虑相邻权

行政机关要切实保护相邻权，必须履行程序义务和实体义务。比如《上海市住宅物业管理规定》第 52 条要求，"业主、使用人确需改变物业

---

① 李亚虹：《美国侵权法》，法律出版社 1999 年版，第 155 页。
② 陈华彬：《民法物权论》，中国法制出版社 2010 年版，第 278 页。

使用性质的，由区、县规划行政管理部门会同区、县房屋行政管理部门提出允许改变物业使用性质的区域范围和方案，并召开听证会听取利害关系人意见后，报区、县人民政府决定"。如果被告不征求意见，显然程序违法。"在允许改变物业使用性质的区域范围内，具体房屋单元的业主需要改变使用性质的，应当符合法律、法规以及管理规约，经有利害关系的业主同意后报区、县房屋行政管理部门审批，并依法向其他行政管理部门办理有关手续。"如果征求意见非行政机关亲自所为，行政机关应当核实并考虑申请人提交的相邻权人的意见，否则不合法。德国1900年《民法典》第893条规定：如果官员故意或过失违反其所承担的对第三者之义务，则对第三者造成的损害给予赔偿。

  法国的司法审判实践对相邻关系规则的发展起了很大的作用。审判实践一直在两个方面作为，一是要求为了所有人的相邻利益而限制禁止或容忍一定的行为；二是认定使邻人受到的损害超出了一般邻人之间的惯常约束的人，应承担责任。在司法应用中，相邻关系被理解为相邻不动产权利人之间存在的一种合法关系，侵害相邻关系，即对相邻关系造成不正常损害的，则构成相邻关系责任，因此正常的相邻关系实际上成为一种被侵害的对象。前者本为相邻关系的题中应有之义，司法审判对后者的影响甚大。为解决相邻关系中的无形影响，通过判例和学说，在司法实践中逐渐形成了近邻妨害制度。法国民法典中没有废气、煤烟、震动、噪声、臭气等无形物之相邻影响的规定，但随着工业化的发展这些现象日益增多，因此在司法判例和学说整理的努力下，形成了近邻妨害理论，确认了近邻妨害责任。其出发点在于，就容忍义务与注意义务的关系来看，可以认为容忍义务是确定注意义务发生的前提。近邻妨害责任认为当人与人处于"近邻关系"时，各方即负有不得以加害于邻人的方法使用自己之不动产的义务，这是一种典型的注意义务。根据近邻妨害侵权的"容忍限度理论"，当相邻不动产之间发生异常或过度损害或者说引起的妨害超过了以相邻关系为基础的通常所能忍受的限度时，即成立侵权责任，在主观上并不问加害人是否存在主观过错。

三 优化行政诉讼判决类型

判决类型直接承载着权利救济和监督依法行政的使命。从权利保护或者权利救济的有效性角度看，人民法院的判决应当尽可能回应但并不是支持原告的诉讼请求。作为所有权或者使用权自然延伸的相邻权，与其他权利相比，具有特殊性。相邻权与不动产相关，而且其产生必须以不动产的邻接或者邻近为前提。不动产具有不可移动性，不动产的所有人或使用人行使权利或者履行义务必须尊重这一特性。也正是这一特性，决定了相邻权的救济方式、法院的裁判类型必然受限。

（一）确认判决的局限性

与相邻权相关的行政许可决定虽然违法，但基于保护社会利益、公共利益以及国家利益的需要，不予撤销只确认违法，有其合理性，但亦有不妥。保护社会利益不应侵害个人利益。确认违法判决并不能有效恢复失衡的相邻关系。事后救济不利于私法相邻权的保护。

1. 违法的行政许可决定并不一定被撤销

因相邻权提起行政诉讼的行政许可案件，即便行政许可决定违反强制性技术规范，也未必被撤销。在943件案件中，一审案件共390件，其中判决结案238件。在238件判决案件中，确认违法判决28件（见表6—4）。

表6—4　　　　　　　一审案件确认判决类型分布情况

	一审判决类型	数量（件）
确认判决	确认违法判决	20
	确认违法，驳回其他请求	2
	确认违法，责令采取补救措施	5
	确认违法，责令采取补救措施，驳回其他请求	1

462件二审案件，其中判决结案236件。从终审判决的情况看，确认违法判决51件（其中5件责令采取补救措施）（见表6—5）。

表 6—5　　　　　　　　二审案件确认判决类型分布情况

二审判决类型		数量（件）
驳回上诉，维持原判	一审确认违法，并责令采取补救措施	3
	一审确认违法判决	32
确认违法判决	一审驳回诉讼请求	11
	一审撤销判决	2
确认违法判决，采取补救措施，驳回其他请求	一审撤销判决	1
确认违法判决，责令采取补救措施	一审驳回诉讼请求	1
确认违法判决，驳回其他请求	一审驳回诉讼请求	1

再审案件共 91 件，判决结案 23 件，其中 8 件维持二审确认违法判决，3 件再审确认违法（见表 4—21）。

人民法院确认行政许可决定违法但不撤销的理由主要集中在以下三方面。第一，1 件案件的诉请为确认违法而不是撤销；第二，1 件案件的诉请为请求行政机关履行职责，行政机关因相邻权人意见怠于履行职责，人民法院确认行政机关不作为违法；第三，其余案件诉请虽为撤销，但人民法院基于多种理由，只确认违法而不撤销。比如，争议行政许可决定已经不存在，行政机关已主动撤销；还比如，行政许可仅程序违法，不影响实体权益；更多的案件则是违法许可对通风、采光等相邻权已经造成了侵害[①]，本应撤销，但为了保护违法许可已经形成的新的利益，不予撤销。也有极少案件，人民法院从相邻权人利益角度考虑，认为确认

---

① 人民法院确认行政许可违法理由主要如下："鉴于项目主体工程已在建"；"鉴于该规划建设项目大部分主体结构已完成"；"鉴于讼争地块房屋已建成"；"鉴于第三人门诊综合楼属公益事业涉及公共利益，且已经完成建设并投入使用"；"由于第三人房屋业已建成"；"由于第三人的工程项目已经建成完工并投入使用，被告向第三人颁发的建设工程规划许可证不具有可撤销内容"；"鉴于被上诉人金华波已经根据涉案规划许可的要求建造房屋并居住使用"；"由于临泉县金城国际实业有限公司申请建设的金城国际项目属于商业开发，但临泉县城乡规划局对该工程办理规划许可，从改善城市面貌、旧城改造等方面具有一定的公益性，涉及对一定范围内的公共利益的维护，因该规划许可行为已生效并付诸了实施"；"经宁乡县城乡规划局颁发许可证建设的昱盛·东方明珠商住楼早已竣工，且该商住楼已经投入使用，涉及住户利益众多，若撤销被诉行政行为，将对国家利益、公共利益造成重大损失"。

违法判决比撤销判决更有利于相邻权人①，所以仅确认违法。

2. 确认违法判决对私法相邻权的救济效果有限

90 件确认违法案件，只有 19 件一并责令采取补救措施。其余案件，人民法院要么直接驳回赔偿请求，要么并不涉及相邻权人的损害救济，要么明令通过民事途径请求赔偿。行政许可决定虽被确认违法，但对于受损的相邻权人而言，难以实现相邻权人起诉的直接目标——救济自己受损的合法权益。人民法院单一确认行政许可违法，意味着行政机关和第三人并不需要改变因违法许可业已形成的新相邻状态，经违法许可已经建成的建筑物或者其他建设物并不因确认违法判决发生任何改变。如果侵害相邻权益的建筑物或者建设物本身不发生任何改变，确认违法判决就不会改善相邻权人的采光、通风、通行、消防等问题。即便相邻权人以确认违法判决为依据，向私法相邻权的直接加害人主张民事赔偿，受损的相邻权人往往只能获得经济赔偿，也并不能根本救济受损的相邻权益。比如，房屋底层日照未达到国家标准②，住宅日照标准低于大寒日 2 小时③，建筑主要朝向退让建设用地红线最小距离不符合规定④等问题，并不能通过经济赔偿获得矫正和改变。另外，即便有 19 件案件责令采取补救措施，事后非改变不动产位置的补救措施并不能彻底救济受损的权益⑤。

（二）完善行政诉讼判决类型

1. 暂停执行判决

行政机关作出行政许可决定之后，行政诉讼对相邻权益的保护，是

---

① 二审裁判理由：一审认定事实清楚，但适用规范性文件不当。上诉人的行政行为虽然程序违法，但撤销该许可则会导致原审第三人重新申请设置招牌，对被上诉人的阳台外墙造成再次伤害，故根据《中华人民共和国行政诉讼法》第 74 条第一款第（二）项之规定，应当确认违法。

② 嵊州市规划局与金某行政许可二审行政判决书，（2016）浙 06 行终 77 号。

③ 张某等 39 户业主与佳木斯市某局、第三人佳木斯某房地产开发有限公司规划许可证案行政判决书，（2016）黑 0811 行初 11 号。

④ 姜某等 8 人与漳平市城乡规划建设局行政规划一审行政判决书，（2014）漳行初字第 21 号。

⑤ 吴某与长汀县住房和城乡规划建设局城建行政许可一审行政判决书，（2014）汀行初字第 4 号。

不是只限于事后保护,可不可以进行预防性保护呢?即便在行政机关作出行政许可决定之后,人民法院仍有可能且有必要对相邻权益进行预防性保护。此预防性保护并不是阻止违法行政许可决定的作出,而是在行政许可决定作出后,阻止实体危害后果的发生。比如,行政机关作出与不动产相关的或者行为地固定的行政许可决定到被许可人行使被许可活动并对利害关系人的权益产生实际影响之间,常常存在一定的时间差。如果相邻权人对行政许可决定不服,虽然该决定尚未对相邻权益产生实际影响,但如果不及时阻止,有可能对相邻权益产生难以挽回的影响,人民法院有必要依法干预,暂时停止执行行政许可决定。暂时停止行政许可决定只是暂缓被许可人依据行政许可决定开展被许可活动,是一种有期限的临时性的规制措施。"如果不能苛求原告必须等到某一负担实际出现才采取行动,就应当考虑采用预防性法律保护。也就是说,法院必须预防性地禁止某一行为,或者至少要确认相应的法律关系存在与否。"[1]一方面,人民法院针对原告提起的被许可人尚未实际完成的行政许可事项、一旦完成将会对相邻权益可能产生实际影响的行政许可诉讼,可以酌情适用暂停执行判决;另一方面,为了尊重行政许可决定的执行性,对暂停执行判决的适用范围可以作较为严格的限制。比如"只有当事人的权利受到了消极影响的威胁,并且这些影响将来再也不可能通过撤销之诉或给付之诉予以消除时,或者存在着导致不可补救的损害危险时,才可以考虑采取预防性法律保护措施"[2]。

2. 确认违法并赔偿判决

撤销判决对原告权利的保护最彻底,具有撤销、恢复和遵照三重效力。但因相邻权提起的行政许可诉讼,即便人民法院认定行政许可决定违法,但基于保护公共利益或者社会利益等的需要,并不判决撤销行政许可决定,而是判决确认违法。

对于原告而言,确认判决并不具有直接救济价值。对于作出违法行

---

[1] [德]弗里德赫尔穆·胡芬:《行政诉讼法》,莫光华译,法律出版社2003年版,第322页。

[2] [德]弗里德赫尔穆·胡芬:《行政诉讼法》,莫光华译,法律出版社2003年版,第322页。

政许可决定的行政机关而言，也只有评价作用，并未附随产生惩罚性后果。既然行政机关存在违法行为，如果违法行为对原告的合法权益造成了实际损害，且这种损害并不能通过采取补救措施予以纠正的情况下，应当判决作出违法行政许可决定的行政机关承担赔偿责任。虽然原告的合法权益系被许可人根据违法的行政许可决定所致，并非作出行政许可决定的行政机关直接损害，但毕竟行政机关的违法行政许可决定是因。只是人民法院判决行政机关承担行政赔偿的情形应当严格规定。确认违法并赔偿判决类型的存在在于"对行政的法律约束和促使行政机关守法"①。

---

① ［德］弗里德赫尔穆·胡芬：《行政诉讼法》，莫光华译，法律出版社2003年版，第592页。

参考文献

一 中文文献

（一）中文著作

白贵秀：《环境行政许可制度研究》，知识产权出版社2012年版。

陈慈阳：《行政法总论——基本原理、行政程序及行政行为》，翰芦图书出版有限公司2005年版。

陈洪：《不动产物权冲突研究：类型、规则及裁判方法》，中国法制出版社2014年版。

陈华彬：《民法物权论》，中国法制出版社2010年版。

陈华彬：《外国物权法》，法律出版社2004年版。

陈敏：《行政法总论》，神州图书出版公司2003年版。

陈新民：《德国公法学基础理论》（上），山东人民出版社2001年版。

崔建远：《土地上的权利群研究》，法律出版社2004年版。

杜飞进：《中国的治理：国家治理现代化研究》，商务印书馆2017年版。

顾爱平：《行政许可制度改革研究》，江苏人民出版社2010年版。

韩光明：《财产权利与容忍义务：不动产相邻关系规则分析》，知识产权出版社2010年版。

何海波：《实质法治：寻求行政判决的合法性》，法律出版社2009年版。

何勇：《行政许可问题研究》，河南人民出版社2014年版。

侯宇：《行政法视野里的公物利用研究》，清华大学出版社2012年版。

黄璇：《寻求合作共治：当代中国治理的价值取向与哲学阐释》，北京大学出版社2015年版。

黄学贤：《行政法视野中的服务型政府研究》，中国政法大学出版社2013年版。

金自宁：《公法、私法二元区分的反思》，北京大学出版社2007年版。

江平：《中美物权法的现状与发展》，清华大学出版社2003年版。

江平主编：《物权法教程》，中国政法大学出版社2007年版。

赖恒盈：《行政法律关系论之研究》，元照出版公司2003年版。

兰燕卓：《为了有序的城市：城市规划变更的行政法规制》，北京大学出版社2014年版。

梁慧星、陈华彬：《物权法》，法律出版社2007年版。

林莉红：《行政诉讼法问题专论》，武汉大学出版社2010年版。

刘福元：《行政参与的度量衡：开放式行政的规则治理》，法律出版社2012年版。

刘刚编译：《风险规制：德国的理论与实践》，法律出版社2012年版。

刘太刚：《行政许可法注评》，中国社会出版社2003年版。

罗文燕：《行政许可制度研究》，中国人民公安大学出版社2003年版。

马怀德：《行政许可》，中国政法大学出版社1994年版。

莫于川：《行政规划法治论》，法律出版社2016年版。

裴娜：《城乡规划领域公众参与机制研究》，中国检察出版社2013年版。

金启洲：《民法相邻关系制度》，法律出版社2009年版。

青维富：《权力之限度：行政许可法律原理与执行制度研究》，四川人民出版社2011年版。

史尚宽：《物权法论》，中国政法大学出版社2000年版。

苏永钦：《民事立法与公私法的接轨》，北京大学出版社2005年版。

孙文华：《治理城市病的规划探讨》，上海社会科学院出版社2019年版。

孙宪忠：《德国当代物权法》，法律出版社1998年版。

汪永清、李岳德：《行政许可法教程》，中国法制出版社2011年版。

汪永清：《中华人民共和国行政许可法释义》，中国法制出版社2003年版。

王丹红：《日本行政诉讼类型法定化制度研究》，法律出版社2012年版。

王锋：《走向服务型政府的行政精神》，商务印书馆2018年版。

王俊:《相邻关系纠纷案件审判要旨》,人民法院出版社2005年版。

王克稳:《行政许可中特许权的物权属性与制度建构研究》,法律出版社2016年版。

王利明:《法治:良法与善治》,北京大学出版社2015年版。

王利明:《物权法研究》(上卷),中国人民大学出版社2007年版。

王青斌:《行政规划法治化研究》,人民出版社2010年版。

王太高:《行政许可条件》,法律出版社2014年版。

王勇:《行政许可程序理论与适用》,法律出版社1999年版。

王泽鉴:《民法物权》(第一册),三民书局1992年版。

王泽鉴:《民法物权·通则·所有权》,中国政法大学出版社2001年版。

王泽鉴:《民法物权通则所有权》,中国政法大学出版社2001年版。

王智斌:《行政特许的私法分析》,北京大学出版社2008年版。

吴庚:《行政法之理论与实用》,三民书局2005年版。

吴盛光:《行政审批制度治理图景:基于政府规制经济学的分析视角》,光明日报出版社2017年版。

吴卫军、徐岩:《法治视野中的行政权规制》,电子科技大学出版社2017年版。

武小川:《公众参与社会治理的法治化研究》,中国社会科学出版社2016年版。

席志国:《中国物权法论》,中国政法大学出版社2016年版。

肖金明:《行政许可要论》,山东大学出版社2004年版。

徐继华等:《智慧政府:大数据治国时代的来临》,中信出版社2014年版。

徐以祥:《行政法学视野下的公法权利理论问题研究》,中国人民大学出版社2014年版。

许耀桐:《中国国家治理体系现代化总论》,国家行政学院出版社2016年版。

闫帅:《回应性政治发展:中国从发展型政府到服务型政府的转型观察》,中国社会科学出版社2015年版。

杨建顺:《行政规制与权利保障》,中国人民大学出版社2007年版。

杨解君：《行政许可研究》，人民出版社2001年版。

杨临萍：《行政许可司法解释理解与适用　行政许可诉讼制度的发展》，中国法制出版社2010年版。

易昌良：《中国服务型政府职能重构研究》，人民出版社2014年版。

应松年：《当代中国行政法》（1—8卷），人民出版社2018年版。

应松年、杨解君：《行政许可法的理论与制度解读》，北京大学出版社2004年版。

俞可平：《国家治理现代化》，社会科学文献出版社2014年版。

俞可平：《中国的治理变迁（1978—2018）》，社会科学文献出版社2018年版。

曾哲：《行政许可执法制度研究》，知识产权出版社2016年版。

张良：《从管控到服务：城市治理中的"城管"转型》，华东理工大学出版社2016年版。

张萍：《城市规划法的价值取向》，中国建筑工业出版社2006年版。

张卿：《行政许可：法和经济学》，北京大学出版社2013年版。

张兴祥：《中国行政许可法的理论与实务》，北京大学出版社2003年版。

张震：《社会权层面的住宅权宪法保障研究》，中国人民大学出版社2016年版。

章剑生：《现代行政法专题》，清华大学出版社2014年版。

章剑生：《行政诉讼判决研究》，浙江大学出版社2010年版。

赵宁：《土地利用规划权力制度研究》，法律出版社2015年版。

周湘伟：《行政许可法要论》，湖南人民出版社2005年版。

周佑勇：《行政许可法理论与实务》，武汉大学出版社2004年版。

朱辉：《行政民事争议关联案件问题研究》，中国政法大学出版社2012年版。

朱芒、陈越峰主编：《现代法中的城市规划：都市法研究初步》，法律出版社2012年版。

祝铭山：《相邻关系纠纷》，中国法制出版社2004年版。

庄汉：《正义与效率的契合：以行政诉讼中暂时权利保护制度为视角》，清华大学出版社2010年版。

（二）中译著作

［德］贝克：《风险社会》，何博闻译，译林出版社2003年版。

［德］鲍尔、施蒂尔纳：《德国物权法》上册，张双根译，法律出版社2004年版。

［德］迪特尔·梅迪库斯：《德国民法总论》，邵建东译，法律出版社2001年版。

［德］弗里德赫尔穆·胡芬：《行政诉讼法》，莫光华译，法律出版社2003年版。

［德］哈贝马斯：《在事实与规范之间：关于法律和民主法治国的商谈理论》，生活·读书·新知三联书店2003年版。

［德］黑格尔：《法哲学原理》，范扬、张企泰译，商务印书馆1961年版。

［德］卡尔·拉伦茨：《德国民法通论》（上册），王晓晔、邵建东、程建英、徐国建、谢怀栻译，法律出版社2003年版。

［德］毛雷尔：《行政法学总论》，高家伟译，法律出版社2000年版。

［德］曼弗雷德·沃尔夫：《物权法》，吴越、李大雪译，法律出版社2002年版。

［德］施密特·阿斯曼：《秩序理念下的行政法体系建构》，林明锵等译，北京大学出版社2012年版。

［德］耶利内克：《主观公法权利体系》，曾韬、赵天书译，中国政法大学出版社2012年版。

［法］蒲鲁东：《什么是所有权》，孙署冰译，商务印书馆2011年版。

［法国］让·皮埃尔·戈丹：《何谓治理》，钟震宇译，社会科学文献出版社2010年版。

［美］B.盖伊·彼得斯：《政府未来的治理模式》，吴爱民等译，中国人民大学出版社2014年版。

［美］丹尼尔·曼德克：《美国土地利用管理：案例与法规》，郧文聚、段文技等译，中国农业大学出版社2014年版。

［美］德沃金：《认真对待权利》，信春鹰、吴玉章译，中国大百科全书出版社1998年版。

［美］弗朗西斯·福山：《国家构建：21世纪的国家治理与世界秩序》，

黄胜强等译，中国社会科学出版社 2007 年版。

［美］罗伯特·C. 埃里克森：《无需法律的秩序：相邻者如何解决纠纷》，苏力译，中国政法大学出版社 2016 年版。

［美］米尔顿·弗里德曼：《自由选择》，商务印书馆 1982 年版。

［美］史蒂芬·布雷耶：《规制及其改革》，李红雷、宋华琳译，北京大学出版社 2008 年版。

［美］朱迪·弗里曼：《合作治理与新行政法》，毕洪海等译，商务印书馆 2010 年版。

［日］南博方：《日本行政法》，杨建顺、周作彩译，中国人民大学出版社 1988 年版。

［日］美浓部达吉：《公法与私法》，黄冯明译，中国政法大学出版社 2003 年版。

［日］小早川光郎：《行政诉讼的构造分析》，王天华译，中国政法大学出版社 2014 年版。

［日］盐野宏：《行政法》，杨建顺译，法律出版社 1999 年版。

［意］桑德罗·斯奇巴尼：《物与物权》，范怀俊、费安玲译，中国政法大学出版社 2009 年版。

［印］M. P. 赛夫：《德国行政法：普通法的分析》，周伟译，山东人民出版社 2006 年版。

［英］L. 赖维乐·布朗、约翰·S. 贝尔：《法国行政法》（第五版），高秦伟、王锴译，中国人民大学出版社 2006 年版。

［英］洛克：《政府论》（下篇），叶启芳等译，商务印书馆 1964 年版。

［英］迈克·费恩塔克：《规制中的公共利益》，戴昕译，中国人民大学出版社 2014 年版。

［英］威廉·韦德：《行政法》，徐炳等译，中国大百科全书出版社 1997 年版。

（三）中文论文

白晨曦：《相邻权与规划管理相关问题研究——从一个案例谈起》，载《规划管理研究》2002 年第 4 期。

卞为民：《"阳光权"事前协议补偿问题初探》，载《江苏城市规划》

2014 年第 1 期。

蔡国庆：《行政许可利害关系人权益的保障》，载《大庆师范学院学报》2017 年第 5 期。

蔡养军：《对我国相邻关系法的历史解读》，载《北方法学》2013 年第 1 期。

曹琼：《有限政府下的行政许可——论行政许可法的制度创新及其缺憾》，载《内蒙古社会科学》（汉文版）2004 年第 5 期。

曹险峰：《预防性请求权论纲》，载《四川大学学报》（哲学社会科学版）2018 年第 5 期。

陈冬青：《相邻权性质辨析》，载《黑龙江省政法管理干部学院学报》2003 年第 4 期。

陈端洪：《行政许可与个人自由》，载《法学研究》2004 年第 5 期。

陈光中：《国家治理现代化标准问题之我见》，载《法制与社会发展》2014 年第 5 期。

陈国栋：《公法权利视角下的城市空间利益争端及其解决》，载《行政法学研究》2018 年第 2 期。

陈冀、吴君明：《环境公法领域相邻关系问题解决途径探求》，载《学海》2011 年第 5 期。

陈晓勤：《邻避问题中的利益失衡及其治理》，载《法学杂志》2016 年第 12 期。

陈冀、吴君明：《环境公法领域相邻关系问题解决途径探求》，载《学海》2011 年第 5 期。

陈勇、杜娟：《唐小红诉苏州市规划局规划许可案——规划行政许可是否合法判断标准》，载《人民司法·案例》2008 年第 8 期。

陈越峰：《城市空间利益的正当分配》，载《法学研究》2015 年第 1 期。

金成波：《行政诉讼之情况判决检视》，载《国家检察官学院学报》2015 年第 6 期。

崔卓兰、吕艳辉：《行政许可的学理分析》，载《吉林大学社会科学学报》2004 年第 1 期。

党晓慧：《物权时代的电网相邻权》，载《国家电网》2010 年第 3 期。

邓建华、李炫铁：《"调控说"：行政许可性质新探》，载《武陵学刊》2015年第4期。

丁寿兴、王俊：《相邻关系纠纷案件的类型、特点和难点分析》，载《人民司法》2003年第11期。

丁志刚：《论国家治理体系及其现代化》，载《学习与探索》2014年第11期。

杜飞进：《中国现代化的一个全新维度——论国家治理体系和治理能力现代化》，载《社会科学研究》2014年第5期。

杜艳华：《现代性内涵与现代化问题》，载《求索》2015年第5期。

范立仁、余向阳、朱玲：《相邻关系诉讼实务问题新探》，载《职业》2008年第32期。

方金华：《区分所有建筑物相邻关系研究》，载《三峡大学学报》（人文社会科学版）2011年第5期。

方世荣：《行政许可的涵义、性质及公正性问题探讨》，载《法律科学》1998年第2期。

付春杨：《司法实践中确认的权利——从清代相邻权的实例考析》，载《社会科学家》2008年第2期。

高鸿：《行政诉讼起诉条件的制度与实践反思》，载《中国法律评论》2018年第1期。

高秦伟：《行政许可与政府规制影响分析制度的建构》，载《政治与法律》2015年第9期。

高全喜：《转型时期国家治理体系和治理能力的现代化建设》，载《学海》2016年第5期。

葛伟：《论行政法视野中的风险预防性原则》，载《聊城大学学报》2016年第4期。

葛先园、杨海坤：《我国行政规划中的公众参与制度研究——以〈城乡规划法〉相关规定为中心》，载《法治研究》2013年第12期。

耿玉基：《法律被虚置化：以行政许可法为分析对象》，载《法制与社会发展》2016年第4期。

公丕祥：《国家治理与公法发展：中国法治现代化的时代议题》，载《中国高校社会科学》2016 年第 1 期。

顾大松：《法定与意定：规划许可采光纠纷的公私法解决路径》，载《国际城市规划》2017 年第 1 期。

南锟、李永一、马德云、左勇志：《采光权妨害判断标准研究——以相邻关系纠纷中采光权妨害司法鉴定为视角》，载《中国司法鉴定》2016 年第 4 期。

郭道晖：《对行政许可是"赋权"行为的质疑——关于享有与行使权利的一点法理思考》，载《法学》1997 年第 11 期。

韩大元：《宪法文本中"公共利益"的规范分析》，载《法学论坛》2005 年第 1 期。

韩光明：《不动产相邻关系规则分析》，博士学位论文，中国政法大学，2006 年。

郝铁川：《权利冲突一个不成为问题的问题》，载《法学》2004 年第 9 期。

何明俊：《国土空间规划体系中城市规划行政许可制度的转型》，载《规划师》2019 年第 13 期。

侯书和：《"预防性政府"解析》，载《社会科学战线》2013 年第 4 期。

侯学钢：《城市规划中的相邻权与国家利益保护》，载《城市科学》2003 年第 3 期。

胡志刚：《整合不动产相邻权》，载《房地产法律》2007 年第 1 期。

黄学贤：《法治政府的内在特征及其实现》，载《江苏社会科学》2015 年第 1 期。

季晨微：《城市规划利害关系人权利保障研究》，博士学位论文，南京大学，2017 年。

江必新、梁凤云：《物权法中的若干行政法问题》，载《中国法学》2007 年第 3 期。

江必新：《论行政许可的性质》，载《行政法学研究》2004 年第 2 期。

江利红：《以行政过程为中心重构行政法学理论体系》，载《法学》2012 年第 3 期。

姜明安：《论新时代中国特色法治政府建设》，载《北京大学学报》2018

年第 1 期。

蒋银华：《政府角色型塑与公共法律服务体系构建——从"统治行政"到"服务行政"》，载《法学评论》2016 年第 3 期。

焦富民：《功能分析视角下相邻关系的公私法协调与现代发展》，载《法学论坛》2013 年第 5 期。

焦富民：《环境保护相邻权制度之体系解释与司法适用》，载《法学》2013 年第 11 期。

焦富民：《容忍义务：相邻权扩张与限制的基点——以不可量物侵扰制度为中心》，载《政法论坛》2013 年第 4 期。

李洪雷：《〈行政许可法〉的实施：困境与出路》，载《法学杂志》2014 年第 5 期。

李泠烨：《土地使用的公共限制——以德国城市规划法为考察对象》，载《清华法学》2011 年第 1 期。

李龙：《建构法治体系是推进国家治理现代化的基础工程》，载《现代法学》2014 年第 5 期。

李年清：《主观公权利、保护规范理论与行政诉讼中原告资格的判定——基于（2017）最高法行申 169 号刘广明案的分析》，载《法律适用》2019 年第 1 期。

李延吉：《立法视野下的行政审批制度改革范式重构》，载《浙江学刊》2016 年第 5 期。

李云波：《相邻不可量物排放关系的私法调整》，博士学位论文，复旦大学，2011 年。

李云波：《相邻不可量物排放条款在我国的流变与启示》，载《扬州大学学报》（人文社会科学版）2019 年第 1 期。

廉悦东：《联邦德国建筑法规和建筑技术规定》，载《建筑经济》1999 年第 10 期。

梁君瑜：《行政诉权本质之辨：学术史梳理、观念重构与逻辑证成》，载《政治与法律》2017 年第 11 期。

廖原：《行政许可权力规制的理论脉络：以国家权力法治化为视角》，载《云南行政学院学报》2015 年第 6 期。

廖珍珠:《利益衡量中的公众参与——以行政规划为例》,载胡建淼《公法研究》,浙江大学出版社 2011 年版。

林琼弘:《行政机关作出规划调整许可前应听证》,载《人民司法》2010 年第 18 期。

林少华:《日照分析报告是申请建设工程规划许可的必备材料》,载《人民司法》2013 年第 4 期。

林毅:《行政许可的性质探讨》,载《西南交通大学学报》(社会科学版)2002 年第 2 期。

刘红宇:《国外对相邻关系的保护》,载《人民日报》2005 年 7 月 20 日第 13 版。

刘素英:《行政许可的性质与功能分析》,载《现代法学》2009 年第 5 期。

刘莘:《利益平衡——行政许可法的关注重点》,载《法学》2003 年第 10 期。

柳砚涛:《论行政诉讼中的利害关系——以原告与第三人资格界分为中心》,载《政法论丛》2015 年第 2 期。

吕忠梅:《关于物权法的"绿色"思考》,载《中国法学》2000 年第 5 期。

罗佳:《公法相邻关系中的权利主体》,载《人民司法》2019 年第 7 期。

罗佳:《论相邻关系纠纷的法律规制》,硕士学位论文,北京化工大学,2016 年。

罗智敏:《论行政诉讼中的预防性保护:意大利经验及启示》,载《环球法律评论》2015 年第 6 期。

骆梅英:《行政许可标准的冲突与解决》,载《法学研究》2014 年第 2 期。

马怀德:《行政许可案件判决方式探微》,载《人民检察》1999 年第 8 期。

马龙、罗佳:《民事、行政交叉案件中相邻关系纠纷解决机制和原告资格认定探析》,载《法院改革与民商事审判问题研究》(上),人民法院出版社 2018 年版。

马勇：《论越界建筑中的容忍义务》，载《中国不动产研究》2014 年第 1 期。

彭诚信：《现代意义相邻权的理解》，载《法制与社会发展》1999 年第 1 期。

金启洲：《德国公法相邻关系制度初论》，载《环球法律评论》2006 年第 1 期。

邱本、王岗：《再论相邻关系》，载《当代法学》2015 年第 6 期。

屈茂辉、章小兵：《我国相邻关系纠纷解决模式的变迁与发展》，载《湖北社会科学》2015 年第 3 期。

任海青：《公共资源特许制度研究》，博士学位论文，南京大学，2014 年。

邵晋栋：《采光权妨害案件相关法律问题研究》，载《河北法学》2008 年第 1 期。

沈世娟：《行政许可法听证制度浅析》，载《江苏工业学院学报》2004 年第 3 期。

沈寿文：《行政许可性质之宪法学反思》，载《云南行政学院学报》2013 年第 1 期。

水旭波、郭敬波：《"相邻人"的行政诉讼原告资格认定》，载《上海政法学院学报》（政法论丛）2011 年第 1 期。

宋华琳：《论技术标准的法律性质——从行政法规范体系角度的定位》，载《行政法学研究》2008 年第 3 期。

孙磊：《环境保护相邻权研究》，博士学位论文，黑龙江大学，2014 年。

孙良国、周团结：《相邻权问题三论》，载《当代法学》2002 年第 1 期。

谭德明：《相邻高危企业安全距离行政许可亟待规范——对丁氏刀行行政许可诉讼案的思考》，载《湖南安全与防灾》2012 年第 4 期。

谭宗泽、黎学基：《形式、实质与整合：服务行政阶段论——以德国模式为路径》，载《国家行政学院学报》2009 年第 2 期。

田勇军：《行政法理论革新呼唤"最佳行政"》，载《北方法学》2018 年第 1 期。

万靖、胡俊辉：《行政许可中重大利益关系的认定》，载《人民司法》2014 年第 24 期。

汪自成：《合作行政：服务行政行为的一种模式》，载《南京社会科学》2013年第4期。

王贵松：《论我国行政诉讼确认判决的定位》，载《政治与法律》2018年第9期。

王敬波：《基于服务行政的法治政府发展趋势——以〈柔性行政方式法治化研究〉为分析视角》，载《哈尔滨工业大学学报》2014年第1期。

王利明：《何谓相邻关系》，载《人民日报》2005年7月20日第13版。

王明远：《相邻关系制度的调整与环境侵权的救济》，载《法学研究》1999年第3期。

王青斌：《论公众参与与有效性的提高——以城市规划领域为例》，载《政法论丛》2012年第4期。

王太高：《行政许可变更》，载《南京大学学报》2013年第5期。

王学辉、张治宇：《国家治理价值体系现代化与行政法学理论基础的重构——以"诸神之争"为背景的分析》，载《行政法学研究》2014年第4期。

王轶：《论物权法的规范配置》，载《中国法学》2007年第6期。

王轶：《行政许可的民法意义》，载《中国社会科学》2020年第5期。

王者洁：《采光权侵权的救济路径与规则》，载《学习与探索》2015年第4期。

魏双、孙磊：《确立环境保护相邻权》，载《中国社会科学报》2014年8月27日第A07版。

吴传毅：《论行政许可法对政府的诠释》，载《河北法学》2005年第2期。

吴亚平：《采光权的法律性质思考》，载《法律适用》2006年第11期。

肖泽晟：《多阶段行政许可中的违法性继承——以一起不予工商登记案为例》，载《国家行政学院学报》2010年第3期。

徐建刚：《规范保护目的理论下的统一损害赔偿》，载《政法论坛》2019年第4期。

徐军、李星星：《重大环评行政许可未告知听证权利属程序违法》，载《人民司法》2015年第6期。

徐涛：《论我国行政许可第三人的范围确定》，载《天津法学》2012年第1期。

徐以祥：《行政法上请求权的理论构造》，载《法学研究》2010年第5期。

许玉镇、王龙军：《私人利益对行政权力的限制——欧洲大陆公法中的"合法利益"概念简析》，载《北京科技大学学报》（社会科学版）2006年第2期。

阎巍：《行政诉讼禁止判决的理论基础及制度建构》，载《法律适用》2012年第3期。

杨芳：《邻避运动治理：台湾地区的经验和启示》，载《广州大学学报》（社会科学版）2015年第8期。

杨建顺：《适用"保护规范理论"应当慎重》，载《检察日报》2019年4月24日第7版。

杨解君：《行政许可的概念与性质略谈——与郭道晖先生共同探讨》，载《南京大学学报》2000年第3期。

杨解君：《整合视野下的行政许可定位分析》，载《江海学刊》2001年第4期。

杨山林：《〈行政许可法〉视野下的采光权保护》，载《韶关学院学报》2008年第4期。

杨伟东：《行政诉讼一审判决的完善》，载《广东社会科学》2013年第1期。

杨小军：《论法治政府新要求》，载《行政法学研究》2014年第1期。

尹少成：《国家治理体系现代化视野下的公众参与机制》，载《社会科学家》2016年第6期。

曾大鹏：《论相邻关系的定义与本质》，载《南京大学法律评论》2012年春季卷。

曾赟：《风险社会背景下行政法范式的流变：预防行政概念的提出》，载《社会科学战线》2010年第7期。

曾哲：《论国民的适当住宅权》，载《武汉大学学报》2013年第5期。

张彬：《以服务行政为基础的法治监督模式构想》，载《中国检察官》

2016 年第 1 期。

张步峰：《论行政程序的功能：一种行政过程论的视角》，载《中国人民大学学报》2009 年第 1 期。

张华平：《不可量物侵害的私法救济》，载《法学杂志》2005 年第 3 期。

张康之：《行政审批制度改革：政府从管制走向服务》，载《理论与改革》2003 年第 6 期。

张锟盛：《行政法学另一种典范之期待——法律关系论》，载《月旦法学杂志》2005 年第 6 期。

张丽：《行政诉讼确认违法判决的制度缺陷与完善路径》，载《山东审判》2017 年第 1 期。

张鹏、曹诗权：《相邻关系的民法调整》，载《法学研究》2000 年第 2 期。

张翔：《财产权的社会义务》，载《中国社会科学》2012 年第 9 期。

张艳芳、刘治彦：《国家治理现代化视角下构建空间规划体系的着力点》，载《城乡规划》2018 年第 5 期。

张政：《行政第三人权益保护问题研究——以行政许可为例证》，载《山西警官高等专科学校学报》2012 年第 1 期。

章剑生：《行政诉讼原告资格中"利害关系"的判断结构》，载《中国法学》2019 年第 4 期。

章礼强：《"相邻权"新探》，载《法制与经济》1998 年第 3 期。

赵宏：《保护规范理论的历史嬗变与司法适用》，载《法学家》2019 年第 2 期。

赵宏：《原告资格从"不利影响"到"主观权利"的转向与影响——刘广明诉张家港市人民政府行政复议案评析》，载《交大法学》2019 年第 2 期。

赵晓舒：《采光、日照妨害的民事救济方式》，载《法律适用》2013 年第 4 期。

赵欣童：《采光权的行政法保护》，载《天津市经理学院学报》2013 年第 4 期。

赵新峰：《从反应型政府到预防型政府：公共危机应对的政府角色转换》，

载《财政研究》2008年第5期。

郑重、余红举:《相邻权问题初探》,载《中国法学》1990年第1期。

周汉华:《行政立法与当代行政法——中国行政法的发展方向》,载《法学研究》1997年第3期。

周龙杰:《相邻权辨析》,载《长春理工大学学报》(社会科学版)2007年第4期。

周平:《全面认识现代国家的多重属性》,载《探索与争鸣》2016年第8期。

周亚越、俞海山:《邻避冲突、外部性及其政府治理的经济手段研究》,载《浙江社会科学》2015年第2期。

周义程、黄菡:《以"合作治理"超越"民主治理"的理论尝试:评张康之〈行政伦理的观念与视野〉中的合作治理构想》,载《领导理论与实践》2010年第3期。

周佑勇:《特许经营权利的生成逻辑与法治边界——经由现代城市交通民营化典型案例的钩沉》,载《法学评论》2015年第6期。

朱芒:《公众参与的法律定位——以城市环境制度事例为考察的对象》,载《行政法学研究》2019年第1期。

朱芒:《论我国目前公众参与的制度空间——以城市规划听证会为对象的粗略分析》,载《中国法学》2004年第3期。

邹玉政:《行政许可范围变迁的历史逻辑——政治国家与市民社会关系视角的考量》,载《科学经济社会》2007年第2期。

[爱尔兰] Colin Scott:《作为规制与治理工具的行政许可》,石肖雪译,载《法学研究》2014年第2期。

二 外文文献

Alberto Alemanno, Is There a Role for Cost - Benefit Analysis Beyond the Nation - State? Lessons from International Regulatory Cooperation, in Michael A. Livermore & Richard L. Revesz eds., The Globalization of Cost - Benefit Analysis in Environmental Policy, Oxford University Press, 2013, pp. 104 – 116.

Aleksander Peczenik, On Law and Reason, Dordrecht: Kluwer Academic Publishers, 1989.

Bydlinski, Probleme der Schadensverursachung nach deutschem und österreichischem Recht, Stuttgart 1964, S. 62.

Carlos E. Gonzalez, The Logic of Legal Conflict: The Perplexing Combination of Formalism and Anti‐Formalism in Ad‐judication of Conflicting Legal Norms, 80 (2) Oregon Law Review 447‐586 (2001).

Claudio M. Radaelli & Anne C. M. Meuwese, Better Regulation in Europe: Between Public Management and Regulatory Reform, Public Administration Vol. 87 Issue 3 (2009).

Frank J. Coppa. County Government: A Guide to Efficient and Accountable Government, Westport, Connecticut London: Praeger Publishers, 2000.

GeolTrev Samuel, Public and Private Law: A Private Laver's Response, The Modern Law Review, Vol. 46, No. 5 (Sep. 1983).

Hartmut Bauer, Geschichtliche Grundlagen der Lehre vom Subjektiven Oeffentlichen Recht, Berlin: Duncker & Humblot, 1986.

H. Bauer, Verwaltungsrechtslehre iUmbruch Die Verwaltung 25 (1992).

Jody Freeman, Private Parties, Public Functions and the New Administration Law, Administrative Law Review, 2000 (3).

John M. Scheb: Law and the Administrative Process, Wadsworth 2005.

Jorden, D. A., Hentrich, M. A., Public Participation is on the Rise: A Review of the Changes in the Notice and Hearing Requirements for the Adoption and Amedments for General Plans and Rezonings Nationwide and in Recent Arizna Land use Legislation, Natural Resources Journal, Vol. 43, No. 3 (2003).

Mitnick. B. W. The Political Economy of Regulation, New York: Columbia University Press. 1980.

Office of Management and Budget, Circular No. A‐4: Regulatory Analysis, September 17, 2003.

Orly Lobel, the Renew Deal: The Fall of Regulation and the Rise of Governance in Contemporary Legal Thought, in Minnesota Law Review, Volume 89, Dec. 2004.

Otto Buehler, Die Subjektiven Oeffentlichen Rechte und ihr Schutz in der Deutschen Verwaltungsrechtssprechung, Berlin: Springer, 1914.

Paul R. Noe, John D. Due Process and for Guidance Documents: Good Governance, 25 Yale J. On Reg. 103. (Yale Journal on Regulation, Winter, 2008.)

Robert Baldwin & Christopher McCrudden, Regulation and Public Law, Weidenfeld and Nicolson, 1987.

Robert – Josef Haag, Offentliehes und Privates Nachbarrecht, Vedag V. Florentz GmbH, 1996.

Roger H. Berhardt and Ann M. Burk hart, Real Property, Law Press 2004.

Rubin, Edward L, It's Time to Make the Administrative Procedure Act Administrative, Cornell Law Review, Vol. 89, 2002.

Stephen Breyer, Regulation and Its Reform, Harvard University Press, 1982.

Steven I. Emanuel. Torts. Emanuel Law Outlines. Inc. 4thed. 1991.

Thomas Poole, Legitimacy, Right and Judicial Review, Oxford Journal of Legal Studies, Vol. 25, 2005.

Tribunals, Courts and Enforcement Act 2007, Chapter 1, 1& Constitutional Reform Act 2005, Part 2, 3.

Vicki Lens, Susan Elizabeth Vorsanger, Complaining after Claiming: Fair Hearings after Welfare Reform, Social Service Review, Vol. 79, No. 3, September 2005.

Wilhelm Henke, Das subjective Recht im System des oeffentliches Rechts, Ergaenzungen und Korrekturen, Die oeffentliche Verwal – tung, No. 17 (1980), S. 114.

William F. Funk, Richard H. Seamon, Administrative caw: Examples and Explanations, Aspen Publishers, Inc. 2006.

附　　录

因相邻权诉讼的行政许可案件裁制文书

一审裁判文书		
1	南阳某有限责任公司与南阳市规划局行政许可案	（2009）宛龙行初字第47号
2	张某与开封市龙亭区建设局行政许可纠纷案	（2009）龙行初字第15—1号
3	张某与遂平县人民政府规划办公室案	（2009）驿行初字第49号
4	李某、王某与安阳市龙安区建设规划局案	（2009）北行初字第53号
5	唐某等与东台市规划建设局建设工程规划许可案	（2010）东行初字第0040号
6	天水某商贸有限公司与天水市规划局、第三人天水市某市场建设开发有限公司城市规划行政许可案	（2010）天行初字第1号
7	杨某、徐某与东台市规划建设局案	（2010）东行初字第0007号
8	池某与瑞安市规划建设局行政许可一审行政判决书	（2010）温瑞行初字第36号
9	乔某等诉成县建设局行政许可纠纷案	（2010）成行初字第7号
10	刘某、镇平县某光学配件厂、镇平县某汽车维护厂与镇平县规划局行政许可案	（2011）镇行初字第004号
11	刘某、镇平县某光学配件厂、镇平县某汽车维护厂与镇平县规划局行政许可案	（2011）镇行初字第006号
12	常某、谷某等与杭州市规划局行政许可一审行政判决书	（2011）杭西行初字第62号
13	田某和蓬莱市住房和规划建设管理局规划行政许可一审行政判决书	（2011）蓬行初字第1号
14	张某、吕某等与驻马店市城乡规划局行政许可案	（2012）驿行初字第77号
15	苗某诉确山县住房和城乡建设局建设规划许可案	（2012）确行初字第47号

续表

	一审裁判文书	
16	苗某诉确山县住房和城乡建设局建设规划许可案	（2012）确行初字第 50 号
17	王某、张某等与周口市规划局行政许可案	（2012）西行初字第 7 号
18	王某与荣成市人民政府石岛管理区城乡建设局行政许可一审行政判决书	（2012）荣行初字第 119 号
19	苗某诉确山县住房和城乡建设局建设规划许可案	（2012）确行初字第 49 号
20	胡某与永嘉县住房和城乡规划建设局行政许可一审行政判决书	（2012）温永行初字第 27 号
21	陈某等与北京市规划委员会朝阳分局其他一审行政判决书	（2012）朝行初字第 11 号
22	白某等与北京市规划委员会规划许可一审行政判决书	（2013）东行初字第 400 号
23	谭某与漯河市城乡规划局建设工程规划许可案	（2013）郾行初字第 00043 号
24	孙某与南阳市城乡规划局规划行政许可案	（2013）宛行初字第 7 号
25	刘某、张某等与郑州市城乡规划局行政许可一审行政判决书	（2013）金行初字第 174 号
26	孟某与漯河市城乡规划局建设工程规划许可案	（2013）郾行初字第 00038 号
27	李某与漯河市城乡规划局建设工程规划许可案	（2013）郾行初字第 00032 号
28	陈某等与永嘉县住房和城乡规划建设局行政许可一审行政裁定书	（2013）温永行初字第 20 号
29	苏某与桐庐县人民政府一审行政判决书	（2013）杭桐行初字第 1 号
30	程某等与石家庄市城乡规划局藁城分局、第三人藁城市某房地产开发总公司规划行政许可一审行政判决书	（2013）藁行初字第 00005 号
31	童某与龙游县规划局行政许可一审行政判决书	（2013）衢龙行初字第 10 号
32	甘某与沈阳市规划和国土资源局行政许可一审行政判决书	（2013）沈和行初字第 00031 号
33	浙江某液压有限公司与仙居县住房和城乡建设规划局行政许可一审行政判决书	（2013）台仙行初字第 11 号
34	李某、马某与郑州市城乡规划局建设工程规划许可案	（2013）金行初字第 173 号
35	刘某与胶州市规划局行政许可一审行政裁定书	（2013）胶行初字第 40 号
36	张某等与济南市规划局规划行政许可一审行政判决书	（2013）历行初字第 224 号
37	刘某与漯河市城乡规划局建设工程规划许可案	（2013）郾行初字第 00045 号

续表

	一审裁判文书	
38	吕某与漯河市城乡规划局建设工程规划许可案	（2013）郾行初字第00041号
39	来某与杭州市工商行政管理局高新技术产业开发区（滨江）分局行政许可一审行政判决书	（2013）杭滨行初字第8号
40	吕某与漯河市城乡规划局建设工程规划许可案	（2013）郾行初字第00044号
41	胡某与永嘉县住房和城乡规划建设局行政许可一审行政判决书	（2013）温永行初字第7号
42	李某与北京市规划委员会其他一审行政判决书	（2013）东行初字第196号
43	赵某与漯河市城乡规划局建设工程规划许可案	（2013）郾行初字第00040号
44	牛某与北京市规划委员会建设工程规划许可一审行政判决书	（2013）西行初字第286号
45	刘某与胶州市规划局、青岛某房地产开发有限公司行政许可一审行政裁定书	（2013）胶行初字第40号
46	陈某等与海盐县住房和城乡规划建设局行政撤销、行政许可一审判决书	（2013）嘉盐行初字第1号
47	曹某与漯河市城乡规划局建设工程规划许可一审行政裁定书	（2013）郾行初字第00047号
48	崔某与漯河市城乡规划局建设工程规划许可案	（2013）郾行初字第00042号
49	张某诉南阳市卧龙区住房和城乡建设规划局规划许可纠纷案	（2013）宛龙行一初字第023号
50	王某与漯河市城乡规划局建设工程规划许可案	（2013）郾行初字第00039号
51	云某诉呼和浩特市规划局、呼和浩特市某房地产开发有限公司行政许可纠纷一审行政判决书	（2013）新行初字第30号
52	陈某、郑某与厦门市翔安区马巷镇人民政府、第三人陈某城建纠纷一审行政裁定书	（2013）集行初字第15号
53	白某与漯河市城乡规划局建设工程规划许可案	（2013）郾行初字第00046号
54	范某等28人与呼和浩特市规划局、呼和浩特市某房地产开发有限公司行政许可一审行政判决书	（2013）新行初字第00029号
55	叶某、何某与宁乡县城乡规划局等规划行政许可案一审行政判决书	（2014）宁行初字第00128号
56	路某等与新乡市城乡规划局、第三人新乡某实业有限公司行政许可一审行政判决书	（2014）牧行初字第74号

续表

	一审裁判文书	
57	李某与图们市住房和城乡建设局行政许可一审行政判决书	（2014）敦行初字60号
58	吴某等与浙江省安全生产监督管理局行政许可一审行政裁定书	（2014）杭西行初字第68号
59	李某与武汉市国土资源和规划局城乡建设行政管理一审行政裁定书	（2014）鄂武昌行初字第00069号
60	王某等与永嘉县住房和城乡规划建设局行政许可一审行政判决书	（2014）温永行初字第58号
61	魏某与绍兴市柯桥区人民政府行政许可一审行政判决书	（2014）浙绍行初字第20号
62	欧某等37人与清远市城乡规划局城市建设行政许可一审行政判决书	（2014）清城法行初字第21号
63	方某与兰溪市住房和城乡建设局、第三人兰溪市某置业有限公司撤销行政许可一审行政裁定书	（2014）金兰行初字第5号
64	方某与兰溪市住房和城乡建设局建设用地规划许可一审行政裁定书	（2014）金兰行受初字第2号
65	邵某等与温岭市住房和城乡建设规划局行政许可一审行政判决书	（2014）台温行初字第20号
66	吕某与北京市规划委员会其他一审行政判决书	（2014）东行初字第559号
67	陈某等18人与商丘市城乡规划局规划行政许可一审行政判决书	（2014）虞行初字第30号
68	刘某等诉隆回县国土资源局不履行土地行政许可法定职责一审行政判决书	（2014）隆行初字第12号
69	李某、金某与永嘉县住房和城乡规划建设局行政许可一审行政判决书	（2014）温永行初字第37号
70	赵某与无锡市锡山区住房和城乡建设局行政许可一审行政判决书	（2014）锡法行初字第00035号
71	深圳市某医院管理有限公司与深圳市卫生和计划生育委员会其他一审行政判决书	（2014）深罗法行初字第11号
72	李某与娄底市卫生局行政许可一审行政判决书	（2014）娄中行初字第81号
73	周某与安庆市城乡规划局行政许可一审行政判决书	（2014）望行初字第00002号

续表

	一审裁判文书	
74	刘某等与胶州市城乡建设局、青岛胶州湾房地产开发有限公司行政许可一审行政裁定书	（2014）胶行初字第9号
75	张某与仙桃市规划局行政许可一审判决书	（2014）鄂天门行初字第00002号
76	牛某、侯某等与固安县城乡规划局行政许可一审行政判决书	（2014）固行初字第15号
77	江西某购物广场有限责任公司与安福县住房和城乡建设局行政许可一审行政裁定书	（2014）安行初字第12号
78	大丰市某业主委员会与大丰市住房和城乡建设局行政许可一审行政判决书	（2014）大行初字第0034号
79	胡某诉乡县城乡规划局、第三人长沙市某房地产开发有限公司规划行政许可一审行政裁定书	（2014）宁行初字第00129号
80	邓某与龙岩市新罗区住房和城乡规划建设局行政许可一审行政判决书	（2014）龙新行初字第32号
81	李某与晋江市人民政府土地行政许可一审行政判决书	（2014）泉行初字第40号
82	吴某等与文成县住房和城乡规划建设局行政许可一审行政判决书	（2014）温文行初字第21号
83	廖某与娄底市卫生局行政许可一审行政判决书	（2014）娄中行初字第80号
84	叶某等与温州市规划局规划行政许可一审行政裁定书	（2014）温鹿行初字第7号
85	胡某、习某与长阳土家族自治县住房和城乡建设局行政许可一审行政判决书	（2014）鄂长阳行初字第003号
86	吴某与长汀县住房和城乡规划建设局城建行政许可一审行政判决书	（2014）汀行初字第4号
87	张某与天台县住房和城乡建设规划局一审行政裁定书	（2014）台天行初字第19号—2
88	王某等与永嘉县住房和城乡规划建设局行政许可一审行政判决书	（2014）温永行初字第61号
89	宁某等与沈阳市规划和国土资源局沈河分局行政许可一审行政判决书	（2014）沈河行初字第00041号
90	华某与遂昌县住房和城乡建设局城建行政许可案行政判决书	（2014）丽松行初字第24号

续表

	一审裁判文书	
91	姜某等8人与漳平市城乡规划建设局行政规划一审行政判决书	（2014）漳行初字第21号
92	陈某、蔡某与南通市规划局行政许可一审行政判决书	（2014）港行初字第00208号
93	魏某与郑州市城乡规划局建设工程规划许可案一审行政判决书	（2014）金行初字第281号
94	杜某与光山县南向店乡人民政府村镇规划行政许可一审行政判决书	（2014）潢行初字第34号
95	王某诉宁乡县城乡规划局、第三人长沙某房地产开发有限公司规划行政许可一审行政裁定书	（2015）宁行初字第00058号
96	蔡某等41人与瑞安市住房和城乡规划建设局行政许可一审行政裁定书	（2015）温瑞行初字第130号
97	郭某、赵某等与泰安市规划局、第三人泰安市某置业有限公司建设规划行政许可一审行政裁定书	（2015）泰山行初字第22号
98	赵某、梁某等与西安曲江新区管理委员会行政许可一审行政裁定书	（2015）雁行初字第00138号
99	仙游县榜头镇某村民委员会与仙游县人民政府行政许可、行政登记一审行政判决书	（2015）莆行初字第60号
100	路某、张某等与新乡市城乡规划局行政许可一审行政判决书	（2015）牧行初字第5号
101	张某等与迁安市住房和城乡规划建设局撤销行政许可一审行政判决书	（2015）安行初字第55号
102	张某甲与青州市谭坊镇人民政府、第三人张某丙规划行政许可一审行政判决书	（2015）青法行初字第2号
103	谢某与余姚市规划局行政许可一审行政裁定书	（2015）甬北行初字第53号
104	涂某与浠水县城乡规划局行政许可一审判决书	（2015）鄂浠水行初字第002号
105	孙某诉昌图县人民政府、昌图县国土资源局行政许可案裁定书	（2015）铁行初字第00034号
106	卜某某与安康市城乡建设规划局临时建设工程规划许可一审行政判决书	（2015）汉滨行初字第00025号
107	张某等与南通市规划局行政许可一审行政判决书	（2015）港行初字第00387号

续表

	一审裁判文书	
108	王某与松阳县住房和城乡建设局行政许可一审行政判决书	（2015）丽莲行初字第56号
109	何某诉宁德市城乡规划局行政许可一审行政判决书	（2015）蕉行初字第19号
110	林某、江某与遵义市红花岗区市场监督管理局卫生行政许可一审行政判决书	（2015）红行初字第7号
111	梅某与黄梅县城乡规划局行政许可一审行政判决书	（2015）鄂武穴行重字第011号
112	魏某与北京市规划委员会其他一审行政判决书	（2015）西行初字第73号
113	宋某等13人与虞城县住房和城乡规划建设管理局规划行政许可案一审行政判决书	（2015）虞行初字第7号
114	胡某等与深圳市规划和国土资源委员会其他一审行政判决书	（2015）深福法行初字第884号
115	尹某与政和县石屯镇人民政府、第三人尹某建设规划行政许可一审行政判决书	（2015）政行初字第6号
116	吴某、王某诉霞浦县住房和城乡规划建设局行政许可一审行政判决书	（2015）蕉行初字第45号
117	刘某与黄梅县城乡规划局行政许可一审行政判决书	（2015）鄂武穴行重字第00008号
118	某小区昱苑业主高某、周某等151人诉规划局规划行政许可一审行政判决书	（2015）西法行初字第128号
119	郭某、赵某等与泰安市规划局、第三人泰安市泰山置业有限公司建设规划行政许可一审行政裁定书	（2015）泰山行初字第33号
120	郭某、赵某等与泰安市规划局、第三人泰安市泰山置业有限公司建设规划行政许可一审行政裁定书	（2015）泰山行初字第17号
121	陈某、周某与平罗县住房和城乡建设局、第三人平罗县黄渠桥镇人民政府行政许可行政判决书	（2015）平行初字第22号
122	郭某、赵某等与泰安市规划局、第三人泰安市泰山置业有限公司建设规划行政许可一审行政裁定书	（2015）泰山行初字第18号
123	彭某与大冶市规划局行政许可一审行政判决书	（2015）鄂大冶行初字第00112号
124	许某与黄梅县城乡规划局行政许可一审行政判决书	（2015）鄂武穴行重字第00006号

续表

	一审裁判文书	
125	李某与文成县住房和城乡规划建设局行政许可一审行政判决书	（2015）温文行初字第 2 号
126	段某与澧县规划局、澧县人民政府规划行政许可一审行政裁定书	（2015）安行初字第 46 号
127	郭某、赵某等与泰安市规划局、第三人泰安市某置业有限公司建设规划行政许可一审行政裁定书	（2015）泰山行初字第 15 号
128	郭某、赵某等与泰安市规划局、第三人泰安市某置业有限公司建设规划行政许可一审行政裁定书	（2015）泰山行初字第 25 号
129	俞某与福建省长汀县住房和城乡规划建设局、第三人某中医院建设工程规划行政许可一审行政判决书	（2015）杭行初字第 18 号
130	刘某与鄂州市规划局行政许可一审行政判决书	（2015）鄂鄂城行初字第 00022 号
131	王某、刘某与丹凤县住房和城乡建设局、第三人丹凤县某房地产有限责任公司城建规划行政许可一审行政裁定书	（2015）洛南行初字第 00084 号
132	贺某等与郴州市卫生局、第三人张某卫生行政许可案	（2015）郴苏行初字第 1 号
133	黄某、蒋某等与诸暨市规划局行政许可一审行政裁定书	（2015）绍柯行初字第 34 号
134	郭某、赵某等与泰安市规划局、第三人泰安市某置业有限公司建设规划行政许可一审行政裁定书	（2015）泰山行初字第 26 号
135	李某与黄梅县城乡规划局行政许可一审行政判决书	（2015）鄂武穴行重字第 00003 号
136	袁某等与深圳市规划与国土资源委员会其他一审行政判决书	（2015）深福法行初字第 593 号
137	郭某、赵某等与泰安市规划局、第三人泰安市某置业有限公司建设规划行政许可一审行政裁定书	（2015）泰山行初字第 30 号
138	闵某与浠水县城乡规划局行政许可一审判决书	（2015）鄂浠水行初字第 00005 号
139	郭某、赵某等与泰安市规划局、第三人泰安市某置业有限公司建设规划行政许可一审行政裁定书	（2015）泰山行初字第 29 号

续表

	一审裁判文书	
140	蔡某等41人与瑞安市住房和城乡规划建设局行政许可一审行政裁定书	（2015）温瑞行初字第131号
141	王某与黄梅县城乡规划局行政许可一审行政判决书	（2015）鄂武穴行重字第00005号
142	邓某与浠水县城乡规划局行政许可一审判决书	（2015）鄂浠水行初字第00001号
143	张某与天台县住房和城乡建设规划局行政许可一审行政判决书	（2015）台天行初字第45号
144	郭某、赵某等与泰安市规划局、第三人泰安市某置业有限公司建设规划行政许可一审行政裁定书	（2015）泰山行初字第24号
145	周某诉东台市城市管理局规划行政许可一审行政判决书	（2015）东行初字第0155号
146	郭某、赵某等与泰安市规划局、第三人泰安市泰山置业有限公司建设规划行政许可一审行政裁定书	（2015）泰山行初字第19号
147	郭某、赵某等与泰安市规划局、第三人泰安市泰山置业有限公司建设规划行政许可一审行政裁定书	（2015）泰山行初字第27号
148	孙某与鄂州市规划局行政许可一审行政判决书	（2015）鄂鄂城行初字第00021号
149	陈某等与北京市昌平区住房和城乡建设委员会其他一审行政判决书	（2015）昌行初字第73号
150	郭某、赵某等与泰安市规划局、第三人泰安市泰山置业有限公司建设规划行政许可一审行政裁定书	（2015）泰山行初字第20号
151	周某与黄梅县城乡规划局行政许可一审行政判决书	（2015）鄂武穴行重字第00002号
152	张某某诉宁乡县城乡规划局、第三人长沙福源房地产开发有限公司规划行政许可一审行政裁定书	（2015）宁行初字第00059号
153	林某、江某与遵义市红花岗区市场监督管理局（原遵义市红花岗区工商行政管理局）工商行政登记一审行政判决书	（2015）红行初字第6号
154	郭某、赵某等与泰安市规划局、第三人泰安市泰山置业有限公司建设规划行政许可一审行政裁定书	（2015）泰山行初字第23号

续表

	一审裁判文书	
155	钟某某诉宁乡县城乡规划局、第三人长沙福源房地产开发有限公司规划行政许可一审行政裁定书	（2015）宁行初字第00060号
156	洪某与黄梅县城乡规划局行政许可一审行政判决书	（2015）鄂武穴行重字第00013号
157	王某、柯某与宁波市北仑区人民政府行政许可一审行政判决书	（2015）浙甬行初字第36号
158	郭某、赵某等与泰安市规划局、第三人泰安市泰山置业有限公司建设规划行政许可一审行政裁定书	（2015）泰山行初字第31号
159	南某与浠水县城乡规划局行政许可一审行政判决书	（2015）鄂浠水行初字第003号
160	郭某、赵某等与泰安市规划局、第三人泰安市泰山置业有限公司建设规划行政许可一审行政裁定书	（2015）泰山行初字第12号
161	潘某、刘某与永嘉县住房和城乡规划建设局一审行政判决书	（2015）温永行初字第36号
162	长沙市开福区某业主委员会与长沙市城乡规划局一审行政裁定书	（2015）岳行初字第00091号
163	郭某、赵某等与泰安市规划局、第三人泰安市某置业有限公司建设规划行政许可一审行政裁定书	（2015）泰山行初字第14号
164	胡某等与深圳市规划和国土资源委员会其他一审行政判决书	（2015）深福法行初字第884号
165	夏某与南通市规划局行政许可一审行政判决书	（2015）港行初字第00003号
166	郭某、赵某等与泰安市规划局、第三人泰安市某置业有限公司建设规划行政许可一审行政裁定书	（2015）泰山行初字第21号
167	王某与松阳县住房和城乡建设局行政许可一审行政判决书	（2015）丽莲行初字第55号
168	刘某与永嘉县住房和城乡规划建设局行政许可一审行政裁定书	（2015）温永行初字第41号
169	郭某、赵某等与泰安市规划局、第三人泰安市某置业有限公司建设规划行政许可一审行政裁定书	（2015）泰山行初字第16号
170	陶某与浠水县城乡规划局行政许可一审判决书	（2015）鄂浠水行初字第004号
171	匡某与鄂州市规划局行政许可一审行政判决书	（2015）鄂鄂城行初字第023号

续表

	一审裁判文书	
172	宗某与三亚市规划局、第三人郭某建设工程规划许可行政裁定书	（2015）城行初字第 143 号
173	郭某、赵某等与泰安市规划局、第三人泰安市某置业有限公司建设规划行政许可一审行政裁定书	（2015）泰山行初字第 13 号
174	李某诉承德市城乡规划局双桥区分局行政许可案裁定书	（2015）双桥行初字第 119 号
175	张某与武城县建设委员会、第三人德州某置业有限公司武城分公司城乡建设施工许可一审行政裁定书	（2015）武行初字第 11 号
176	聂某与黄梅县城乡规划局行政许可一审行政判决书	（2015）鄂武穴行重字第 010 号
177	蔡某等 41 人与瑞安市住房和城乡规划建设局行政许可一审行政裁定书	（2015）温瑞行初字第 132 号
178	游某与黄梅县城乡规划局行政许可一审行政判决书	（2015）鄂武穴行重字第 00007 号
179	邓某、曹某与鄂州市规划局行政许可一审行政判决书	（2015）鄂鄂城行初字第 024 号
180	韩某与儋州市住房和城乡建设局城建行政许可判决书	（2015）儋行初字第 18 号
181	郑某与新泰市人民政府行政许可一审行政裁定书	（2015）东行初字第 79 号
182	郭某、赵某等与泰安市规划局、第三人泰安市某置业有限公司建设规划行政许可一审行政裁定书	（2015）泰山行初字第 28 号
183	曲某与瓦房店市城市管理行政执法局行政许可一审行政判决书	（2016）辽 0283 行初 48 号
184	朱某与南通市规划局、南通市人民政府行政规划、行政许可一审行政裁定书	（2016）苏 0611 行初 29 号
185	陈某等与武义县柳城畲族镇人民政府、武义县住房和城乡建设局行政许可一审行政判决书	（2016）浙 0723 行初 33 号
186	宋某、骆某与杭州市规划局、杭州市人民政府规划行政许可及行政复议决定行政裁定书	（2016）浙 8601 行初 82 号
187	张某等与南通市规划局行政许可一审行政判决书	（2016）苏 0611 行初 43 号
188	朱某与南通市规划局行政许可一审行政裁定书	（2016）苏 0611 行初 79 号

续表

	一审裁判文书	
189	李某与长岭县住房和城乡建设局、长岭县某房地产开发有限公司撤销行政许可案一审行政裁定书	(2016) 吉 0722 行初 26 号
190	陈某与上虞区盖北镇人民政府城乡建设行政管理一审行政判决书	(2016) 浙 0604 行初 125 号
191	熊某、李某等与盐津县普洱镇人民政府城乡建设行政管理一审行政裁定书	(2016) 云 0628 行初 37 号
192	孙某诉通榆县环保局行政许可一审行政裁定书	(2016) 吉 0822 行初 20 号
193	张某与上海市静安区建设和管理委员会其他一审行政裁定书	(2016) 沪 7101 行初 544 号
194	王某与天津空港经济区行政审批局行政许可纠纷一审行政判决书	(2016) 津 0116 行初 4 号
195	刁某与大连高新技术产业园区规划建设局规划行政许可纠纷行政裁定书	(2016) 辽 0211 行初 28 号
196	钱某与武汉市黄陂区国土资源和规划局、武汉市黄陂区人民政府长轩岭街道办事处城市规划管理一审行政判决书	(2016) 鄂 0116 行初 40 号
197	王某等与长春市规划局建设工程规划许可一审行政判决书	(2016) 吉 0106 行初 46 号
198	张某与青州市谭坊镇人民政府、第三人张某规划行政许可纠纷一审行政裁定书	(2016) 鲁 0781 行初 21 号
199	牡丹江市某加工有限公司与牡丹江市规划局、第三人牡丹江某房地产开发有限公司颁发建设工程规划行政许可一审行政裁定书	(2016) 黑 1002 行初 1 号
200	黄某与高州市荷花镇人民政府规划行政许可一审行政判决书	(2016) 粤 0981 行初 12 号
201	苏某与十堰市规划局行政许可一审行政判决书	(2016) 鄂 0302 行初 117 号
202	张某与东阳市规划局一审行政裁定书	(2016) 浙 0783 行初 61 号
203	朱某诉北京市海淀区安全生产监督管理局其他案	(2016) 京 0108 行初 17 号
204	杨某与苏州市发展和改革委员会行政许可一审行政判决书	(2016) 苏 0508 行初 314 号

续表

	一审裁判文书	
205	朱某与北京市安全生产监督管理局其他一审行政裁定书	(2016)京0102行初87号
206	周某、李某、杨某与湘潭市城乡规划局建设工程规划行政许可案一审行政裁定书	(2016)湘0304行初30号
207	王某与永嘉县住房和城乡规划建设局行政许可一审行政判决书	(2016)浙0324行初62号
208	侯某、瓦房店金三角花鸟鱼综合市场有限公司与瓦房店公安局行政许可一审行政判决书	(2016)辽0283行初第82号
209	钱某与武汉市黄陂区国土资源和规划局、武汉市黄陂区人民政府长轩岭街道办事处城乡建设行政管理一审行政裁定书	(2016)鄂0116行初38号
210	张某某等39户业主与佳木斯市某某局、第三人佳木斯某房地产开发有限公司规划许可证案行政判决书	(2016)黑0811行初11号
211	孙某与通榆县环境保护局、吉林黄栀花药业有限公司其他一审裁定书	(2016)吉0822行初20号
212	李某、戴某与永嘉县住房和城乡规划建设局行政许可一审行政裁定书	(2016)浙0324行初86号
213	钱某与武汉市黄陂区国土资源和规划局、武汉市黄陂区人民政府长轩岭街道办事处城乡建设行政管理一审行政判决书	(2016)鄂0116行初39号
214	毛某与泰顺县住房和城乡规划建设局行政许可一审行政判决书	(2016)浙0329行初00005号
215	黄某、杨某等与崇义县城乡规划建设局城乡建设行政管理一审行政判决书	(2016)赣0725行初6号
216	肖某某、莫某诉某局、第三人某某局规划行政许可一审行政判决书	(2016)湘0922行初40号
217	陆某与苏州市发展和改革委员会行政许可一审行政判决书	(2016)苏0508行初316号
218	马某、王某与临泉县滑集镇人民政府行政许可一审行政判决书	(2016)皖1221行初25号

续表

	一审裁判文书	
219	李某等与济南市规划局建设用地规划许可一审行政判决书	（2016）鲁0102行初325号
220	史某与苏州市发展和改革委员会行政许可一审行政判决书	（2016）苏0508行初315号
221	宁蒗县大兴某假日酒店诉宁蒗彝族自治县住房和城乡规划建设局行政许可行政裁定书	（2016）云0724行初1号
222	苏某与十堰市规划局行政许可一审行政判决书	（2016）鄂0302行初118号
223	刘某与重庆市规划局撤销规划许可一审行政裁定书	（2016）渝0112行初215号
224	陆某与余姚市规划局城乡建设行政管理一审行政裁定书	（2016）浙0281行初104号
225	邓某、程某等与麻城市城乡规划局城乡建设行政管理一审行政判决书	（2016）鄂1181行初42号
226	储某等107人与岳西县城乡规划局行政规划、行政许可一审行政判决书	（2016）皖0824行初18号
227	李某某甲、李某某乙、李某某丙与某某县住房和城乡建设局确认建设许可违法案一审行政裁定书	（2016）吉0722行初14号
228	金某与武义县住房和城乡建设局行政许可一审行政裁定书	（2016）浙0723行初字第2号
229	刘某与永嘉县住房和城乡规划建设局规划行政许可一审行政判决书	（2016）浙0324行初37号
230	蔡某与临泉县城乡规划局行政许可一审行政判决书	（2016）皖1221行初78号
231	熊某等与盐津县普洱镇人民政府城乡建设行政管理一审行政裁定书	（2016）云0628行初38号
232	大庆市某建材有限公司与肇源县城乡规划局城乡建设行政管理一审行政判决书	（2016）黑0603行初96号
233	朱某、阮某等与温岭市住房和城乡建设规划局行政许可一审行政判决书	（2016）浙1081行初30号
234	张某与郑州市城乡规划局建设工程规划许可一审行政判决书	（2017）豫0103行初130号
235	蓝某与郑州市城乡规划局建设工程规划许可一审行政判决书	（2017）豫0103行初92号

续表

一审裁判文书		
236	王某与永嘉县住房和城乡规划建设局建设用地规划许可一审行政判决书	（2017）浙0324行初94号
237	李某诉兴城市城乡规划局其他纠纷一审行政裁定书	（2017）辽1402行初65号
238	吴某与郑州市城乡规划局建设工程规划许可一审行政判决书	（2017）豫0103行初124号
239	王某与郑州市城乡规划局建设工程规划许可一审行政判决书	（2017）豫0103行初142号
240	太原某精品商厦有限公司与太原市城乡规划局行政许可一审行政判决书	（2017）晋0107行初81号
241	王某某诉兴城市城乡规划局其他纠纷一审行政裁定书	（2017）辽1402行初50号
242	刘某诉兴城市城乡规划局其他纠纷一审行政裁定书	（2017）辽1402行初67号
243	阔某与郑州市城乡规划局城乡建设行政管理一审行政判决书	（2017）豫0103行初91号
244	阳江市某某投资有限公司与阳江市阳东区住房和城乡规划建设局建设用地规划许可、建设工程规划许可一审行政判决书	（2017）粤1704行初1号
245	王某与郑州市城乡规划局建设工程规划许可一审行政判决书	（2017）豫0103行初128号
246	刘某某等诉兴城市城乡规划局其他纠纷一审行政裁定书	（2017）辽1402行初64号
247	杨某与郑州市城乡规划局城乡建设行政管理一审行政判决书	（2017）豫0103行初104号
248	裘某、象山县石浦镇人民政府、象山县规划局等其他一审行政判决书	（2017）浙0225行初35号
249	王某某诉兴城市城乡规划局其他纠纷一审行政裁定书	（2017）辽1402行初57号
250	闫某某诉兴城市城乡规划局其他纠纷一审行政裁定书	（2017）辽1402行初73号
251	郭某与郑州市城乡规划局城乡建设行政管理一审行政判决书	（2017）豫0103行初88号
252	乌某与乌兰浩特市规划局规划行政许可一审行政判决书	（2017）内2201行初22号

续表

	一审裁判文书	
253	付某与郑州市城乡规划局建设工程规划许可一审行政判决书	(2017) 豫0103行初87号
254	王某与郑州市城乡规划局建设工程规划许可一审行政判决书	(2017) 豫0103行初136号
255	苏某某诉兴城市城乡规划局其他纠纷一审行政裁定书	(2017) 辽1402行初70号
256	刘某诉兴城市城乡规划局其他纠纷一审行政裁定书	(2017) 辽1402行初45号
257	冷某诉西安市规划局规划行政许可一审行政判决书	(2017) 陕7102行初1684号
258	孟某与西安市规划局、第三人西安某房地产开发有限公司规划行政许可一审行政判决书	(2017) 陕7102行初1686号
259	于某诉兴城市城乡规划局其他纠纷一审行政裁定书	(2017) 辽1402行初61号
260	郝某诉兴城市城乡规划局其他纠纷一审行政裁定书	(2017) 辽1402行初63号
261	蔡某与郑州市城乡规划局城乡建设行政管理一审行政判决书	(2017) 豫0103行初78号
262	丁某、尤某等与如皋市行政审批局行政许可一审行政裁定书	(2017) 苏0621行初18号
263	刘某与郑州市城乡规划局城乡建设行政管理一审行政判决书	(2017) 豫0103行初148号
264	刘某与郑州市城乡规划局城乡建设行政管理一审行政判决书	(2017) 豫0103行初150号
265	李某诉西安市规划局规划行政许可一审行政裁定书	(2017) 陕7102行初215号
266	丁某与郑州市城乡规划局建设工程规划许可一审行政判决书	(2017) 豫0103行初77号
267	陆某与吉林市规划局、吉林某房地产开发有限责任公司行政许可一审行政裁定书	(2017) 吉0202行初8号
268	王某与郑州市城乡规划局建设工程规划许可一审行政判决书	(2017) 豫0103行初93号
269	石某诉兴城市城乡规划局其他纠纷一审行政裁定书	(2017) 辽1402行初54号
270	李某与西安市规划局、第三人西安某房地产开发有限公司规划行政许可一审行政判决书	(2017) 陕7102行初1680号

续表

	一审裁判文书	
271	李某与郑州市城乡规划局城乡建设行政管理一审行政判决书	(2017) 豫 0103 行初 134 号
272	张某诉兴城市城乡规划局其他纠纷一审行政裁定书	(2017) 辽 1402 行初 53 号
273	李某与郑州市城乡规划局城乡建设行政管理一审行政判决书	(2017) 豫 0103 行初 122 号
274	曹某与郑州市城乡规划局建设工程规划许可一审行政判决书	(2017) 豫 0103 行初 112 号
275	郑某与杭州市萧山区市场监督管理局等行政许可一审行政裁定书	(2017) 浙 0109 行初 141 号
276	石某与郑州市城乡规划局建设工程规划许可一审行政判决书	(2017) 豫 0103 行初 100 号
277	谭某与湘乡市人民政府、第三人谭某撤销行政许可案一审裁定书	(2017) 湘 03 行初 103 号
278	乌某与乌兰浩特市宏鼎房地产开发有限公司等行政许可案一审行政判决书	(2017) 内 2201 行初 22 号
279	罗某与衡阳市南岳区城乡规划局、第三人湖南某投资置业有限公司建设工程规划许可纠纷一审行政判决书	(2017) 湘 0412 行初 20 号
280	赵某与郑州市城乡规划局建设工程规划许可一审行政判决书	(2017) 豫 0103 行初 151 号
281	夏某、周某等与重庆市潼南区规划局建用地规划许可一审行政裁定书	(2017) 渝 0152 行初 74 号
282	李某与海门市行政审批局、海门市正余镇人民政府行政批准、行政许可一审行政判决书	(2017) 苏 0682 行初 256 号
283	郑某与杭州市规划局城乡建设行政管理一审行政裁定书	(2017) 浙 0104 行初 131 号
284	张某等与潮州市潮安区环境保护局环境保护行政管理(环保)一审行政判决书	(2017) 粤 5102 行初 66 号
285	盛某与郑州市城乡规划局建设工程规划许可一审行政判决书	(2017) 豫 0103 行初 119 号
286	赵某与郑州市城乡规划局建设工程规划许可一审行政判决书	(2017) 豫 0103 行初 129 号

续表

	一审裁判文书	
287	周某与重庆市潼南区规划局建设用地规划许可一审行政裁定书	（2017）渝0152行初69号
288	董某与郑州市城乡规划局城乡建设行政管理一审行政判决书	（2017）豫0103行初76号
289	马某诉兴城市城乡规划局其他纠纷一审行政裁定书	（2017）辽1402行初58号
290	任某某诉兴城市城乡规划局其他纠纷一审行政裁定书	（2017）辽1402行初59号
291	郑某与郑州市城乡规划局城乡建设行政管理一审行政判决书	（2017）豫0103行初95号
292	陈某与郑州市城乡规划局城乡建设行政管理一审行政判决书	（2017）豫0103行初113号
293	金某与沈阳市规划和国土资源局行政许可一审行政裁定书	（2017）辽0103行初203号
294	王某某等诉兴城市城乡规划局其他纠纷一审行政裁定书	（2017）辽1402行初68号
295	张某与郑州市城乡规划局城乡建设行政管理一审行政判决书	（2017）豫0103行初147号
296	蔡某与郑州市城乡规划局城乡建设行政管理一审行政判决书	（2017）豫0103行初105号
297	张某与郑州市城乡规划局城乡建设行政管理一审行政判决书	（2017）豫0103行初107号
298	翟某诉西安市规划局规划行政许可一审行政判决书	（2017）陕7102行初1682号
299	郑某等与岚皋县住房和城乡建设局撤销建设用地规划许可证一审行政裁定书	（2017）陕7101行初32号
300	卫某诉兴城市城乡规划局其他纠纷一审行政裁定书	（2017）辽1402行初55号
301	郭某与郑州市城乡规划局城乡建设行政管理一审行政判决书	（2017）豫0103行初98号
302	王某与郑州市城乡规划局城乡建设行政管理一审行政判决书	（2017）豫0103行初111号
303	南京某医疗管理有限公司与南京市鼓楼区卫生和计划生育局卫生行政管理（卫生）行政许可一审行政判决书	（2017）苏8602行初986号

续表

	一审裁判文书	
304	周某与郑州市城乡规划局建设工程规划许可一审行政判决书	（2017）豫 0103 行初 141 号
305	张某与郑州市城乡规划局建设工程规划许可一审行政判决书	（2017）豫 0103 行初 145 号
306	程某诉兴城市城乡规划局其他纠纷一审行政裁定书	（2017）辽 1402 行初 69 号
307	王某与儋州市住房和城乡建设局行政许可一审行政判决书	（2017）琼 9003 行初 12 号
308	杨某1、杨某2等与宕昌县住房和城乡建设局行政撤销一审行政判决书	（2017）甘 1225 行初 9 号
309	郭某与郑州市城乡规划局城乡建设行政管理一审行政判决书	（2017）豫 0103 行初 89 号
310	冯某与郑州市城乡规划局建设工程规划许可一审行政判决书	（2017）豫 0103 行初 85 号
311	温州某房地产开发有限公司与温州市规划局行政许可一审行政裁定书	（2017）浙 0302 行初 104 号
312	杜某与郑州市城乡规划局建设工程规划许可一审行政判决书	（2017）豫 0103 行初 79 号
313	付某与郑州市城乡规划局建设工程规划许可一审行政判决书	（2017）豫 0103 行初 86 号
314	魏某与郑州市城乡规划局城乡建设行政管理一审行政判决书	（2017）豫 0103 行初 133 号
315	荣某某诉兴城市城乡规划局其他纠纷一审行政裁定书	（2017）辽 1402 行初 49 号
316	刘某诉兴城市城乡规划局其他纠纷一审行政裁定书	（2017）辽 1402 行初 66 号
317	刘某等诉兴城市城乡规划局其他纠纷一审行政裁定书	（2017）辽 1402 行初 51 号
318	刘某诉兴城市城乡规划局其他纠纷一审行政裁定书	（2017）辽 1402 行初 60 号
319	于某诉兴城市城乡规划局其他一审行政裁定书	（2017）辽 1402 行初 52 号
320	王某、王胜某等与濮阳经济技术开发区规划建设局城乡建设行政管理一审行政判决书	（2017）豫 0928 行初 61 号
321	周某与郑州市城乡规划局建设工程规划许可一审行政判决书	（2017）豫 0103 行初 97 号

续表

	一审裁判文书	
322	马某与郑州市城乡规划局建设工程规划许可一审行政判决书	（2017）豫 0103 行初 99 号
323	刘某、袁某等与广州市国土资源和规划委员会等土地行政管理一审行政判决书	（2017）粤 7101 行初 4249 号
324	毕某与郑州市城乡规划局城乡建设行政管理一审行政判决书	（2017）豫 0103 行初 75 号
325	李某与西安市规划局、第三人西安滨湖花园房地产开发有限公司规划行政许可一审行政判决书	（2017）陕 7102 行初 1688 号
326	张某某诉兴城市城乡规划局其他纠纷一审行政裁定书	（2017）辽 1402 行初 46 号
327	王某与郑州市城乡规划局建设工程规划许可一审行政判决书	（2017）豫 0103 行初 116 号
328	张某与郑州市城乡规划局建设工程规划许可一审行政判决书	（2017）豫 0103 行初 109 号
329	韩某诉兴城市城乡规划局其他纠纷一审行政裁定书	（2017）辽 1402 行初 72 号
330	毛某与郑州市城乡规划局建设工程规划许可一审行政判决书	（2017）豫 0103 行初 118 号
331	佟某等诉兴城市城乡规划局其他纠纷一审行政裁定书	（2017）辽 1402 行初 62 号
332	马某与郑州市城乡规划局建设工程规划许可一审行政判决书	（2017）豫 0103 行初 152 号
333	黄某与吴川市吴阳镇人民政府其他一审行政判决书	（2017）粤 0891 行初 82 号
334	王某与郑州市城乡规划局建设工程规划许可一审行政判决书	（2017）豫 0103 行初 135 号
335	杨某与郑州市城乡规划局建设工程规划许可一审行政判决书	（2017）豫 0103 行初 137 号
336	戴某与郑州市城乡规划局建设工程规划许可一审行政判决书	（2017）豫 0103 行初 117 号
337	张某与郑州市城乡规划局建设工程规划许可一审行政判决书	（2017）豫 0103 行初 140 号
338	魏某与郑州市城乡规划局建设工程规划许可一审行政判决书	（2017）豫 0103 行初 123 号

续表

	一审裁判文书	
339	王某与永嘉县住房和城乡规划建设局、王某1其他一审行政判决书	(2017) 浙0324行初95号
340	王某、黄某等与崇阳县住房和城乡建设局城乡建设行政管理一审行政判决书	(2017) 鄂1223行初21号
341	乌某与乌兰浩特市规划局规划行政许可一审行政判决书	(2017) 内2201行初22号
342	杨某诉兴城市城乡规划局其他纠纷一审行政裁定书	(2017) 辽1402行初47号
343	郝某与郑州市城乡规划局建设工程规划许可一审行政判决书	(2017) 豫0103行初115号
344	刘某与郑州市城乡规划局建设工程规划许可一审行政判决书	(2017) 豫0103行初149号
345	李某与南漳县城乡规划管理局建设工程规划许可一审行政判决书	(2017) 鄂0624行初45号
346	于某与郑州市城乡规划局建设工程规划许可一审行政判决书	(2017) 豫0103行初125号
347	郑某与郑州市城乡规划局建设工程规划许可一审行政判决书	(2017) 豫0103行初121号
348	赵某与郑州市城乡规划局建设工程规划许可一审行政判决书	(2017) 豫0103行初144号
349	谢某、谭某等与安仁县住房和城乡规划建设局城乡建设行政管理一审行政裁定书	(2017) 湘1081行初433号
350	喻某与郑州市城乡规划局建设工程规划许可一审行政判决书	(2017) 豫0103行初127号
351	岳某与郑州市城乡规划局建设工程规划许可一审行政判决书	(2017) 豫0103行初106号
352	张某与郑州市城乡规划局城乡建设行政管理一审行政判决书	(2017) 豫0103行初143号
353	胡某与汝南县老君庙镇人民政府乡政府一审行政判决书	(2017) 豫1723行初119号
354	李某诉兴城市城乡规划局其他纠纷一审行政裁定书	(2017) 辽1402行初48号
355	屠某诉西安市规划局规划行政许可一审行政判决书	(2017) 陕7102行初1681号

续表

	一审裁判文书	
356	张某某诉兴城市城乡规划局其他纠纷一审行政裁定书	（2017）辽1402行初56号
357	朱某与托里县住房和城乡建设局、托里县某商贸有限公司行政许可一审行政判决书	（2017）新4224行初5号
358	李某某诉兴城市城乡规划局其他纠纷一审行政裁定书	（2017）辽1402行初71号
359	王某与郑州市城乡规划局建设工程规划许可一审行政判决书	（2017）豫0103行初94号
360	朱某、潘某与杭州市规划局等其他一审行政裁定书	（2018）浙8601行初27号
361	姚某与贵阳市城乡规划局城乡建设行政管理一审行政裁定书	（2018）黔0113行初172号
362	莫某等与湛江经济技术开发区住房和规划建设局城建行政许可一审行政裁定书	（2018）粤0891行初183号
363	陈某与乐清市住房和城乡规划建设局行政许可一审行政裁定书	（2018）浙0382行初69号
364	刘某、乔某等与上蔡县住房和城乡建设局城乡建设行政管理一审行政判决书	（2018）豫1721行初38号
365	孙某与贵阳市城乡规划局城乡建设行政管理一审行政裁定书	（2018）黔0113行初183号
366	莫某等与湛江经济技术开发区住房和规划建设局城建行政许可一审行政裁定书	（2018）粤0891行初181号
367	从某、陈某等与光山县住房和城乡规划建设局城乡建设行政管理一审行政判决书	（2018）豫1524行初58号
368	杨某与贵阳市城乡规划局城乡建设行政管理一审行政裁定书	（2018）黔0113行初184号
369	莫某等与湛江经济技术开发区住房和规划建设局城建行政许可一审行政裁定书	（2018）粤0891行初180号
370	何某与贵阳市城乡规划局城乡建设行政管理一审行政裁定书	（2018）黔0113行初169号
371	中山市某幼儿园与中山市住房和城乡建设局城乡建设行政管理一审行政裁定书	（2018）粤2071行初121号
372	张某与贵阳市城乡规划局城乡建设行政管理一审行政裁定书	（2018）黔0113行初171号

续表

	一审裁判文书	
373	陈某与贵阳市城乡规划局城乡建设行政管理一审行政裁定书	（2018）黔0113行初187号
374	方某与贵阳市城乡规划局城乡建设行政管理一审行政裁定书	（2018）黔0113行初186号
375	莫某等与湛江经济技术开发区住房和规划建设局城建行政许可一审行政裁定书	（2018）粤0891行初179号
376	夏某与荆门市城乡规划局城市规划行政许可一审行政判决书	（2018）鄂0804行初76号
377	杨某与上海市浦东新区建设和交通委员会行政城建其他一审行政判决书	（2018）沪0115行初317号
378	莫某等与湛江经济技术开发区住房和规划建设局城建行政许可一审行政裁定书	（2018）粤0891行初182号
379	莫某等与湛江经济技术开发区住房和规划建设局城建行政许可一审行政裁定书	（2018）粤0891行初178号
380	李某某等诉宁县城乡规划局行政判决书	（2018）甘1021行初32号
381	罗某与贵阳市城乡规划局城乡建设行政管理一审行政裁定书	（2018）黔0113行初182号
382	訾某与贵阳市城乡规划局建设工程规划许可一审行政裁定书	（2018）黔0113行初188号
383	沈某、施某等与常州市规划局行政许可一审行政判决书	（2018）苏0411行初109号
384	何某、胡某等与罗田县城乡规划局城乡建设行政管理一审行政判决书	（2018）鄂1125行初145号
385	魏某与扬中市规划局、扬中市国土资源局等行政撤销一审行政裁定书	（2018）苏1182行初23号
386	陈某与新丰县住房和城乡规划建设局城乡建设行政管理一审行政裁定书	（2018）粤0203行初167号
387	陆某诉蒙山县住房和城乡建设局其他一审行政判决书	（2018）桂0423行初5号
388	周某、诸暨市枫桥镇人民政府、诸暨市住房和城乡建设局等其他一审行政裁定书	（2018）浙0681行初116号

续表

	一审裁判文书	
389	佳木斯市向阳区某会馆基因店与佳木斯市向阳区城市管理综合执法局一审行政判决书	（2018）黑0803行初9号
390	莫某等与湛江经济技术开发区住房和规划建设局城建行政许可一审行政裁定书	（2018）粤0891行初187号
	二审裁判文书	
1	岑某与佛山市规划局顺德分局行政许可上诉案	（2006）佛中法行终字第6号
2	占某与宁乡县双江口镇人民政府规划行政许可上诉案	（2008）长中行终字第0094号
3	许某、曹某与漳平市城乡规划建设局行政许可纠纷上诉案	（2008）岩行终字第27号
4	广州某发展有限公司诉广州市城市规划局撤回规划许可案	（2009）穗中法行终字第320号
5	徐某、武汉某集团有限公司与武汉市规划局上诉案	（2009）武行终字第108号
6	胡某与绍兴市规划局行政许可二审行政判决书	（2009）浙绍行终字第38号
7	桑某等与安阳县人民政府行政许可纠纷上诉案	（2009）安行终字第55号
8	聂某与云梦县规划局行政许可上诉案	（2010）孝行终字第2号
9	姚某与湘阴县城乡规划局、湘阴县某房地产开发有限公司侵权赔偿纠纷上诉案	（2010）岳中行终字第82号
10	郑某与舟山市城乡建设委员会行政许可上诉案	（2010）浙舟行终字第11号
11	仰某与云梦县规划局行政许可纠纷上诉案	（2010）孝行终字第7号
12	李某、胡某等与绍兴县建设局行政许可二审行政裁定书	（2010）浙绍行终字第63号
13	李某、胡某等与绍兴县建设局行政许可二审行政裁定书	（2010）浙绍行终字第64号
14	康某、王某与确山县住房和城乡建设局规划行政许可案	（2011）驻法行终字第114号
15	程某与上蔡县住房和城乡建设局建设用地规划许可二审行政判决书	（2011）驻法行终字第150号
16	杭州市规划局、浙江省劳动保障宣传教育中心与常某等13人规划行政许可上诉案	（2011）浙杭行终字第247号
17	覃某某、许某某与某局、原审第三人唐某某安全生产许可案	（2011）长中行终字第0001号

续表

	二审裁判文书	
18	南通某门窗有限公司与南通市规划局、南通某防腐管道有限公司破产清算组规划行政许可上诉案	（2011）通中行终字第0116号
19	张某规划行政许可案二审行政判决书	（2011）驻法行终字第84号
20	成都经济技术开发区管理委员会和成都市某汽车大修厂行政许可二审行政判决书	（2012）成行终字第138号
21	文昌某物流有限公司与海南省港航管理局行政许可上诉案	（2012）琼行终字第172号
22	陈某与玉环县住房和城乡建设规划局行政许可上诉案	（2012）浙台行终字第75号
23	吴某等50人与如皋市住房和城乡建设局规划许可案二审行政判决书	（2012）通中行终字第0015号
24	洪某与舟山市规划局行政许可二审判决书	（2012）浙舟行终字第26号
25	王某与乐清市住房和城乡规划建设局行政许可二审行政判决书	（2012）浙温行终字第154号
26	费某与桐乡市住房和城乡规划建设局、浙江某商厦股份有限公司规划行政许可上诉案	（2012）浙嘉行终字第5号
27	杨某等与正阳县建设局城建行政许可案二审行政判决书	（2012）驻法行终字第60号
28	杜某等与揭阳市环境保护局行政许可上诉案	（2012）揭中法行终字第2号
29	林某与温州市规划局行政许可二审行政裁定书	（2012）浙温行终字第48号
30	周某、宣某等与如东县规划局、江苏某置业有限公司规划行政许可上诉案	（2012）通中行终字第0048号
31	陈某等与如东县规划局确认工程规划行政许可违法案二审行政判决书	（2012）通中行终字第0048号
32	叶某与乐清市住房和城乡规划建设局行政许可二审行政裁定书	（2012）浙温行终字第82号
33	季某、薛某与平阳县住房和城乡规划建设局行政许可二审行政裁定书	（2012）浙温行终字第164号
34	确山县住房和城乡建设局与王某等行政许可上诉案	（2012）驻法行终字第36号
35	洪某与舟山市规划局行政许可二审判决书	（2012）浙舟行终字第25号

续表

	二审裁判文书	
36	雷某、张某与南京市规划局等规划用地行政许可行政裁定书	（2013）宁行终字第 36 号
37	某纬与上海市某区规划和土地管理局建设工程规划许可上诉案	（2013）沪一中行终字第 53 号
38	陈某等与海盐县住房和城乡规划建设局行政许可二审行政判决书	（2013）浙嘉行终字第 18 号
39	确山县住房和城乡建设局与苗某行政许可上诉案	（2013）驻行终字第 38 号
40	张某与怀化市住房和城乡建设局行政许可二审判决书	（2013）怀中行终字第 67 号
41	张某与富阳市规划局行政许可二审行政判决书	（2013）浙杭行终字第 100 号
42	苗某与确山县住房和城乡建设局城乡建设行政管理二审行政判决书	（2013）驻行终字第 39 号
43	藁城市某房地产开发有限公司等与石家庄市城乡规划局藁城分局其他纠纷二审行政判决书	（2013）石行终字第 00174 号
44	王某、许某与天台县住房和城乡建设规划局行政许可二审判决书	（2013）浙台行终字第 117 号
45	姚某与通道侗族自治县住房和城乡建设局行政许可二审判决书	（2013）怀中行终字第 105 号
46	戴某等与秀山土家族苗族自治县规划局规划行政许可二审行政判决书	（2013）渝四中法行终字第 00058 号
47	徐某与扬州市江都区浦头镇人民政府村镇建设工程许可二审行政判决书	（2013）扬行终字第 0049 号
48	姬某、冯某等 6 人与某县住房和城乡建设局、某房地产开发有限公司行政许可二审行政判决书	（2013）榆中法行终字第 00056 号
49	王某与天台县住房和城乡建设规划局规划行政许可上诉案	（2013）浙台行终字第 118 号
50	杨某与佛山市国土资源和城乡规划局行政许可上诉案	（2013）佛中法行终字第 323 号
51	颜某、邱某等与玉环县住房和城乡建设规划局规划行政许可上诉案	（2013）浙台行终字第 153 号
52	张某与怀化市住房和城乡建设局行政许可二审裁定书	（2013）怀中行终字第 68 号
53	陈某与佛山市国土资源和城乡规划局行政许可上诉案	（2013）佛中法行终字第 324 号

续表

	二审裁判文书	
54	陈某与洞头县住房和城乡规划建设局行政许可二审行政裁定书	（2014）浙温行终字第288号
55	叶某、李某等与温州市规划局行政许可二审行政裁定书	（2014）浙温行终字第96号
56	高某与嘉祥县规划局行政许可二审行政判决书	（2014）济行终字第76号
57	仪征市某电器制造有限公司与仪征市城乡建设局行政许可二审行政判决书	（2014）苏行终字第0107号
58	江某与嘉祥县规划局行政许可二审行政判决书	（2014）济行终字第93号
59	陈某、蔡某与南通市规划局行政许可二审行政判决书	（2014）通中行终字第00343号
60	李某与德州市规划局行政许可二审行政判决书	（2014）德中行终字第65号
61	范某与高密市规划局行政许可二审判决书	（2014）潍行终字第4号
62	姚某与嘉祥县规划局行政许可二审行政判决书	（2014）济行终字第81号
63	韩某与嘉祥县规划局行政许可二审行政判决书	（2014）济行终字第77号
64	魏某与嘉祥县规划局行政许可二审行政判决书	（2014）济行终字第89号
65	邵某等与温岭市住房和城乡建设规划局行政许可二审行政判决书	（2014）浙台行终字第70号
66	谷某与嘉祥县规划局行政许可二审行政判决书	（2014）济行终字第87号
67	林某、莫某与徐闻县规划局、徐闻县某房地产发展有限公司、徐闻县市政建设工程有限公司城市规划行政许可二审行政判决书	（2014）湛中法行终字第58号
68	王某与高密市规划局行政许可二审判决书	（2014）潍行终字第10号
69	夏某与嘉祥县规划局行政许可二审行政判决书	（2014）济行终字第90号
70	杜某与高密市规划局行政许可二审判决书	（2014）潍行终字第5号
71	汤某与扬州市环境保护局、扬州市某人民医院其他二审行政判决书	（2014）扬行终字第00015号
72	程某与闽侯县住房和城乡建设局城建行政许可二审行政判决书	（2014）榕行终字第42号
73	叶某、张某等与温州市规划局行政许可二审行政判决书	（2014）浙温行终字第305号
74	方某与兰溪市住房和城乡建设局行政许可二审行政判决书	（2014）浙金行终字第107号

续表

	二审裁判文书	
75	吴某等与泰兴市黄桥镇人民政府规划行政许可案二审行政判决书	（2014）泰中行终字第00153号
76	张某与嘉祥县规划局行政许可二审行政判决书	（2014）济行终字第80号
77	满某与嘉祥县规划局行政许可二审行政判决书	（2014）济行终字第82号
78	李某与高密市规划局行政许可二审判决书	（2014）潍行终字第13号
79	徐某与嘉祥县规划局行政许可二审行政判决书	（2014）济行终字第71号
80	孙某与高密市规划局行政许可二审判决书	（2014）潍行终字第9号
81	单某与高密市规划局行政许可二审判决书	（2014）潍行终字第12号
82	郭某与高密市规划局行政许可二审判决书	（2014）潍行终字第21号
83	欧某与嘉祥县规划局行政许可二审行政判决书	（2014）济行终字第78号
84	綦某与高密市规划局行政许可二审判决书	（2014）潍行终字第15号
85	王某与嘉祥县规划局行政许可二审行政判决书	（2014）济行终字第64号
86	林某等与徐闻规划建设局、徐闻县某房地产发展有限公司建设工程规划行政许可纠纷二审行政判决书	（2014）湛中法行终字第48号
87	李某与高密市规划局行政许可二审判决书	（2014）潍行终字第6号
88	白某等诉北京市规划委员会规划行政许可案二审行政判决书	（2014）二中行终字第345号
89	朱某与南京市雨花台区住房和建设局村镇建设许可案二审判决书	（2014）宁行终字第338号
90	陆某与嘉祥县规划局行政许可二审行政判决书	（2014）济行终字第69号
91	韩某与嘉祥县规划局行政许可二审行政判决书	（2014）济行终字第73号
92	刘某与嘉祥县规划局行政许可二审行政判决书	（2014）济行终字第91号
93	李某与嘉祥县规划局行政许可二审行政判决书	（2014）济行终字第75号
94	张某与嘉祥县规划局行政许可二审行政判决书	（2014）济行终字第88号
95	牟某与高密市规划局行政许可二审判决书	（2014）潍行终字第19号
96	丁某与嘉祥县规划局行政许可二审行政判决书	（2014）济行终字第92号
97	李某诉北京市规划委规划行政许可二审行政判决书	（2014）二中行终字第214号
98	牟某与高密市规划局行政许可二审行政判决书	（2014）潍行终字第18号
99	孔某与嘉祥县规划局行政许可二审行政判决书	（2014）济行终字第84号
100	韩某与濮阳市城乡规划局颁发建设工程规划许可证二审行政判决书	（2014）濮中法行终字第11号

续表

	二审裁判文书	
101	张某与十堰市规划局、十堰市某房地产开发有限公司规划行政许可二审行政判决书	（2014）鄂十堰中行终字第00007号
102	孙某与嘉祥县规划局行政许可二审行政判决书	（2014）济行终字第70号
103	李某与重庆市江津区中山镇人民政府、李某规划行政许可违法上诉案	（2014）渝五中法行终字第00285号
104	郝某与高密市规划局行政许可二审判决书	（2014）潍行终字第16号
105	闫某与嘉祥县规划局行政许可二审行政判决书	（2014）济行终字第85号
106	施某与富民县人民政府永定街道办事处、第三人张琼华村镇建设许可二审判决书	（2014）昆行终字第40号
107 108	王某与建瓯市国土资源局、张某、王某、王小某、王晓某建设用地行政许可纠纷上诉案	（2014）南行终字第37号
109	高某与嘉祥县规划局行政许可二审行政判决书	（2014）济行终字第72号
110	余某诉龙川县住房和城乡规划建设局行政许可纠纷二审判决书	（2014）河中法行终字第4号
111	张某与嘉祥县规划局行政许可二审行政判决书	（2014）济行终字第74号
112	王某与建瓯市住房保障和城乡规划建设局规划行政许可二审行政判决书	（2014）南行终字第10号
113	印某与马鞍山市城乡规划局规划行政许可行政二审判决书	（2014）马行终字第00004号
114	李某与高密市规划局行政许可二审判决书	（2014）潍行终字第20号
115	陈某与嘉祥县规划局行政许可二审行政判决书	（2014）济行终字第67号
116	韩某与嘉祥县规划局行政许可二审行政判决书	（2014）济行终字第68号
117	张某诉怀化市规划局规划行政许可纠纷二审行政判决书	（2014）怀中行终字第91号
118	赵某等与深圳市规划和国土资源委员会、广东某地产有限公司土地行政批准纠纷二审行政判决书	2014）深中法行终字第60号
119	于某与高密市规划局行政许可二审判决书	（2014）潍行终字第17号
120	李某与嘉祥县规划局行政许可二审行政判决书	（2014）济行终字第86号
121	来某与杭州市工商行政管理局高新技术产业开发区（滨江）分局行政许可二审行政判决书	（2014）浙杭行终字第99号

续表

	二审裁判文书	
122	童某与龙游县规划局城乡建设行政管理二审行政判决书	（2014）浙衢行终字第19号
123	嵇某与高密市规划局行政许可二审判决书	（2014）潍行终字第14号
124	鹿某与嘉祥县规划局行政许可二审行政判决书	（2014）济行终字第79号
125	王某与高密市规划局行政许可二审判决书	（2014）潍行终字第11号
126	周某诉安庆市城乡规划局规划行政许可二审行政判决书	（2014）宜行终字第00050号
127	林某、莫某与徐闻县规划局、徐闻县某房地产发展有限公司城市规划行政许可纠纷二审行政判决书	（2014）湛中法行终字第57号
128	杨某与嘉祥县规划局行政许可二审行政判决书	（2014）济行终字第83号
129	王某与高密市规划局行政许可二审判决书	（2014）潍行终字第7号
130	逯某与嘉祥县规划局行政许可二审行政判决书	（2014）济行终字第65号
131	方某与兰溪市住房和城乡建设局行政许可二审行政裁定书	（2014）浙金行终字第46号
132	李某等与沈阳市城乡建设委员会行政许可二审裁定书	（2014）沈中行终字第100号
133	刘某与胶州市规划局行政许可二审行政裁定书	（2014）青行终字第28号
134	高某诉上海市徐汇区规划和土地管理局规划案二审行政裁定书	（2014）沪一中行终字第256号
135	高某、胡某与邓州市陶营乡人民政府规划行政许可二审行政裁定书	（2014）南行终字第00159号
136	许某、程某、曹某等与宁国市城乡规划局申请撤销规划许可证行政裁定书	（2014）宣中行终字第00052号
137	刘某、邱某等与胶州市城乡建设局行政许可二审行政裁定书	（2014）青行终字第194号
138	张某与天台县住房和城乡建设规划局管辖裁定书	（2014）浙台行终字第66号
139	刘某、邱某等与胶州市房产管理局行政许可二审裁定书	（2014）青行终字第25号
140	陈某、郑某与厦门市翔安区马巷镇人民政府行政许可二审裁定书	（2014）厦行终字第24号
141	吴某等7人与浙江省安全生产监督管理局安监行政许可行政裁定书	（2014）浙杭行终字第330号

续表

	二审裁判文书	
142	崔某与韩某规划行政许可二审行政裁定书	（2014）聊行终字第 34 号
143	张某与仙桃市规划局行政许可二审行政裁定书	（2014）鄂汉江中行终字第 00016 号
144	罗某与中山市城乡规划局、中山市某经济联合社规划行政许可二审行政裁定书	（2014）中中法行终字第 211 号
145	陈某、郑某与厦门市国土资源与房产管理局翔安分局行政许可二审裁定书	（2014）厦行终字第 21 号
146	胡某与嘉祥县规划局行政许可二审行政判决书	（2014）济行终字第 66 号
147	王某诉永嘉县住房和城乡规划建设局城建行政许可案	（2015）浙温行终字第 291 号
148	严某、李某等与杭州市余杭区住房和城乡建设局行政许可二审行政裁定书	（2015）浙杭行终字第 433 号
149	王某与德惠市水利局、吉林某畜禽有限公司水利行政许可二审行政裁定书	（2015）长行终字第 157 号
150	王某、薛某等与乐清市住房和城乡规划建设局行政许可二审行政裁定书	（2015）浙温行终字第 63 号
151	陈某等与北京市昌平区住房和城乡建设委员会其他二审行政裁定书	（2015）一中行终字第 2109 号
152	杨某与长春市规划局、长春某房地产开发有限责任公司规划行政许可二审行政裁定书	（2015）长行终字第 197 号
153	于某与大连金州新区规划建设局行政许可二审行政裁定书	（2015）大行终字第 150 号
154	张某与孙某、南阳市卧龙区住房和城乡建设规划局规划行政许可纠纷案二审行政判决书	（2015）南行终字第 00118 号
155	魏某与北京市规划委员会其他二审行政判决书	（2015）二中行终字第 759 号
156	潘某、刘某与永嘉县住房和城乡规划建设局行政许可二审行政判决书	（2015）浙温行终字第 455 号
157	韩某、田某、姚某等其他二审行政判决书	（2015）浙杭行终字第 620 号
158	夏某与南通市规划局行政许可二审行政判决书	（2015）通中行终字第 00164 号
159	陈某与东阳市规划局行政许可二审行政判决书	（2015）浙金行终字第 2 号
160	李某等与图们市住房和城乡建设局、原审第三人朴某建设工程许可行政判决书	（2015）延中行终字第 19 号

续表

	二审裁判文书	
161	吴某与庆元县住房和城乡建设局行政许可二审行政判决书	（2015）浙丽行终字第23号
162	叶某、何某与宁乡县城乡规划局规划行政许可二审行政判决书	（2015）长中行终字第00538号
163	颜某、周某与淮安市清河区城市管理局行政许可二审行政判决书	（2015）淮中行终字第00073号
164	李某、金某与永嘉县住房和城乡规划建设局行政许可二审行政判决书	（2015）浙温行终字第369号
165	陈某与东阳市规划局行政许可二审行政判决书	（2015）浙金行终字第1号
166	杨某诉凯里市规划局行政许可案二审行政判决书	（2015）黔东行终字第59号
167	韩某、姚某等与杭州市城乡建设委员会行政许可二审行政判决书	（2015）浙杭行终字第620号
168	方某诉莲花县住房和城乡建设局规划许可二审判决书	（2015）萍行终字第2号
169	樊某与缙云县住房和城乡建设局行政规划、行政许可二审行政判决书	（2015）浙丽行终字第108号
170	张某、惠某等与无锡市规划局行政许可二审行政判决书	（2015）锡行终字第00185号
171	冯某、张某等与临湘市规划局行政许可二审行政判决书	（2015）岳中行终字第1号
172	上海某置业有限公司与上海市规划和国土资源管理局规划二审行政判决书	（2015）沪三中行终字第143号
173	大丰市某业主委员会与大丰市住房和城乡建设局行政许可二审行政判决书	（2015）盐行终字第00046号
174	吕某与重庆市安全生产监督管理局安全生产许可二审行政判决书	（2015）渝一中法行终字第00112号
175	南京市鼓楼区食品药品监督管理局与王某食品行政许可行政判决书	（2015）宁行终字第251号
176	向某与重庆市南川区白沙镇人民政府规划行政许可上诉案	（2015）渝三中法行终字第00008号
177	颜某、周某与淮安市清河区城市管理局行政许可二审行政判决书	（2015）淮中行终字第00074号

续表

	二审裁判文书	
178	包某与乐东黎族自治县住房和城乡建设局、第三人林某行政许可纠纷案行政判决书	（2015）海南二中行终字第 66 号
179	孙某与南阳市卧龙区住房和城乡建设规划局城乡建设行政管理二审行政判决书	（2015）南行终字第 00118 号
180	王某、罗某等与韶关市城乡规划局城乡规划行政许可纠纷二审判决书	（2015）韶中法行终字第 40 号
181	曹某、李某与临湘市规划局行政许可二审行政判决书	（2015）岳中行终字第 2 号
182	彭某、曾某、丰某与深圳市规划和国土资源委员会其他二审行政判决书	（2015）深中法行终字第 747 号
183	李某诉乐东黎族自治县住房和城乡建设局行政许可纠纷案行政判决书	（2015）海南二中行终字第 65 号
184	罗某与中山市城乡规划局、中山市某经济联合社许可类二审行政判决书	（2015）中中中法行终字第 207 号
185	周某诉莲花县住房和城乡建设局规划许可案二审判决书	（2015）萍行终字第 1 号
186	乐清市柳市镇某村民委员会与乐清市住房和城乡规划建设局行政许可二审行政裁定书	（2015）浙温行终字第 381 号
187	乐清市柳市镇某村民委员会与乐清市住房和城乡规划建设局行政许可二审行政裁定书	（2015）浙温行终字第 382 号
188	杨某诉松溪县规划建设和旅游局行政许可二审行政裁定书	（2015）南行终字第 27 号
189	杨某与麻栗坡县住房和城乡建设局行政许可二审行政裁定书	（2015）文中行终字第 11 号
190	王某与长春市规划局、长春某房地产开发有限责任公司规划行政许可二审行政裁定书	（2015）长行终字第 195 号
191	徐某、张某与深圳市住房和建设局其他二审行政裁定书	（2015）深中法行终字第 192 号
192	长沙市开福区某业主委员会与长沙市城乡规划局建设工程规划行政许可二审行政裁定书	（2015）长中行终字第 00432 号
193	陈某与济南市历下区人民政府行政许可二审行政裁定书	（2015）鲁行终字第 179 号

续表

	二审裁判文书	
194	刘某与永嘉县住房和城乡规划建设局行政许可二审行政裁定书	（2015）浙温行终字第468号
195	王某与龙南县城乡规划建设局规划行政许可案二审行政裁定书	（2015）赣中行终字第110号
196	金某与嵊州市规划局行政许可二审行政裁定书	（2015）浙绍行终字第48号
197	闫某、杨某等与高陵县规划建设和住房保障局行政撤销二审行政裁定书	（2015）西中立行终字第00056号
198	上海某有限公司与上海市宝山区建设和交通委员会行政城建其他二审行政裁定书	（2015）沪二中行终字第142号
199	刘某等与丹凤县城建局行政许可案二审行政裁定书	（2015）商中行终字第00010号
200	丰某与武当山旅游经济特区规划建设局、十堰市某房地产开发有限公司规划行政许可二审行政裁定书	（2015）鄂十堰中行终字第00012号
201	王某与南通市规划局行政许可二审行政裁定书	（2016）苏06行终618号
202	陈某与玉环县住房和城乡建设规划局行政许可二审行政裁定书	（2016）浙10行终35号
203	王某、刘某与丹凤县住房和城乡建设局城市建设规划行政许可纠纷二审行政裁定书	（2016）陕10行终22号
204	金某与玉环县住房和城乡建设规划局行政许可二审行政裁定书	（2016）浙10行终23号
205	乐清市柳市镇某村民委员会与乐清市住房和城乡规划建设局行政许可二审行政裁定书	（2016）浙03行终55号
206	谢某与余姚市规划局行政许可二审行政裁定书	（2016）浙02行终9号
207	战某与大石桥市城乡规划建设局建设用地规划许可证二审行政裁定书	（2016）辽08行终112号
208	王某与玉环县住房和城乡建设规划局行政许可二审行政裁定书	（2016）浙10行终18号
209	孙某等与北京市规划委员会规划许可案	（2016）京01行终470号
210	陈某等与云霄县国土资源局、第三人陈某土地行政许可二审行政裁定书	（2016）闽06行终114号
211	梁某与平舆县住房和城乡建设局城乡建设行政管理二审行政裁定书	（2016）豫17行终195号

续表

	二审裁判文书	
212	辛某与玉环县住房和城乡建设规划局行政许可二审行政裁定书	（2016）浙10行终21号
213	阙某与玉环县住房和城乡建设规划局行政许可二审行政裁定书	（2016）浙10行终20号
214	邱某与南通市规划局行政许可二审行政裁定书	（2016）苏06行终307号
215	王某与河北省住房和城乡建设厅、定州市城乡规划局建设用地规划许可二审行政裁定书	（2016）冀01行终619号
216	潘某与玉环县住房和城乡建设规划局行政许可二审行政裁定书	（2016）浙10行终33号
217	贾某与包头市城乡建设委员会、包头市某有限责任公司建筑施工许可二审行政裁定书	（2016）内02行终91号
218	吕某与玉环县住房和城乡建设规划局行政许可二审行政裁定书	（2016）浙10行终27号
219	孙某等与北京市规划委员会其他二审行政裁定书	（2016）京01行终469号
220	石某与玉环县住房和城乡建设规划局行政许可二审行政裁定书	（2016）浙10行终16号
221	陈某等与云霄县国土资源局、原审第三人陈某土地行政许可二审行政裁定书	（2016）闽06行终116号
222	孙某与湖州经济技术开发区管理委员会经贸行政管理二审行政裁定书	（2016）浙行终905号
223	陈某等31人诉崇阳县住房和城乡建设局行政许可案二审行政裁定书	（2016）鄂12行终31号
224	邱某与南通市规划局行政许可二审行政裁定书	（2016）苏06行终362号
225	朱某与南通市规划局、南通市人民政府行政规划二审行政裁定书	（2016）苏06行终329号
226	孙某与湖州经济技术开发区管理委员会经贸行政管理二审行政裁定书	（2016）浙行终900号
227	黄某与玉环县住房和城乡建设规划局行政许可二审行政裁定书	（2016）浙10行终34号
228	潘某与玉环县住房和城乡建设规划局行政许可二审行政裁定书	（2016）浙10行终31号

续表

	二审裁判文书	
229	张某与营口经济技术开发区规划建设局、第三人某置业有限公司规划行政许可二审行政裁定书	（2016）辽08行终29号
230	陈某等与云霄县国土资源局、第三人陈某土地行政许可二审行政裁定书	（2016）闽06行终113号
231	陈某与玉环县住房和城乡建设规划局行政许可二审行政裁定书	（2016）浙10行终39号
232	贾某与包头市住房保障和房屋管理局、包头市某置业有限责任公司其他二审裁定书	（2016）内02行终90号
233	陈某与玉环县住房和城乡建设规划局行政许可二审行政裁定书	（2016）浙10行终29号
234	朱某、阮某等与温岭市住房和城乡建设规划局行政许可二审行政判决书	（2016）浙10行终146号
235	何某与武汉市东西湖区国土资源和规划局资源行政管理二审行政判决书	（2016）鄂01行终412号
236	毛某与泰顺县住房和城乡规划建设局城乡建设行政管理二审行政判决书	（2016）浙03行终357号
237	罗某与芦溪县住房和城乡建设局城乡建设行政管理二审行政判决书	（2016）赣03行终55号
238	张某等与南通市规划局行政许可二审行政判决书	（2016）苏06行终425号
239	高某等151人与昆明市规划局、云南某设备租赁有限公司规划行政许可二审行政判决书	（2016）云01行终174号
240	孙某、郑某等与湖州市规划局行政许可二审行政判决书	（2016）浙05行终61号
241	周某与东台市城市管理局行政许可二审行政判决书	（2016）苏09行终355号
242	周某等与南充市卫生和计划生育委员会其他二审行政判决书	（2016）川13行终96号
243	佛山市国土资源和城乡规划局与何某城市规划管理二审行政判决书	（2016）粤06行终422号
244	黄某等与崇义县城乡规划建设局城乡建设行政管理二审行政判决书	（2016）赣07行终197号

续表

	二审裁判文书	
245	王某与永嘉县住房和城乡规划建设局行政许可二审行政判决书	（2016）浙03行终266号
246	高某与昆明市规划局城乡建设行政管理二审行政判决书	（2016）云01行终174号
247	深圳市某科技有限公司与深圳市规划和国土资源委员会坪山管理局其他二审行政判决书	（2016）粤03行终364号
248	张某与武城县规划局行政许可二审行政判决书	（2016）鲁14行终116号
249	嵊州市规划局与金某行政许可二审行政判决书	（2016）浙06行终77号
250	张某与紫金县国土资源局建设用地许可二审行政判决书	（2016）粤16行终41号
251	张某等与南通市规划局行政许可二审行政判决书	（2016）苏06行终262号
252	孙某、郑某等与湖州市规划局行政许可二审行政判决书	（2016）浙05行终62号
253	范某与杭州市规划局、杭州市人民政府行政许可二审行政判决书	（2016）浙01行终289号
254	广州市某食品有限公司与张某、从化市规划局、广州某房地产有限公司二审行政判决书	（2016）粤01行终59号
255	刘某与永嘉县住房和城乡规划建设局行政许可二审行政判决书	（2016）浙03行终237号
256	赖某、邵某与茂名市电白区树仔镇人民政府土地规划行政许可二审行政判决书	（2016）粤09行终136号
257	吴某与乐清市住房和城乡规划建设局行政许可二审行政判决书	（2016）浙03行终61号
258	唐某、刘某与通江县住房和城乡建设局、第三人吴某等行政许可二审行政判决书	（2016）川19行终11号
259	何某与清远市城乡规划局城乡建设行政管理二审行政判决书	（2016）粤行终703号
260	岳某与深圳市交通运输委员会许可类二审行政判决书	（2016）粤03行终562号
261	陈某、吴某、马某、薛某、杨某与新民市规划和国土资源局土地行政许可纠纷二审行政判决书	（2016）辽01行终361号

续表

	二审裁判文书	
262	战某诉大石桥市城乡规划建设局建设工程规划许可二审行政裁定书	（2016）辽08行终113号
263	秦某与宁乡县人民政府行政许可二审行政裁定书	（2016）湘行终202号
264	赵某、梁某等与西安曲江新区管理委员会行政许可二审行政裁定书	（2016）陕01行终121号
265	余某与安康市国土资源局建设用地行政许可纠纷二审行政判决书	（2016）陕行终188号
266	陈某等与云霄县国土资源局、第三人陈某土地行政许可二审行政裁定书	（2016）闽06行终111号
267	朱某诉北京市安全生产监督管理局行政许可案二审行政裁定书	（2016）京02行终1038号
268	余某与会理县城乡规划建设和住房保障局、蒙某规划行政许可二审行政裁定书	（2016）川34行终28号
269	顾某与南京市规划局、南京某项目投资管理有限公司规划许可二审行政裁定书	（2016）苏01行终136号
270	刘某与玉环县住房和城乡建设规划局行政许可二审行政裁定书	（2016）浙10行终26号
271	李某与玉环县住房和城乡建设规划局行政许可二审行政裁定书	（2016）浙10行终15号
272	宁波市鄞州某水产养殖场与浙江省国土资源厅行政许可二审行政裁定书	（2016）浙01行终858号
273	朱某等18人与南漳县国土资源局、原审第三人襄阳某房地产开发有限公司国有土地使用权行政许可二审行政裁定书	（2016）鄂06行终117号
274	战某诉大石桥市城乡规划建设局建设用地规划许可二审行政裁定书	（2016）辽08行终114号
275	庄某与玉环县住房和城乡建设规划局行政许可二审行政裁定书	（2016）浙10行终42号
276	李某与江西省林业厅、国家林业局林业行政许可纠纷二审行政裁定书	（2016）赣01行终74号

续表

	二审裁判文书	
277	陈某等与云霄县国土资源局、第三人陈某土地行政许可二审行政裁定书	（2016）闽06行终112号
278	战某与大石桥市城乡规划建设局建筑工程施工许可二审行政裁定书	（2016）辽08行终111号
279	张某与玉环县住房和城乡建设规划局行政许可二审行政裁定书	（2016）浙10行终17号
280	乐清市柳市镇某村民委员会与乐清市住房和城乡规划建设局行政许可二审行政裁定书	（2016）浙03行终56号
281	白某等与瑞安市住房和城乡规划建设局用地规划行政许可案	（2016）浙03行终140号
282	蔡某等41人与瑞安市住房和城乡规划建设局城建行政许可案	（2016）浙03行终141号
283	蔡某等41人与瑞安市住房和城乡规划建设局城建行政许可案	（2016）浙03行终143号
284	蔡某等41人诉瑞安市住房和城乡规划建设局规划行政许可案	（2016）浙03行终142号
285	黄某与北京市海淀区文化委员会其他二审行政裁定书	（2016）京01行终850号
286	谢某、林某等与诏安县城乡规划建设局规划行政许可二审行政裁定书	（2016）闽06行终57号
287	潘某与无锡市规划局二审行政裁定书	（2016）苏02行终331号
288	谢某与玉环县住房和城乡建设规划局行政许可二审行政裁定书	（2016）浙10行终40号
289	乐清市柳市镇某村民委员会与乐清市住房和城乡规划建设局行政许可二审行政裁定书	（2016）浙03行终57号
290	陈某等与云霄县国土资源局、第三人陈某土地行政许可二审行政裁定书	（2016）闽06行终117号
291	苏某与玉环县住房和城乡建设规划局行政许可二审行政裁定书	（2016）浙10行终28号
292	吴某与乐清市住房和城乡规划建设局行政许可二审行政裁定书	（2016）浙03行终60号
293	朱某与南通市规划局行政许可二审行政裁定书	（2016）苏06行终395号

续表

	二审裁判文书	
294	胡某、刘某等与舒城县住房和城乡建设局城乡建设行政管理二审行政裁定书	（2016）皖15行终85号
295	朱某与玉环县住房和城乡建设规划局行政许可二审行政裁定书	（2016）浙10行终41号
296	欧某与玉环县住房和城乡建设规划局行政许可二审行政裁定书	（2016）浙10行终24号
297	金某与玉环县住房和城乡建设规划局行政许可二审行政裁定书	（2016）浙10行终38号
298	王某与德州市规划局行政许可二审行政裁定书	（2016）鲁14行终93号
299	战某与大石桥市城乡规划建设局建筑工程施工许可证二审行政裁定书	（2016）辽08行终115号
300	薛某与平阳县住房和城乡规划建设局城建行政许可行政裁定书	（2016）浙03行终343号
301	王某与德州市规划局行政许可二审行政裁定书	（2016）鲁14行终94号
302	陇南某房地产开发有限责任公司与康县规划局不履行规划行政许可法定职责二审行政裁定书	（2016）甘12行终36号
303	乐清市柳市镇某村民委员会与乐清市住房和城乡规划建设局行政许可二审行政裁定书	（2016）浙03行终58号
304	贾某与包头市城乡建设委员会、包头市金顶置业有限责任公司建筑施工许可二审行政裁定书	（2016）内02行终96号
305	赖某与深圳市规划和国土资源委员会其他二审行政裁定书	（2016）粤03行终602号
306	李某与玉环县住房和城乡建设规划局行政许可二审行政裁定书	（2016）浙10行终25号
307	林某与玉环县住房和城乡建设规划局行政许可二审行政裁定书	（2016）浙10行终37号
308	李某与承德市城乡规划局双桥分局二审行政裁定书	（2016）冀08行终25号
309	骆某与玉环县住房和城乡建设规划局行政许可二审行政裁定书	（2016）浙10行终22号
310	林某与玉环县住房和城乡建设规划局行政许可二审行政裁定书	（2016）浙10行终32号

续表

	二审裁判文书	
311	代某与光山县国土资源局土地行政管理二审行政裁定书	(2016)豫15行终125号
312	支某与玉环县住房和城乡建设规划局行政许可二审行政裁定书	(2016)浙10行终19号
313	马某与漯河市城乡规划局城乡建设行政管理二审行政裁定书	(2016)豫11行终38号
314	支某与玉环县住房和城乡建设规划局行政许可二审行政裁定书	(2016)浙10行终30号
315	李某等与长岭县住建局等行政许可违法案二审行政裁定书	(2016)吉07行终91号
316	陈某与玉环县住房和城乡建设规划局行政许可二审行政裁定书	(2016)浙10行终36号
317	崔某与仙居县住房和城乡建设规划局行政许可二审行政裁定书	(2016)浙10行终167号
318	丁某、尤某等与如皋市行政审批局行政许可二审行政裁定书	(2017)苏06行终435号
319	丁某、尤某等与如皋市行政审批局行政许可二审行政裁定书	(2017)苏06行终417号
320	丁某、尤某等与如皋市行政审批局行政许可二审行政裁定书	(2017)苏06行终418号
321	上海某水泥有限公司与上海市规划和国土资源管理局其他二审行政裁定书	(2017)沪03行终118号
322	郑某等与贵港市住房和城乡规划建设委员会建设规划行政许可纠纷二审行政判决书	(2017)桂08行终28号
323	王某与儋州市住房和城乡建设局行政许可二审行政判决书	(2017)琼97行终79号
324	南宁市武鸣区国土资源局与卢某二审行政判决书	(2017)桂01行终212号
325	金寨县某矿业有限责任公司等与中华人民共和国国土资源部二审行政判决书	(2017)京行终5494号
326	丁某、尤某等与如皋市行政审批局行政许可二审行政判决书	(2017)苏06行终564号

续表

	二审裁判文书	
327	丁某与南京市住房保障和房产局行政许可二审行政判决书	（2017）苏01行终19号
328	李某与彭水苗族土家族自治县规划局规划行政许可二审行政判决书	（2017）渝行终1号
329	丁某、尤某等与如皋市行政审批局行政许可二审行政判决书	（2017）苏06行终565号
330	曾某与衡东县城乡规划局行政许可二审行政判决书	（2017）湘04行终73号
331	陈某等与罗定市城乡建设规划局建设工程规划许可二审行政判决书	（2017）粤53行终15号
332	陈某等58人与松原市规划局、前郭县某房地产开发有限公司规划行政许可二审行政判决书	（2017）吉07行终26号
333	陈某等与罗定市城乡建设规划局建设工程规划许可二审行政判决书	（2017）粤53行终16号
334	龚某与重庆市规划局行政许可二审行政判决书	（2017）渝01行终439号
335	张某、于某与如皋市行政审批局行政许可二审行政判决书	（2017）苏06行终377号
336	张某与南充市城乡规划和测绘地理信息局建设工程规划许可二审行政判决书	（2017）川13行终183号
337	丁某、尤某等与如皋市行政审批局行政许可二审行政判决书	（2017）苏06行终562号
338	李某等与济南市规划局其他二审行政判决书	（2017）鲁01行终391号
339	吴某等与梧州市住房和城乡建设委员会城乡建设行政管理二审行政判决书	（2017）桂04行终21号
340	李某与彭水苗族土家族自治县规划局规划行政许可二审行政判决书	（2017）渝行终1号
341	丁某、尤某等与如皋市行政审批局行政许可二审行政判决书	（2017）苏06行终563号
342	深圳市某科技有限公司、深圳市规划和国土资源委员会坪山管理局城乡建设行政管理：城市规划管理（规划）二审行政判决书	（2017）粤03行终884号

续表

	二审裁判文书	
343	武汉市黄陂区某五金铸造厂与武汉市黄陂区国土资源和规划局建设工程规划许可二审行政裁定书	（2017）鄂01行终146号
344	钱某、武汉市黄陂区国土资源和规划局城乡建设行政管理二审行政裁定书	（2017）鄂01行终144号
345	俞某与海门市住房和城乡建设局行政许可二审行政裁定书	（2017）苏06行终582号
346	朱某等与乐清市民政局、乐清市芙蓉镇某村民委员会行政许可二审行政裁定书	（2017）浙03行终417号
347	牟某与大连高新技术产业园区规划建设局行政许可二审行政裁定书	（2017）辽02行终331号
348	朱某与洛阳市城乡规划局城乡建设行政管理二审行政裁定书	（2017）豫71行终94号
349	丁某、尤某等与如皋市行政审批局行政许可二审行政裁定书	（2017）苏06行终415号
350	丁某、尤某等与如皋市行政审批局行政许可二审行政裁定书	（2017）苏06行终571号
351	许某与惠东县住房和城乡规划建设局城乡建设行政管理二审行政裁定书	（2017）粤13行终134号
352	张某与武城县建设委员会城乡建设行政管理二审行政裁定书	（2017）鲁14行终5号
353	毕某等与南昌市人民政府、南昌市城乡规划局控规调整与审批、规划行政许可及不履行法定职责二审行政裁定书	（2017）赣行终42号
354	丁某、尤某等与如皋市行政审批局行政许可二审行政裁定书	（2017）苏06行终570号
355	丁某、尤某等与如皋市行政审批局行政许可二审行政裁定书	（2017）苏06行终419号
356	刁某与大连高新技术产业园区规划建设局行政许可二审行政裁定书	（2017）辽02行终239号
357	赵某与肃宁县人民政府宅基地许可二审行政裁定书	（2017）冀09行终283号

续表

	二审裁判文书	
358	王某与南通市行政审批局行政批准、行政许可二审行政裁定书	(2017) 苏06行终782号
359	漳平市住房和城乡规划建设局、福建某房地产开发有限公司城乡建设行政管理二审行政裁定书	(2017) 闽08行终142号
360	钱某、武汉市黄陂区国土资源和规划局城乡建设行政管理二审行政裁定书	(2017) 鄂01行终145号
361	西湖区某住宅小区业主委员会、南昌市城乡规划局城乡建设行政管理二审行政裁定书	(2017) 赣行终43号
362	丁某、尤某等与如皋市行政审批局行政许可二审行政裁定书	(2017) 苏06行终416号
363	张某、肖某等与三原县住房和城乡建设局行政许可二审行政裁定书	(2017) 陕04行终113号
364	李某与永嘉县住房和城乡规划建设局建设用地规划许可二审行政裁定书	(2017) 浙03行终95号
365	丁某、尤某等与如皋市行政审批局行政许可二审行政裁定书	(2017) 苏06行终414号
366	丁某、尤某等与如皋市行政审批局行政许可二审行政裁定书	(2017) 苏06行终572号
367	张某与上海市住房和城乡建设管理委员会建设工程施工许可二审行政裁定书	(2017) 沪03行终654号
368	王某与南通市规划局行政许可二审行政裁定书	(2017) 苏06行终426号
369	王某与岳西县城乡规划城乡建设行政管理二审行政判决书	(2018) 皖08行终25号
370	储某与岳西县城乡规划局城乡建设行政管理二审行政判决书	(2018) 皖08行终22号
371	杜某与正阳县住房和城乡建设局城乡建设行政管理二审行政判决书	(2018) 豫17行终21号
372	澄迈县人民政府、海南老城经济开发区管理委员会与海南某实业有限公司行政许可二审行政判决书	(2018) 琼行终953号
373	王某、刘某与濮阳经济技术开发区规划建设局城乡建设行政管理二审行政判决书	(2018) 豫09行终103号

续表

	二审裁判文书	
374	邓某、龚某与泸溪县城乡规划建设局及程某规划行政许可二审行政判决书	（2018）湘31行终32号
375	陆某、李某、蒙山县住房和城乡建设局城乡规划行政许可及行政赔偿二审行政判决书	（2018）桂04行终58号
376	魏某与十堰市规划局建设用地规划许可二审行政判决书	（2018）鄂03行终23号
377	王某与十堰市规划局建设用地规划许可二审行政判决书	（2018）鄂03行终24号
378	罗某与十堰市规划局建设用地规划许可二审行政判决书	（2018）鄂03行终25号
379	黎某与兰州市城乡规划局规划行政许可二审行政判决书	（2018）甘行终75号
380	陈某与西安市规划局、陕西某房地产有限公司规划行政许可二审行政判决书	（2018）陕71行终548号
381	黎某诉兰州市城乡规划局规划行政许可上诉案行政判决书	（2018）甘行终76号
382	东山县城乡规划建设局与李某城乡建设行政管理二审行政判决书	（2018）闽06行终60号
383	董某与西安市规划局、西安市碑林区城中村改造办公室规划行政许可二审行政判决书	（2018）陕71行终551号
384	克什克腾旗水利局与克什克腾旗经棚镇联丰村某娱乐中心行政许可二审行政判决书	（2018）内04行终280号
385	罗某与胡芝乡政府二审行政判决书	（2018）豫17行终72号
386	麦某雄等与广州市国土资源和规划委员会建设工程规划许可二审行政判决书	（2018）粤71行终3265号
387	佳木斯市向阳区城市管理综合执法局与佳木斯市向阳区某会馆基因店二审行政判决书	（2018）黑08行终96号
388	杨某与西安市规划局、陕西某房地产有限公司规划行政许可二审行政判决书	（2018）陕71行终569号
389	杨某与西安市规划局、西安市碑林区城中村改造办公室规划行政许可二审行政判决书	（2018）陕71行终571号

续表

	二审裁判文书	
390	樊某与中山市城乡规划局、中山万福实业有限公司城市规划管理二审行政判决书	（2018）粤20行终118号
391	王某、刘某与濮阳经济技术开发区规划建设局城市规划管理二审行政判决书	（2018）豫09行终102号
392	陈某与西安市规划局、西安市碑林区城中村改造办公室规划行政许可二审行政判决书	（2018）陕71行终549号
393	储某与岳西县城乡规划局城乡建设行政管理二审行政判决书	（2018）皖08行终19号
394	储某与岳西县城乡规划局城乡建设行政管理二审行政判决书	（2018）皖08行终23号
395	罗某某与衡阳市南岳区城乡规划局行政许可二审行政判决书	（2018）湘04行终42号
396	雷某与西安市规划局、西安市碑林区城中村改造办公室规划行政许可二审行政判决书	（2018）陕71行终568号
397	刘某与葫芦岛市城乡规划局建设工程规划许可二审行政判决书	（2018）辽14行终44号
398	刘某与岳西县城乡规划局城乡建设行政管理二审行政判决书	（2018）皖08行终18号
399	孔某等与北京市规划和自然资源委员会建设工程规划行政许可二审行政判决书	（2018）京02行终523号
400	刘某与岳西县城乡规划局城乡建设行政管理二审行政判决书	（2018）皖08行终17号
401	刘某与岳西县城乡规划局城乡建设行政管理二审行政判决书	（2018）皖08行终20号
402	王某、刘某与濮阳经济技术开发区规划建设局城市规划管理二审行政判决书	（2018）豫09行终100号
403	董某与西安市规划局、西安市碑林区城中村改造办公室规划行政许可二审行政判决书	（2018）陕71行终550号
404	李某与海门市行政审批局、江苏某股份有限公司等行政许可二审行政判决书	（2018）苏06行终489号

续表

	二审裁判文书	
405	雷某与西安市规划局、陕西某房地产有限公司规划行政许可二审行政判决书	（2018）陕 71 行终 566 号
406	冷某与西安市规划局规划行政许可二审行政裁定书	（2018）陕 71 行终 185 号
407	翟某与西安市规划局规划行政许可二审行政裁定书	（2018）陕 71 行终 187 号
408	陈某、昭平县某中学与昭平县住房和城乡建设局乡村建设规划许可二审行政裁定书	（2018）桂 11 行终 4 号
409	朱某、潘某、杭州市规划局等其他二审行政裁定书	（2018）浙 01 行终 482 号
410	屠某与西安市规划局规划行政许可二审行政裁定书	（2018）陕 71 行终 189 号
411	朱某与杭州市规划局城乡建设行政管理二审行政裁定书	（2018）浙 01 行终 132 号
412	周某与如皋市行政审批局、南通市行政审批局行政许可二审行政裁定书	（2018）苏 06 行终 129 号
413	孟某与西安市规划局规划行政许可二审行政裁定书	（2018）陕 71 行终 190 号
414	郑某与杭州市萧山区市场监督管理局质量监督检验检疫行政管理二审行政裁定书	（2018）浙 01 行终 63 号
415	李某与西安市规划局规划行政许可二审行政裁定书	（2018）陕 71 行终 186 号
416	东莞市某模具厂与东莞市住房和城乡建设局城乡建设行政管理二审行政裁定书	（2018）粤 19 行终 87 号
417	宋某与化州市住房和城乡规划建设局城乡建设行政管理二审行政裁定书	（2018）粤 09 行终 37 号
418	莫某等与湛江经济技术开发区住房和规划建设局城建行政许可二审行政裁定书	（2018）粤 08 行终 203 号
419	向某与溆浦县国土资源局采矿行政许可纠纷二审行政裁定书	（2018）湘 12 行终 29 号
420	莫某等与湛江经济技术开发区住房和规划建设局城建行政许可二审行政裁定书	（2018）粤 08 行终 202 号
421	周口市川汇区某业主委员会、周口市规划局城乡建设行政管理二审行政裁定书	（2018）豫 16 行终 200 号
422	董某与南召县规划局城乡建设行政管理二审行政裁定书	（2018）豫 13 行终 100 号

续表

	二审裁判文书	
423	莫某等与湛江经济技术开发区住房和规划建设局城建行政许可二审行政裁定书	(2018)粤08行终204号
424	孙某、张某与朝阳市住房和城乡规划建设委员会、朝阳市城市规划局和朝阳市行政审批局规划行政许可案二审行政裁定书	(2018)辽13行终95号
425	于某与丹东市城乡规划局、丹东某置业有限公司规划行政许可二审行政裁定书	(2018)辽06行终106号
426	李某与左云县住房保障和城乡建设管理局行政许可二审行政裁定书	(2018)晋02行终48号
427	莫某等与湛江经济技术开发区住房和规划建设局城乡建设行政管理二审行政裁定书	(2018)粤08行终196号
428	邢某与句容市规划局行政许可二审行政裁定书	(2018)苏11行终106号
429	莫某等与湛江经济技术开发区住房和规划建设局城建行政许可二审行政裁定书	(2018)粤08行终200号
430	杨某与盐亭县城乡规划建设和住房保障局城乡建设行政管理二审行政裁定书	(2018)川07行终49号
431	莫某等与湛江经济技术开发区住房和规划建设局城建行政许可二审行政裁定书	(2018)粤08行终197号
432	刘某、乐清市住房和城乡规划建设局、杨某其他二审行政裁定书	(2018)浙03行终17号
433	周口市川汇区某业主委员会、周口市规划局城乡建设行政管理二审行政裁定书	(2018)豫16行终192号
434	赵某与西安市规划局、西安某房地产开发有限公司规划行政许可二审行政裁定书	(2018)陕71行终210号
435	燕某、郭某、李某等与克什克腾旗住房和城乡建设局、赤峰市某房地产开发有限责任公司建设工程规划行政许可二审行政裁定书	(2018)内04行终202号
436	范某与西安市规划局、西安某房地产开发有限公司规划行政许可二审行政裁定书	(2018)陕71行终212号
437	杨某与盐亭县城乡规划建设和住房保障局城乡建设行政管理二审行政裁定书	(2018)川07行终48号

续表

	二审裁判文书	
438	朱某、林某与东山县城乡规划建设局城乡建设行政管理二审行政裁定书	(2018) 闽06行终66号
439	李某与左云县住房保障和城乡建设管理局撤销行政许可二审行政裁定书	(2018) 晋02行终50号
440	李某与西安市规划局、西安某房地产开发有限公司规划行政许可二审行政裁定书	(2018) 陕71行终213号
441	王某与镇安县住房和城乡建设局城建行政许可案二审行政裁定书	(2018) 陕10行终13号
442	芜湖某有限公司、芜湖县城乡规划建设委员会城乡建设行政管理二审行政裁定书	(2018) 皖02行终118号
443	谭某与湘乡市人民政府资源行政管理二审行政裁定书	(2018) 湘行终1028号
444	东山县城乡规划建设局与张某城乡建设行政管理二审行政裁定书	(2018) 闽06行终5号
445	叶某与泰兴市规划局行政许可二审行政裁定书	(2018) 苏12行终114号
446	王某与开封市鼓楼区住房和城乡建设局城乡建设行政管理二审行政裁定书	(2018) 豫02行终117号
447	谢某、吴某与高州市东岸镇人民政府乡村建设规划许可二审行政裁定书	(2018) 粤09行终118号
448	上海某有限公司与上海市规划和自然资源局建设工程规划许可二审行政裁定书	(2018) 沪03行终752号
449	凌某与茂名市城乡规划局茂南分局城乡建设行政管理二审行政裁定书	(2018) 粤09行终22号
450	李某与西安市规划局规划行政许可二审行政裁定书	(2018) 陕71行终183号
451	刘某与葫芦岛市城乡规划局、葫芦岛市人民政府行政许可二审行政裁定书	(2018) 辽14行终43号
452	魏某与左云县住房保障和城乡建设管理局城乡建设行政许可二审行政裁定书	(2018) 晋02行终51号
453	肖某与上海市青浦区规划和土地管理局规划二审行政裁定书	(2018) 沪02行终107号
454	阮某与泰州市国土局、原审第三人泰州市某置业有限公司土地行政许可二审行政裁定书	(2018) 苏12行终12号

续表

	二审裁判文书	
455	陈某与昭平县某中学城乡建设行政管理二审行政裁定书	（2018）桂11行终3号
456	瞿某与杭州市规划局建设用地规划许可二审行政裁定书	（2018）浙01行终346号
457	李某、侯某等与徐州市云龙区城市管理局行政许可二审行政裁定书	（2018）苏03行终297号
458	王某与西安市规划局、西安某房地产开发有限公司规划行政许可二审行政裁定书	（2018）陕71行终208号
459	周口市川汇区某业主委员会、周口市规划局城乡建设行政管理二审行政裁定书	（2018）豫16行终191号
460	向某与溆浦县国土资源局、溆浦县舒溶溪乡某采石场采矿行政许可纠纷二审行政裁定书	（2018）湘12行终27号
461	莫某等与湛江经济技术开发区住房和规划建设局城建行政许可二审行政裁定书	（2018）粤08行终201号
462	周口市川汇区某业主委员会、周口市规划局城乡建设行政管理二审行政裁定书	（2018）豫16行终199号
	再审案件裁判文书	
1	聂某与娄底市规划局管理纠纷再审案	（2009）娄中行再终字第1号
2	郑州市惠济区人民政府颁发集体土地建设用地使用证纠纷再审案	（2011）郑行再终字第7号
3	何某与岳阳市规划局行政强制、行政许可再审判决书	（2013）岳中行再终字第4号
4	姜某、钟某与宁乡县城乡规划局、湖南某房地产开发有限公司规划行政许可再审行政判决书	（2014）长中行再终字第00342号
5	张某、天台县住房和城乡建设规划局城乡建设行政管理再审行政裁定书	（2015）浙行再字第2号
6	博白县住房和城乡建设局与赖某、李某城乡建设行政管理再审行政判决书	（2015）玉中行再终字第1号
7	全某、胡某等与遂溪县住房和城乡规划建设局、李某城乡建设行政管理再审行政判决书	（2015）粤高法审监行再字第8号
8	方某诉宁乡县规划管理局、湖南某房地产开发有限公司规划行政许可再审行政判决书	（2015）长中行再终字第00424号

续表

	再审案件裁判文书	
9	薛某与丹阳市住房和城乡建设局、丹阳市某协会行政许可申诉行政裁定书	（2015）镇行监字第000035号
10	薛某、黄某等与乐清市住房和城乡规划建设局、乐清市某置业有限公司行政许可再审行政裁定书	（2015）浙行申字第219号
11	肖某、张某与广安市国土资源局广安区分局土地行政许可再审行政裁定书	（2015）广法行再终字第1号
12	童某与龙游县人民政府再审行政裁定书	（2015）浙行申字第114号
13	张某与天台县住房和城乡建设规划局再审行政裁定书	（2015）浙行再字第2号
14	李某诉图们市住房和城乡建设局规划行政许可再审行政裁定书	（2015）吉行监字第173号
15	沈某与杭州市萧山区人民政府资源行政管理再审行政裁定书	（2015）浙行申字第116号
16	大连某投资发展有限公司与辽宁省瓦房店市人民政府、辽宁省瓦房店市海洋与渔业局再审行政裁定书	（2016）最高法行申1551号
17	魏某与国家能源局资源行政管理再审行政裁定书	（2016）最高法行申4975号
18	金某与浙江省嵊州市人民政府再审行政裁定书	（2016）最高法行申1957号
19	崔某与恩施土家族苗族自治州城市规划管理局城乡建设行政管理再审行政判决书	（2016）鄂行再3号
20	刘某、吕某与盐津县住房和城乡规划建设局城乡建设行政管理再审行政裁定书	（2016）云行申75号
21	罗某与中山市城乡规划局城乡建设行政管理再审行政裁定书	（2016）粤行申778号
22	许某与辽阳市住房和城乡建设委员会规划行政许可再审案	（2016）辽行申203号
23	印某与马鞍山市城乡规划局行政许可再审行政判决书	（2016）皖05行再1号
24	广西壮族自治区侨务办公室与李某等29人、南宁市规划管理局城市规划管理再审行政判决书	（2016）桂行再19号
25	游某与深圳市城市管理局城乡建设行政管理再审行政裁定书	（2016）粤行申934号
26	郭某与会昌县城乡规划建设局城乡建设行政管理再审行政裁定书	（2016）赣行申207号

续表

	再审案件裁判文书	
27	朱某与杭州市上城区人民政府再审行政裁定书	（2016）浙行申 229 号
28	广西壮族自治区侨务办公室与李某城乡建设行政管理再审行政裁定书	（2016）桂行申 197 号
29	刘某诉黑龙江省泰来县人民政府建设工程规划许可再审行政裁定书	（2016）最高法行申 720 号
30	胡某与宿州市城乡规划局城乡建设行政管理再审行政裁定书	（2017）皖行申 248 号
31	尚某与曲沃县人民政府行政批准再审行政裁定书	（2017）晋行申 168 号
32	范某与杭州市规划局、杭州市人民政府等再审行政裁定书	（2017）浙行申 244 号
33	周某与如皋市行政审批局再审行政裁定书	（2017）苏行申 1383 号
34	何某与长沙市城乡规划局再审行政裁定书	（2017）湘行申 947 号
35	明光市某工贸有限责任公司、明光市住房和城乡建设局城乡建设行政管理再审行政裁定书	（2017）皖行申 253 号
36	吴某与乐清市住房和城乡规划建设局、乐清市人民政府再审行政裁定书	（2017）浙行申 778 号
37	崔某与仙居县住房和城乡建设规划局再审行政裁定书	（2017）浙行申 215 号
38	廖某等与湖南省炎陵县住房和城乡规划建设局审判监督行政判决书	（2017）湘行再 16 号
39	王某与襄垣县住房保障和城乡建设管理局、襄垣县人民政府等建设工程规划许可及行政复议再审行政裁定书	（2017）晋行申 239 号
40	王某与松阳县住房和城乡建设局、黄某再审行政裁定书	（2017）浙行申 324 号
41	何某与广昌县建设局城乡建设行政管理再审行政裁定书	（2017）赣行申 93 号
42	谢某与长沙市城乡规划局再审行政裁定书	（2017）湘行申 945 号
43	宋某与长沙市城乡规划局再审行政裁定书	（2017）湘行申 944 号
44	李某与甘泉县住房和城乡建设规划局、陕西某置业有限责任公司建设规划许可再审行政裁定书	（2017）陕行申 282 号

续表

	再审案件裁判文书	
45	孙某、宫某诉通榆县住房和城乡建设局、通榆县人民政府、吉林某药业有限公司规划行政许可及行政复议案再审审查行政裁定书	（2017）吉行申 255 号
46	朱某与扬州市广陵区城市管理行政执法局再审行政裁定书	（2017）苏行申 1587 号
47	王某与松阳县住房和城乡建设局、黄某再审行政裁定书	（2017）浙行申 325 号
48	孙某、宫某诉通榆县住房和城乡建设局、通榆县人民政府规划行政许可及行政复议案再审行政裁定书	（2017）吉行再 9 号
49	深圳市某物业发展有限公司、袁某与深圳市规划和国土资源委员会城乡建设行政管理再审行政裁定书	（2017）粤行申 232 号
50	郑州市城乡规划局与吴某建设工程规划许可再审行政判决书	（2018）豫行再 154 号
51	郑州市城乡规划局与周某建设工程规划许可再审行政判决书	（2018）豫行再 158 号
52	郑州市城乡规划局与张某建设工程规划许可再审行政判决书	（2018）豫行再 155 号
53	郑州市城乡规划局与赵某建设工程规划许可再审行政判决书	（2018）豫行再 163 号
54	郑州市城乡规划局与张某建设工程规划许可再审行政判决书	（2018）豫行再 156 号
55	郑州市城乡规划局与郑某建设工程规划许可再审行政判决书	（2018）豫行再 152 号
56	郑州市城乡规划局与张某建设工程规划许可再审行政判决书	（2018）豫行再 165 号
57	郑州市城乡规划局与陈某建设工程规划许可再审行政判决书	（2018）豫行再 161 号
58	吴某与贵阳市城乡规划局城乡建设行政管理再审行政裁定书	（2018）黔行申 16 号
59	詹某与浠水县住房和城乡建设局城乡建设行政管理再审行政判决书	（2018）鄂71 行再 1 号

续表

	再审案件裁判文书	
60	潘某与贵阳市城乡规划局城乡建设行政管理再审行政裁定书	（2018）黔行申33号
61	谢某、梁某与彭水苗族土家族自治县规划局、彭水苗族土家族自治县城乡建设委员会其他再审行政判决书	（2018）渝0243行再1号
62	张某与贵阳市城乡规划局城乡建设行政管理再审行政裁定书	（2018）黔行申17号
63	吴某与贵阳市城乡规划局城乡建设行政管理再审行政裁定书	（2018）黔行申19号
64	王某与海城市析木镇人民政府审批翻建房屋再审行政裁定书	（2018）辽行申548号
65	杨某与贵阳市城乡规划局城乡建设行政管理再审行政裁定书	（2018）黔行申12号
66	吴某与贵阳市城乡规划局城乡建设行政管理再审行政裁定书	（2018）黔行申22号
67	孙某与庄浪县住房和城乡规划建设局规划管理行政许可再审行政裁定书	（2018）甘行申91号
68	匡某、陈某等与新宁县住房和城乡建设局规划行政许可再审行政裁定书	（2018）湘行申60号
69	何某与贵阳市城乡规划局城乡建设行政管理再审行政裁定书	（2018）黔行申25号
70	陶某与贵阳市城乡规划局城乡建设行政管理再审行政裁定书	（2018）黔行申23号
71	綦某与贵阳市城乡规划局城乡建设行政管理再审行政裁定书	（2018）黔行申26号
72	申某、王某与惠州市住房和城乡规划建设局城乡建设行政管理再审行政裁定书	（2018）粤行申867号
73	吴某与贵阳市城乡规划局城乡建设行政管理再审行政裁定书	（2018）黔行申20号
74	吴某与贵阳市城乡规划局城乡建设行政管理再审行政裁定书	（2018）黔行申18号

续表

	再审案件裁判文书	
75	吴某与贵阳市城乡规划局城乡建设行政管理再审行政裁定书	(2018)黔行申21号
76	吴某与贵阳市城乡规划局城乡建设行政管理再审行政裁定书	(2018)黔行申30号
77	欧某与贵阳市城乡规划局城乡建设行政管理再审行政裁定书	(2018)黔行申31号
78	吴某与贵阳市城乡规划局城乡建设行政管理再审行政裁定书	(2018)黔行申14号
79	吴某与贵阳市城乡规划局城乡建设行政管理再审行政裁定书	(2018)黔行申15号
80	刘某、杨某与乐清市住房和城乡规划建设局城乡建设行政管理再审行政裁定书	(2018)浙行申700号
81	吴某与贵阳市城乡规划局城乡建设行政管理再审行政裁定书	(2018)黔行申13号
82	孟某与甘肃省兰州市城乡规划局城乡建设行政管理再审行政裁定书	(2018)最高法行申3022号
83	朱某与贵阳市城乡规划局城乡建设行政管理再审行政裁定书	(2018)黔行申24号
84	许某与青岛市规划局城乡建设行政管理再审行政裁定书	(2018)鲁行申237号
85	许某与湘乡市城乡规划局再审行政裁定书	(2018)湘行申168号
86	朱某诉浙江省舟山市定海区人民政府私人建房用地许可再审行政裁定书	(2018)最高法行申10682号
87	绵阳市某商贸有限公司城乡建设行政管理再审行政裁定书	(2018)川行申67号
88	陈某诉请撤销永泰县住房与城乡建设局行政规划再审裁定书	(2017)闽行再1号
89	张某与竹山县人民政府资源行政管理再审行政裁定书	(2018)最高法行申240号
90	张某与南通市通州区行政审批局、南通某家用纺织品有限公司再审行政裁定书	(2018)苏行申522号
91	张某与竹山县人民政府资源行政管理再审行政裁定书	(2018)最高法行申241号

后 记

  2014年深冬的一天，机缘巧合接触到一件因相邻权引发的建设工程规划许可案。原告认为建设工程规划许可不符合法定条件和标准，侵害了原告的通风、采光、日照等合法权利。被告认为第三人建设项目具有合法土地使用权，拥有规划用地许可，建设项目的立项、设计图已经审核和批准，且委托城市规划勘测设计事务所对建设项目进行了日照分析，报告确认日照满足国家强制性技术规范要求，建设工程项目对原告等住户的日照未造成影响。双方对建设工程规划许可是否侵害原告的相邻权、是否符合城市规划相关法律法规中关于建筑管理的技术规范各执己见。一审认定，"原告未向本院提供影响采光、日照的事实依据和法律依据"，推断被告的具体行政行为没有侵犯原告的相邻权，"不侵权即合法"。二审则采取了另外一种审查思路，即"合法即不侵权"。即便争议行政许可对相邻权有影响，但这种影响是在"城市规划提出的规划设计要求"范围之内，被告提交的日照分析报告和签到表表明，争议行为符合相关法律规定的实质要件和程序要件，建设工程规划许可合法故不侵权。在对该案进行深入学习后，对行政许可保护相邻权问题，陡生兴趣，遂着手收集资料并断断续续开展研究。历经几年，即将付梓，不禁感慨那些艰难的日子。独坐夜深处，思绪千千结，键盘声声响，文字入三两，愁煞熬夜人。好在柳暗花明，虽未豁然开朗，但劳有所获，略有欣慰。

  从行政许可制度对国家治理现代化的回应入手，以行政许可与相邻权的关系为切入点，以收集的943件因相邻权诉讼的行政许可案件揭示出的系列问题和呈现的新变化为突破口，对行政许可如何保护相邻权进行了较为深刻的反思，提出了几点拙见。

一是基于具体行政行为、单方行政行为、行政行为过程以及依申请行政行为的分析框架，对行政许可的性质进行了深度剖析，首次提出行政许可的特性——将来性。对行政许可性质的新判断，为反思行政许可制度的建构找到了新的理论支点。行政机关在行使行政许可权的过程中进行的利益平衡，是在先前已经存在的利益和许可后即将产生的新的利益之间的平衡。行政机关对行政许可事项涉及的个人利益和公共利益的保护，不应止于事后保护。

二是在反思反射利益理论和规范保护理论的基础上，提出预防保护理论。预防保护是指行政机关在行使行政权的的过程中应依法采取措施以预防利益冲突和不法损害，平衡保护多方利益。预防保护不同于反射利益保护，也不同于规范保护。反射利益保护主张通过保护公共利益以保护个人利益。规范保护强调公法赋予公民主观公法权利以请求有权机关保护个人利益，尤其强调公民通过主观公权利请求司法机关事后救济认为业已受损的个人利益。预防保护则推崇行政机关在行政执法环节主动预防保护个人利益，将预防保护个人利益作为行政机关的法定义务。设定预防保护义务的目的在于督促第一次法律适用应平衡好公民个人利益以及个人利益与公共利益之间的关系，阻止将来发生损害。预防保护并不意味着弱化申请人利益，而是希望通过事前实质审查与不动产相关的或者行为地固定的行政许可事项、主动告知并依法保障利害关系人参与行政许可程序、监督申请人严格履行申请义务和执行义务，以平衡多元利益并最终预防保护公共利益。预防保护理论不仅发展了行政法上的第三人利益保护理论，一定程度上也弥补了反射利益理论对相邻权的保护存在的偶然性、被动性和不完全性局限，亦缓解了保护规范理论对相邻权的保护存在的意旨探求的不确定性、预防保护的不完整性以及受损利益救济的不彻底性等不足，更重要的是丰富了行政许可理论，为行政许可制度现代化提供了新的理论支撑。

三是针对行政许可制度在保护相邻权方面存在的实践难题和问题，以预防保护理论为基础提出了具体的制度完善建议，以有效解决行政许可事前保护相邻权不力的问题。比如在立法方面，建议将现行的行政许可制度的立法目的完善为"预防保护公民、法人和其他组织的合法权益、维护公共利益和社会秩序";增加在先权益保护原则,从国家、申请人以及利害关系人三视角检视与相邻权相关的行政许可条件,统筹设计相邻关系最低状态标准等。在执法方面,建议完善行政许可决定前和行政许可决定后的保护义务和保护措施。在司法保护方面,建议人民法院对邻人行政许可诉讼原告资格裁判统一到"涉及相邻权"这一标准上来;在判决类型方面,建议增加暂停执行判决和确认违法并赔偿判决。

期待这些研究可以更新行政机关、行政许可申请人、相邻权人的观念,促进各方正确认知自身权利义务,以理顺关系、建构和谐的社会秩序;可以为行政许可审判实践提供智识支持,促进有效化解行政纠纷;或许还可以激发立法者、学者等重新审视行政许可的功能,推动行政许可制度现代化的进程。

虽然力求严谨和周延,但仍有诸多不尽之处,仍有相关问题悬而未决。由于裁判文书网并没有实现裁判文书全公开,收集到的因相邻权诉讼的行政许可案件并不是已经发生的全部案件。案例收集具有不完整性。从裁判文书中原告的诉讼请求和主张看,民众对相邻权内涵的认知在不断延伸和发展。原告起诉提及的受侵相邻权,既有公法相邻权,也有私法相邻权。且随着公民权利意识的增强,相邻权人的主张大大延伸了传统意义上的相邻权的内涵,提及环境相邻权、视觉污染与心理禁忌的相邻权、房屋价值减损相邻权、精神层面的相邻权等。原告对相邻权的需求,从实物层面发展到心理层面、经济层面。但囿于多种考量,并未对原告主张的这些新型相邻权进行深度挖掘。另外,在因相邻权提起的行政许可案件中,被诉行政许可类型多样化趋势明显。除了传统的建设用地规划许可、建设工程规划许可、建筑(建设)工程施工许可等之外,近年零星出现餐饮服务许可、店招店牌设置许可、医疗机构设置许可、危险化学品经营许可等新型行政许可。不同类型的行政许可如何针对性地保护涉及的相邻权,尚需进一步分门别类的研究。比如,建设用地规划许可、建设工程规划许可、危险化学品经营许可、店招店牌设置许可等如何设置具体的许可条件和许可标准,以各自有效保护相邻权,有必要进一步讨论。

国家治理体系和治理能力现代化呼吁预防行政。行政许可制度是预防行政重要的制度支撑。它主要通过设禁、解禁来限制、规范和制约人的行为。这一制度不仅深化了我国的行政法治理念，也在一定程度上规范和制约了行政机关的权力行使，发挥了资源配置、保护公民权利、维护公共利益的作用。但必须承认，行政许可制度并没有最大程度发挥其应有的制度价值。随着社会的发展，在人为风险日益加剧的新时代，有必要对行政许可制度的功能进行检视和完善。行政许可制度有必要以风险预防和控制为目的普遍禁止公民从事某项活动或对部分公民解除一般禁止，以预防保护公共安全，维护公共利益。防患于未然是面向未来的法律制度必然应当承载的制度使命。"社会不是以法律为基础。相反，法律应该以社会为基础"。行政许可制度必须随社会的发展而发展，其功能亦应随社会的需求而变迁。在风险社会，作为事前控制手段的行政许可制度，不但应当存在，还应当大力发挥其预防功能。风险预防功能是生长在风险社会土壤中的行政许可制度必然应当具有的铠甲。

　　悬而未决的问题，既是本项研究的缺憾，更是未来努力的方向。长风破浪会有时，直挂云帆济沧海。

　　特别感谢国家社科基金资助！是为后记。